ZHENGZHI SHEHUI XUE

政治社会学

孔德元　孟　军
韩　升　高家林　编著

高等教育出版社·北京

内容简介

政治社会学的特点是从社会学的角度出发，运用社会学的理论与方法去研究和解析政治现象。秉持这一研究思路，本书力图从社会背景出发来分析政治的根源以及政治运行中的社会因素，从而揭示政治与社会的一般关系。通过对政治社会学学科性质及研究对象与方法的深入探讨，本书围绕“政治权力”、“政治文化”、“政治社会化”、“公众舆论和意识形态”、“政治沟通”、“政治参与”、“政治决策”、“公民、公民意识与政治权利”、“市民社会与政治国家”、“政治发展”等专题进行了较为系统、全面的阐述，较好地处理了政治社会学作为一门交叉、边缘学科在研究对象与学科性质等方面必然会遇到的难题。本书的特色是建构新的政治社会学研究体系，并对该学科的前沿问题进行较为系统深入的探究。本书适合于高等院校政治学、社会学专业的本科生学习。

图书在版编目(CIP)数据

政治社会学/孔德元等编著.—北京：高等教育出版社，2011.7（2024.11重印）
ISBN 978-7-04-031277-5

Ⅰ.①政…　Ⅱ.①孔…　Ⅲ.①政治社会学-高等学校-教材
Ⅳ.①D0

中国版本图书馆 CIP 数据核字（2011）第 049584 号

策划编辑　周亚权　　责任编辑　周亚权　高　英　　封面设计　赵　阳　　版式设计　王艳红
责任校对　殷　然　　责任印制　张益豪

出版发行　高等教育出版社
社　　址　北京市西城区德外大街 4 号
邮政编码　100120
印　　刷　唐山嘉德印刷有限公司
开　　本　787mm×960mm　1/16
印　　张　17.5
字　　数　320 千字
购书热线　010-58581118
咨询电话　400-810-0598
网　　址　http://www.hep.edu.cn
　　　　　http://www.hep.com.cn
网上订购　http://www.landraco.com
　　　　　http://www.landraco.com.cn
版　　次　2011 年 7 月第 1 版
印　　次　2024 年 11 月第 7 次印刷
定　　价　35.00 元

物 料 号　31277-00

目　录

导　论 …………………………………………………………… 1
第一节　政治社会学的学科性质和研究对象 ………………… 1
一、政治社会学的学科性质 ………………………………… 2
二、政治社会学的研究对象 ………………………………… 5
第二节　政治社会学的研究内容 ……………………………… 8
一、国外政治社会学者关于研究内容的观点 ……………… 9
二、中国台湾政治社会学者关于研究内容的观点 ………… 11
三、国内政治社会学者关于研究内容的观点 ……………… 12
第三节　政治社会学的研究方法 ……………………………… 15
一、政治社会学者关于研究方法的观点 …………………… 16
二、政治社会学的基本方法 ………………………………… 17
三、政治社会学的研究途径 ………………………………… 19
四、政治社会学的具体分析技术 …………………………… 21
第一章　政治权力 ……………………………………………… 24
第一节　权力概念评述 ………………………………………… 24
一、权力的含义 ……………………………………………… 24
二、权力的特性和权力需要 ………………………………… 26
三、权力的分类 ……………………………………………… 29
第二节　政治权力分析 ………………………………………… 30
一、政治权力的含义和特征 ………………………………… 31
二、政治权力分配 …………………………………………… 32
三、权力、权威与合法性 …………………………………… 35
第三节　权力腐败与权力制约 ………………………………… 36
一、腐败的含义 ……………………………………………… 37
二、腐败的表现和危害 ……………………………………… 38
三、反腐败的关键是权力制约 ……………………………… 41

第二章 政治文化 …… 45
第一节 政治文化概说 …… 45
一、概念的提出及含义 …… 45
二、政治文化的特征 …… 47
三、政治文化的要素 …… 49
第二节 政治文化类型分析 …… 52
一、民主的政治文化与权威的政治文化 …… 52
二、地区的、依附的、参与的政治文化 …… 53
三、体系的、过程的、政策的政治文化 …… 55
四、精英的和大众的政治文化 …… 57
第三节 政治文化的功能与变迁 …… 58
一、政治文化的功能 …… 58
二、政治文化的变迁 …… 60
第四节 中国传统政治文化及其转型 …… 62
一、中国传统政治文化的特征 …… 62
二、中国传统政治文化的转型 …… 64
第三章 政治心理与政治行为 …… 67
第一节 政治心理 …… 67
一、政治心理及其特性 …… 67
二、政治心理的表现形式 …… 70
三、政治心理的作用 …… 72
四、个体政治心理与群体政治心理 …… 73
五、传统政治心理与现代政治心理 …… 74
六、政治心理的调控 …… 76
第二节 政治行为 …… 77
一、政治行为及其特征 …… 78
二、政治行为的分类 …… 79
三、政治行为的影响因素 …… 81
四、政治行为的基本形式 …… 82
五、政治行为的现代化 …… 85
六、政治行为主义 …… 86
第四章 政治社会化 …… 89
第一节 政治社会化的含义和特征 …… 89

一、政治社会化的含义 …… 89
二、政治社会化的特征 …… 91
第二节 政治社会化的媒介和方式 …… 93
一、政治社会化的媒介 …… 94
二、政治社会化的方式 …… 97
第三节 政治社会化的功能 …… 98
一、政治信息的传播功能 …… 98
二、政治教育功能 …… 100
三、政治文化的转移功能 …… 101
四、维持政治统治的功能 …… 102
第五章 公众舆论和意识形态 …… 104
第一节 公众舆论 …… 104
一、公众舆论概述 …… 104
二、公众舆论的类型划分 …… 107
三、公众舆论的调查 …… 108
第二节 意识形态 …… 110
一、意识形态概念分析 …… 110
二、意识形态的特点 …… 113
三、意识形态功能分析 …… 115
四、当代西方国家主流意识形态 …… 117
第六章 政治沟通 …… 121
第一节 沟通与政治沟通 …… 121
一、沟通的含义和特征 …… 121
二、政治沟通概述 …… 123
三、政治沟通中的两步流程理论 …… 125
第二节 政治沟通的作用与大众传播媒介 …… 126
一、政治沟通的作用 …… 126
二、政治沟通与大众传播媒介 …… 129
三、影响政治沟通的若干因素 …… 131
第七章 政治参与 …… 133
第一节 政治参与概述 …… 133
一、政治参与的含义 …… 133
二、政治参与的类型 …… 135

三、政治参与的形式 …… 137
四、政治参与的衡量 …… 139
第二节 影响政治参与的相关因素 …… 141
一、影响政治参与的社会因素 …… 141
二、影响政治参与的个人因素 …… 145
第三节 政治参与的意义 …… 147
一、政治参与与政治民主 …… 147
二、政治参与与政治稳定 …… 149
三、政治参与与政治文化 …… 150
第八章 政治决策 …… 151
第一节 决策与政治决策 …… 151
一、决策概述 …… 151
二、政治决策的含义和特征 …… 154
三、政治决策的结构和意义 …… 155
第二节 政治决策的形成 …… 156
一、政治决策的依据和原则 …… 156
二、政治决策的模式、程序与技术 …… 158
三、现代政治决策体制 …… 162
四、我国政治决策的科学化和民主化 …… 163
第三节 政治决策的执行 …… 165
一、政治决策执行的条件 …… 165
二、政治决策执行的部署 …… 166
三、政治决策执行的监控 …… 167
第四节 公共危机决策 …… 168
一、公共危机决策概述 …… 168
二、公共危机决策的主体分析 …… 169
三、公共危机决策的障碍分析 …… 170
四、公共危机决策的顺利实现 …… 171
第九章 公民、公民意识与政治权利 …… 174
第一节 公民 …… 174
一、公民概念解析 …… 174
二、公民的权利与义务 …… 176
三、现代公民的特征 …… 179

四、现代公民应具备的素质 …… 181
第二节 公民意识 …… 183
一、公民意识的含义 …… 184
二、公民意识的内容 …… 185
三、培养公民意识的重要性 …… 188
四、培育公民意识的途径 …… 190
第三节 政治权利 …… 194
一、政治权利的含义 …… 194
二、政治权利的特性 …… 196
三、政治权利的内容 …… 198
四、政治权利的意义 …… 200
五、充分实现和维护公民的政治权利 …… 202
第十章 阶级、政党与利益集团 …… 206
第一节 阶级 …… 206
一、阶级理论 …… 206
二、社会分层理论 …… 209
三、阶级、阶层与政治 …… 210
第二节 政党 …… 212
一、政党理论概述 …… 212
二、政党的作用和功能 …… 215
三、政党制度 …… 217
第三节 利益集团 …… 220
一、利益集团的含义 …… 220
二、利益集团的分类 …… 222
三、利益集团的运动形态 …… 224
四、制约利益集团影响力的相关因素 …… 225
第十一章 市民社会与政治国家 …… 227
第一节 市民社会理论概述 …… 227
一、市民社会概念的由来 …… 227
二、市民社会的形成 …… 230
第二节 市民社会的特征和类型 …… 232
一、市民社会的特征 …… 232
二、市民社会组织的分类 …… 234

第三节 市民社会与民主政治 …… 235
一、市民社会的民主建设功能 …… 236
二、影响市民社会民主功能发挥的变量 …… 239
三、中国市民社会的发展与政治变革 …… 241
第十二章 政治发展 …… 243
第一节 政治发展概述 …… 243
一、政治发展研究的兴起 …… 243
二、政治发展的含义 …… 245
三、政治发展的特点 …… 248
第二节 政治发展的动力和一般趋势 …… 249
一、政治发展的动力 …… 249
二、政治发展的一般趋势 …… 253
第三节 政治发展的类型 …… 256
一、早发现代化国家的政治发展 …… 256
二、发展中国家的政治发展 …… 259
第四节 政治发展的目标 …… 263
一、政治发展与政治民主 …… 264
二、政治发展与政治稳定 …… 266
后记 …… 269

导 论

社会与政治是两个关联度极高的概念,二者之间有着异常密切的关系。要了解社会,必须了解它的政治;而要了解一个社会的政治,又不能不了解这个社会。政治社会学正是适应这一需要而产生的一门新兴边缘性交叉学科。它的基本目标,就是从分析社会结构与政治之间的关系入手,去解析政治现象。

作为一种知识传统,从社会大背景出发考察研究政治现象并不是新近的产物,而是有着悠久的历史渊源。从古希腊的柏拉图、亚里士多德到近代的马基雅维里、卢梭、孟德斯鸠都曾经使用过类似的方法研究政治。而马克思和韦伯则被公认为是政治社会学最重要的先驱人物,他们丰富的理论和具有创见性的观点,奠定了我们今天称之为“政治社会学”的基本框架,他们创建的一些理论和概念,直到现在仍然是政治社会学研究的重要分析工具。

政治社会学在 20 世纪五六十年代成为一门独立的学科,并且迅速成长为一门有影响力的学科。由于政治社会学是在政治学和社会学高度分化和整合基础上产生的一门新兴交叉学科,自从产生之初就伴随着很多争论。政治社会学的学科性质是什么？政治社会学主要研究什么？政治社会学的主要内容包括什么？政治社会学有其独立的研究方法吗？这些问题就成为研究政治社会学首先要面对和回答的问题。本章在概述国内外各种界说的基础上,提出了我们的主张。

第一节 政治社会学的学科性质和研究对象

一门学科的学科性质和研究对象是决定该学科独立成熟与否的重要标志,也是该学科发展的逻辑起点。自从政治社会学出现以来,关于政治社会学的学科性质和研究对象的观点层出不穷,而伴随着这些观点的争论政治社会学学科也在蓬勃发展。因此,分析政治社会学的学科性质和研究对象就成为确立政治社会学学科体系的首要问题。

一、政治社会学的学科性质

政治社会学是政治学与社会学融合而成的一门新兴交叉学科。作为一门独立的学科,政治社会学出现在第二次世界大战以后。这是政治学与社会学学科分化与整合的产物。19世纪之前,政治学、社会学等学科尚没有独立的学科划分。19世纪中后期以来,伴随着西方社会科学的专业分化,政治学、社会学等学科与传统的哲学、心理学等学科分离,具有了独立的学科地位。在社会科学的学科不断分化过程中,伴随着新知识系统和新思潮的出现,一些新兴的边缘学科和交叉学科应运而生。政治社会学就是在学科分化整合的大背景下产生的,是政治学与社会学等学科交叉的基础上产生的一门新兴社会科学。也正是因为这个原因,政治学界、社会学界对于政治社会学的学科性质和学科定位存在着众多观点。

1. 政治社会学是社会学的分支学科。这种观点主张,作为社会学的分支,政治社会学主要运用社会学的基本理论、研究方法和研究工具来研究政治现象。龙冠海在其主编的《云五社会科学大辞典》(社会学分册)中认为,"政治社会学意指政治的社会学研究,即从社会学的观点来探讨政治的现象,它是一门特殊社会学"。[①] 美国著名的社会学家刘易斯·科塞在其主编的《政治社会学:论文选编》一书绪言中主张:"政治社会学是社会学的分支学科,它所关注的是权力分布的社会原因和后果以及社会和政治冲突所导致的权力分配的变化。"[②]持这种观点的学者为数众多,这也是学术界的一种有影响力的观点。夏玉珍等认为,"政治社会学是以社会学的视角和社会学的想象力来研究政治现象和政治问题的一门学科"。[③] 在陆学艺主编的《社会学文库》中,政治社会学与文化社会学、人口社会学、发展社会学、农村社会学等列为社会学的分支学科。[④] 由此可见,很多社会学领域的研究者把政治社会学看做是与经济社会学、文化社会学、人口社会学等具有同等位置的社会学分支学科。

2. 政治社会学是政治学的分支学科。这种观点主张,作为政治学的分支学科,政治社会学主要是运用政治学的基本观点和研究方法来研究社会现象。著

---

① 龙冠海主编:《云五社会科学大辞典》,商务印书馆(台北)1973年版,第1页。

② Political Sociology: *Selected Essays*, edited by Lewis A. Coser, first published in 1967,转引自王威海:《政治社会学:范畴、理论与基本取向》,上海人民出版社2008年版,第21页。

③ 夏玉珍、江立华:《政治社会学教程》,华中师范大学出版社2005年版,第2页。

④ 参见毛寿龙:《政治社会学》,中国社会科学出版社2001年版。

名美国政治社会学家安东尼·奥勒姆在其名著《政治社会学——主体政治的社会剖析》一书导言中就提出"这是一本政治学的专著","是运用一种特殊的方法探讨政治学的。它试图向人们介绍政治的社会环境,即政治与社会其他事件是如何相互制约和影响的"。[①] 这种观点在政治社会学发展的早期阶段占据优势地位,近年来持这种观点的学者日渐减少。

3. 政治社会学就是政治学。这种观点主张,政治社会学和政治学是同一门学科,两者之间不存在差别。莫里斯·迪韦尔热是这种观点的代表人物。他在《政治社会学——政治学要素》一书中指出,"政治学和政治社会学这两个术语几乎是同义词。美国许多大学在探讨同样的问题时,在政治学系便把它称为政治学,在社会学系便称为政治社会学。在法国,政治社会学这种提法只是用来表示与传统的政治学研究方法决裂和要用更科学的方法进行研究的一种意愿,并没有实质的差别"。[②] 迪韦尔热是持这种观点的最著名学者,也是最早和最明确提出这种观点的学者,在他看来,政治社会学完全等同于政治学,是当代政治学的另一种形式。

4. 政治社会学既是社会学的分支学科,也是政治学的分支学科,是两个学科的交叉学科。这种观点是上述观点的一种调和与折中。毛寿龙在《政治社会学》一书中提出:"作为社会学的一个分支,政治社会学吸收了社会学研究政治现象的方法,认为包括政治现象在内的纷繁复杂的社会现象可以从构成社会结构的社会因素和经济因素来加以解释。政治是能在社会和经济集团的基础上得到解释的社会现象之一。作为政治学的一个分支,它也吸收政治学的方法,突出政治现象的制度方面,把社会现象看做政治行为的结果或现行政治制度的后果,而且假设,政治就是形成有关社会的重大决策的制度化领域。但作为独立的学科,政治社会学还将试图平衡社会学和政治学这两种不同的视角,研究社会结构和政治制度的相互关系,同时,也将从经济学、法学、人类学等其他社会学科中吸收研究政治社会问题的新成果,以更好地发展政治社会学。"[③]可见,政治社会学是在吸收了政治学、社会学的学科内容和研究方法基础上而产生的一种交叉学科。

5. 既不是政治学也不是社会学的分支,而是独立的边缘学科或交叉性学科。这种观点主张政治社会学是一种政治学、社会学和诸如经济学、心理学等其他社会科学交叉基础上产生的一门独立的边缘学科,也就是说,政治社会学存在于政治学和社会学之间,并包括这两门学科相互交叉的部分,作为一门真正的边

---

① 安东尼·奥勒姆:《政治社会学——主体政治的社会剖析》,上海人民出版社 1989 年版,第 1 页。

② 莫里斯·迪韦尔热:《政治社会学——政治学要素》,华夏出版社 1987 年版,第 1 页。

③ 毛寿龙:《政治社会学》,中国社会科学出版社 2001 年版,第 20 页。

缘学科而得以存在。乔瓦尼·萨托利认为政治社会学虽然是“社会学和政治逻辑学方法互动并互相结合时才产生的,但是政治社会学与社会学、政治学之间存在着差别”。[①] 政治社会学作为一门独立的边缘学科,“所解释的就是人们政治生活中所会采取行为方式的政治原因。真正的政治社会学是一门试图把每一组成部分作为变量以重新扩大模型的跨学科的突破型的学科”。[②] 基于此,萨托利进一步强调说“政治社会学是跨学科的新学科,它试图联系社会学和政治学的解释变量,由社会学家和政治科学家共同投入”。[③]《布莱克维尔政治学百科全书》中的“政治社会学”条目认为:“该术语是指对社会结构与政治制度之间,以及社会与政治之间的相互关系的研究。政治社会学介于政治学与社会学之间,并包括这两门相邻学科相互交叉的部分。尽管它是一门年轻的学科,却已作为一门真正的边缘学科而不是作为社会学或政治学的一个特殊的分支而得到了承认。它的基本目标是分析社会结构与政治之间的关系,而不是提出一个政治行动纲领。政治社会学绝不比其他社会学分支更带有政治色彩。”[④]国内学者王振海等也认为,“作为一种理论,政治社会学是政治学与社会学交叉、融会而成的一门新兴学科。它意在揭示政治现象的社会基础,探讨政治现象的社会原因,寻求政治现象与社会基础的互动规律”。[⑤] 可见,政治社会学作为一种新兴边缘学科的观点日益得到了学术界的广泛认同。

6. 政治社会学作为成长中的新兴社会学科,是一个开放的研究领域,并没有严格的学术界限。《中国大百科全书·政治学卷》中的“政治社会学”条目中指出,“当代政治社会学仍是一个发展中的学科,还没有形成完全一致的体系和方法论”。[⑥] 毛寿龙也认为,“研究政治社会学的学者们散布在政治学和社会学领域里,相互之间缺少统一的理论基础,也没有判定题材取舍的共同标准。学者们见仁见智,各自为战,使政治社会学的发展表现了极大的随意性”。[⑦] 政治社会学的研究者因所属学科的不同,往往对其研究旨趣有着不同的影响。因此,景跃进主张,“恰当的做法是将政治社会学视为一个开放的研究领域,它接纳不同学科的人们;它的课题是历史演变的,因为社会与政治都处在不断的变化之中,其相互关系也随之而变;它的研究策略不是单一的,取决于具体的问题和需求;

① 转引自王威海:《政治社会学:范畴、理论与基本取向》,上海人民出版社 2008 年版,第 23 页。

② Sartori, Giovanni(1969):"From Sociology of Politics to Political Sociology," *Politics and the Social Sciences*, edited by Seymour Martin Lipset(Ny:Oxford), pp. 65-100.

③ 转引自王威海:《政治社会学:范畴、理论与基本取向》,上海人民出版社 2008 年版,第 23 ~ 24 页。

④ 《布莱克维尔政治学百科全书》,中国政法大学出版社 2002 年版,第 617 ~ 618 页。

⑤ 王振海等:《社会场域中的政治——政治社会学的视角》,河南人民出版社 2005 年版,第 4 页。

⑥ 《中国大百科全书·政治学卷》,中国大百科全书出版社 1992 年版,第 502 页。

⑦ 毛寿龙:《政治社会学》,中国社会科学出版社 2001 年版,第 20 页。

它的研究方法是多元的，与研究者所受的学术训练以及需要处理的资料性质有关；它的'学科'地位是有争议的，但无关紧要，因为重要的始终是研究的问题、策略与方法。无论你身处哪一门学科，来自哪一个阵营，在政治社会学无边界的'国度'里，我们每一个人都是具有天赋权利的公民"。[①] 可见，作为一门成长中的学科，研究领域的不同，研究方法上的差异，都表明了政治社会学是一门正处于成长中的新兴学科。

以上六种观点表明，自从政治社会学产生以来，对于政治社会学的学科性质的争论就没有停止过，而且，伴随着这些争议，政治社会学并没有就此衰落下去，反而表现出了蓬勃发展的局面。关于政治社会学的学科性质，每种观点都有其合理之处和偏颇之处。这些观点也恰好表明了政治社会学是在政治学、社会学等学科分化与整合过程中必然存在的理论争鸣。我们认为，政治社会学是整合政治学和社会学学科发展基础上产生的一门新兴学科，既从政治学的角度研究社会现象，也利用社会学的研究方法来解释政治现象，并且有着其独特的研究对象、研究内容和研究方法。

二、政治社会学的研究对象

研究对象是对学科性质的进一步深化和展开。在社会科学领域，对于学科研究对象的争议是广泛存在的现象。而政治社会学的研究对象，学术界的争议和分歧尤其突出。陈秉璋认为政治学与政治社会学的研究对象不同，政治社会学的研究应当"把政治现象放在整个社会现象的层面去探讨，同时，要尽量打破社会科学间的分界线，希望成为共同研究社会现象的联合体"。[②] 他认为，就争议的主要焦点来看，主要有两种潮流："政治学是以国家为研究对象的科学，政治社会学是以权力为研究对象的科学"。[③] 刘京希概括了政治社会学的研究对象的各种观点，"概而言之，这种分歧表现为国家对象说、权力对象说和国家与社会关系对象说等多种理论观点"。[④] 结合上述学者的总结，政治社会学的研究对象大体可以归纳为以下五种：

1. 政治社会学以国家作为研究对象。这是一种最古老和最传统的观点。这种观点把政治社会学等同于政治学，认为二者在研究对象上是同一的，其理论

---

① 景跃进：《政治社会学：主题、取向与学科》，《江苏社会科学》2003年第6期，第81页。

② 陈秉璋：《政治社会学》，三民书局股份有限公司1984年版，第35～36页。

③ 陈秉璋：《政治社会学》，三民书局股份有限公司1984年版，第36页。

④ 刘京希：《政治社会学的研究对象及基本内容评述》，《北京大学学报（哲学社会科学版）》2001年第1期。

前提是“国家至上性”的理论。也就是说,国家是凌驾于社会的政治共同体,国家具有不同于社会其他集团的至高利益。从词源学上看,古希腊的城邦就相当于今天意义的国家。柏拉图、亚里士多德等都对国家做过系统论述。“国家至上说”从其产生之日起,直到今天仍绵延不绝。受这种“国家至上性”理论的影响,在政治社会学的研究对象问题上,“国家对象说”是一种主要的派别。政治社会学的“国家对象说”,其缺陷有二:“一是模糊了政治社会学与政治学的学科界限,使二者在研究对象上趋于重叠,不利于政治社会学学科的独立发展与创新。二是人为地割断了国家与社会的有机联系,孤立地看待国家现象,把国家看做是独立于社会而存在的政治物象,导致研究结论的科学性、客观性大打折扣”。① 当然,直到今天,持这种传统观念的学者中,已经有不少学者主张把研究范围加以扩大或者加以精细化,而不再仅仅局限于把狭义的国家作为研究对象。

2. 政治社会学以权力作为研究对象。这种观点主张政治社会学主要是研究政治权力,这包括权威、统治和政府等多个层面。陈秉璋认为,“今天绝大部分的政治学者仍然喜欢以‘权力’的观念来替代国家。因为它比较现代化,又有实质意义,而少有形式味道的观念”。② 比起“国家对象说”,“权力对象说”在西方政治社会学界似乎更有市场。对权力对象说而言,权力是一个泛化概念。权力所指称的不仅仅是国家意义上的权威,而且还包含所有的社会领域和民间团体的权力关系。权力对象说把权力的范围从政治领域推及所有社会领域。陈秉璋认为,“这两派争议的根本问题,在于国家本身的性质上;对持有传统观(国家对象说)的人来说,民族国家是具有特殊本质的社群,身为公共力量与主权持有者的国家,自然而然地成为人类的完整社会;相反地,对持有新观念(权力对象说)的人而言,国家所拥有的权力,就其本质而言,跟其他任何社会组织中所拥有的权力,并无二致。换言之,传统派把权力给予神秘化与理想化,而升华在拥有主权并代表完整社会的国家,相反地,现代派则把权力给予世俗化与现实化,让权力的持有者,重新回到原先产生权力的人群组织中”。③ 当然,对于政治社会学的发展,“权力对象说”显然更有意义和价值。

3. 政治社会学以国家与社会的关系作为研究对象。这种观点主张国家与市民社会之间的互动关系是政治社会学的研究对象。基恩·福克斯认为,“政

① 刘京希:《政治社会学的研究对象及基本内容评述》,《北京大学学报(哲学社会科学版)》2001年第1期。

② 陈秉璋:《政治社会学》,三民书局股份有限公司1984年版,第36页。

③ 陈秉璋:《政治社会学》,三民书局股份有限公司1984年版,第37页。

治社会学是研究国家与公民社会之间相互作用的权力关系的学问”。[①] 国家与社会关系的理论起源于国家与社会日益分离的现实。黑格尔最早清楚地表达了国家与社会的区别。马克思批判地继承了黑格尔的学说,把被黑格尔颠倒了的世界重新颠倒过来。他从唯物主义的历史观出发,对国家与社会的关系进行了分析。“自18世纪以来国家与社会关系产生新变动,关于国家与社会关系问题的探讨,就未曾中止过。对国家与社会关系的研究,也成为政治社会学研究的重大课题。从一元主义国家观到多元主义国家观,从回归国家学派到国家限度理论,国家与社会关系研究新见迭出”。[②] 可见,国家与社会关系无疑是政治社会学研究的重大课题。政治社会学对二者的研究应当把握二者在互动中的联系,在联系中探究各自的价值和意义,以二者关系为重心。

4. 政治社会学以民主的条件为研究对象。这种观点认为政治社会学主要研究民主社会所应当具备的各种条件。民主条件对象说的代表人物为李普塞特。李普塞特在《政治人:政治的社会基础》中指出,“政治社会学的重要任务之一是分析促进民主的社会条件”。[③] 李普塞特认为,研究促进民主的条件,必须把重点放在分歧与共识的根源上。在民主社会中,分歧是民主的基础。有分歧,才有必要通过民主方式求得社会的统一与协调。在有限度的分歧的基础上,通过民主运作,方能达成社会共识。基于此,李普塞特考察了民主所必须具备的经济等条件。李普塞特的民主条件对象说,是以对西方社会的政治现实为分析基础的,也更适合西方发达国家政治现实,而对欠发达国家尤其是政治欠发达国家而言,他的观点则缺乏针对性。当然,政治社会学应当研究民主的社会条件已经成为学界的共识。

5. 政治社会学应当以政治与社会的关系作为研究对象。这种观点主张政治社会学主要研究政治与社会现实之间的互动关系。《中国大百科全书·政治学卷》中关于“政治社会学”的条目中指出,“政治社会学主要研究政治与社会的基本关系,对这一关系的分析可以分为三种基本类型:政治与社会之间存在着简单的交流;社会和政治之间存在着双边的因果机制;政治与社会之间存在着错综复杂的关系,这些关系源于社会,被政治过程改变,再作用于社会。在研究政治与社会的关系过程中,政治社会学逐渐形成了一些主要的研究课题,如政治的社会根源、共同体权力、社会结构与政治、社会和政治变革、政治的社会结构、政治

① 基恩·福克斯:《政治社会学》,陈崎等译,华夏出版社2008年版,第2页。

② 刘京希:《政治社会学的研究对象及基本内容评述》,《北京大学学报(哲学社会科学版)》2001年第1期。

③ 西摩·马丁·李普塞特:《政治人:政治的社会基础》,张绍宗译,上海人民出版社1997年版,第1页。

发展、政治精英和政治体系、政治体系的类型、政治对社会的作用”。[①] 这揭示了政治社会学研究的一个重要主题,考察政治与社会的关系,也可以看做是把政治学与社会学两种学科主要研究领域结合在一起的一种理论努力。而黄百炼和徐勇进一步指出,作为政治社会学的研究对象,对政治与社会的关系的研究应当从动态和静态两个方面考虑。政治与社会的关系,既有其相对静止性,又是不断变动着的互动关系。“动态政治社会学的研究,是指对社会政治过程和活动的研究。从动态方面研究政治社会学,就是要从变动着的社会中研究政治与社会的互动关系。这种研究有明显的时间性和连续性。其理论指导作用具有问题的针对性和时间的相对性。如对政治体制改革社会承受力的研究,对公民政治行为和现实态度的研究,对社会矛盾和利益冲突的研究,对国际政治局势所产生的社会影响的研究等。静态政治社会学研究,是在相对静止的状态中研究政治与社会的互动关系,这种研究带有一定的稳定性。如政治结构建立的社会依据研究,政治文化和传统对社会发展影响的研究,经济发展模式和政治体制的关系研究,政治组织和利益集团的发展趋势的研究等等”。[②]

通过对上述五种观点的简述,可以看出,学界对政治社会学研究对象的界定和研究因切入点和学术基础不同提出了迥然不同的观点,如国家对象说、权力对象说、国家与社会的关系说、民主条件对象说、政治与社会的关系说等。当然,尽管研究的视角和得出的研究结论不同,但学界的共识是:“政治社会学的研究对象不可能脱离开政治与社会的互动关系”。[③] 因此,我们认为,政治社会学的研究对象是政治与社会的互动关系。这种关系中最核心的概念包括国家、权力等。

第二节 政治社会学的研究内容

通过对于政治社会学的学科性质和研究对象的考察和分析,可以看出,政治社会学是在政治学和社会学等学科发展基础上而产生的一门新兴交叉学科。既然学界在学科性质和研究对象等问题上存在着诸多观点,那么要在政治社会学的研究内容上达成共识也不是容易的事情。事实上,自从政治社会学诞生以来,

---

① 《中国大百科全书·政治学卷》,中国大百科全书出版社 1992 年版,第 502 页。

② 黄百炼、徐勇:《政治稳定与发展的社会分析——政治社会学导论》,武汉出版社 1993 年版,第 4 页。

③ 刘京希:《政治社会学的研究对象及基本内容评述》,《北京大学学报(哲学社会科学版)》2001 年第 1 期。

学界对于政治社会学的研究内容就争论不已，从而使得政治社会学的研究内容存在着很大的差别。因此，陈秉璋认为，“在理论层次上，很难求得大家共同一致的判准，藉以界定政治社会学的研究对象。不过，就实用主义的观点，来列述政治社会学所共同研讨的主要内容，则比较容易为大家所接受”。[①] 大体说来，政治社会学的主要研究内容各有不同，国外学者、中国台湾学者和大陆学者之间的观点也存在着诸多差异。

一、国外政治社会学者关于研究内容的观点

政治社会学家博托莫尔在其所著的《政治社会学》中所涉及的主要课题包括：“民主与社会阶级、社会行为、政党与政治行动、政治系统的类型、政治变迁与冲突、新国家的形成、民族主义与发展、20 世纪的全球政治等”。[②]

奥勒姆在《政治社会学导论》（第二版）中主要研究的内容包括：“经济与政治、国家与社会、公民社会与政治、政治统治的基本形式、现代美国的权力与平等、现代大都市的权力与政治、政党和政治党派意识、公民政治参与、现代世界的民族国家建设”。[③] 在该书中，奥勒姆还在界定权力和权威、制度、网络与文化等概念的基础上，介绍了马克思、韦伯、涂尔干和托克维尔等政治社会学家对于政治世界的观点。

福克斯在其《政治社会学》著作中，则从四个部分提出了政治社会学的主要研究内容：“政治社会学的基石部分，主要研究政治社会学的方法和主要概念、有关国家与公民社会关系的传统理论；对国家的挑战部分，主要研究全球化、新自由主义核心社会向运动；对公民社会的挑战部分，主要研究政治文化、公民权利和政治参与；对治理的再思考部分，主要研究当代有关国家与公民社会关系的理论、全球治理。”[④]

与奥勒姆的研究主题有些类似，美国学者瓦斯伯恩在所著的《政治社会学：取向、概念和假设》中从三个部分阐释了政治社会学的主要内容：“第一部分是政治社会学的领域，包括理论渊源（马克思、韦伯和涂尔干的贡献）、美国政治社会学的历史发展以及当代政治社会学的讨论三章。第二部分是微观分析研究，包括常规政治活动参与、非常规政治活动参与、美国政治意识形态三章。第三部分为宏观分析研究，包括西方民主政体的若干历史、结构和文化特征

① 陈秉璋：《政治社会学》，三民书局股份有限公司 1984 年版，第 36 页。

② 毛寿龙：《政治社会学》，中国社会科学出版社 2001 年版，第 21 页。

③ 安东尼·奥勒姆：《政治社会学——主体政治的社会剖析》，上海人民出版社 1989 年版。

④ 基恩·福克斯：《政治社会学》，陈崎等译，华夏出版社 2008 年版，第 2 页。

与现代非民主政体的历史、结构和文化素质。另外,在后记里着重讨论了政治社会学的意义"。①

道斯和休斯在1972年出版的《政治社会学》中认为,"政治社会学应当研究政治社会的基础、政治过程、前工业社会政治权力结构的发展、工业社会中的权力结构、政治社会化、政治的社会心理、政治文化、政治意识形态、公共舆论、政治参与、选举、政党、压力集团和政治暴力"。②

布朗加特编辑的《社会与政治:政治社会学读本》罗列了政治社会学研究的七个方面内容:"社会与政治发展、政治精英和系统、总体社会政治补充、社会与权力、共同体权力、社会结构和政治、社会与政治变迁"。③

《布莱克维尔政治学百科全书》认为,"政治社会学的研究领域非常广泛,包括革命、官僚体制、国家建立的过程、选举行为、政党制度的历史与未来等方面。一些一般性的理论主题会重复出现,其中包括在社会发展过程中冲突和共识的作用、社会权力的源泉、民主政体的先决条件、行政官僚体制的地位和膨胀、自由与权威以及在政治行动中表现出来的理性思考与情感的作用。这些问题都是当代社会学和政治学的先驱者和经典作家们最为热衷的课题,例如马克思、托克维尔、韦伯、杜克海姆、帕累托、莫斯卡及其他很多人"。④

而联合国教科文组织(UNESCO)的一些专家,在1950年提出了一篇报告,把政治社会学的主要研究内容,"分为以下四个类别:1. 政治理论。包括政治理论与观念演变之历史等研究。2. 政治制度。包括宪法、中央政府、地方政府、公共行政、政府的社会与经济功能、比较政治制度等等之研究。3. 政党、社群与公意。包括政党、社群与结社、人民对政府与行政的参与、民意等之研究。4. 国际关系。包括国际政治、国际组织、国际法等之研究"。⑤

1959年,边泌斯与李普塞特在其名著《政治社会学》一书中,也提出了比较具体化的研究内容表,他们认为"政治社会学应该包括以下五大项目:1. 选举行为:投票意见与行为研究。2. 政治决策的形成过程研究。3. 政治理念的运动与压力团体的研究。4. 政党、自愿团体、寡头问题等等的研究。5. 政府与行政问题的研究"。⑥

陈秉璋认为,上述内容是行为科学后期政治社会学研究的兴趣点。从20世纪60年代到70年代,渐渐转向以下方面内容的研究:"1. 尽量收集并分析所有

① 毛寿龙:《政治社会学》,中国社会科学出版社2001年版,第21页。

② 王沪宁:《当代西方政治学分析》,四川人民出版社1998年版,第257~258页。

③ 王沪宁:《当代西方政治学分析》,四川人民出版社1998年版,第258~259页。

④ 《布莱克维尔政治学百科全书》,中国政法大学出版社2002年版,第618页。

⑤ 陈秉璋:《政治社会学》,三民书局股份有限公司1984年版,第39页。

⑥ 陈秉璋:《政治社会学》,三民书局股份有限公司1984年版,第39页。

有关社会科学的不同资料与知识。2. 以心理学和社会心理学为基础，极力扩大对于政治行为的研究，包括政治态度、政治文化与政治社会化的研究。3. 随着教育的普及与科学的进步，特别注重政治决策的形成过程的研究。4. 数学模式与游戏模式理论特别盛行。5. 政治沟通研究特别受到普遍的重视与发展。6. 社会群体在政治层面的功能研究。包括政党、压力团体、家庭、教会、企业组织等。7. 提出各种研究架构的新理论或模式，如体系分析、功能分析、自动控制理论等。8. 有关比较政治与国际政治的特殊研究。9. 对于非西方政治体系的研究，如集权政治体系、发展中国家政治体系、原始社会的政治体系、古今政治体系的比较研究。10. 现代化与政治发展的比较。”①

二、中国台湾政治社会学者关于研究内容的观点

与国外学者所界定的政治社会学的研究内容不同，中国台湾地区的政治社会学者们提出了一些不同的观点。马起华在其所著的《政治社会学》中主要研究以下基本内容：“政治社会学的基本概念、社会政治权力、政治角色、隐形政府（政党与压力集团）、权力、政治社会化、政治文化与政治参与等问题。”②

陈秉璋在其所著的《政治社会学》中，分四个部分揭示了政治社会学的研究内容：“绪论部分介绍政治社会学的历史回顾、政治社会学的出现与政治社会学的新趋势、政治社会学的范畴与问题、政治社会学的方法论、政治社会学的研究深度及其学派；第一篇为抽象层次之理论探讨，主要介绍政治社会学的理论方法论及其模式之问题、建构政治社会学抽象理论所涉及的基础哲学问题、政治整合的典范、体系分析学派、政治整合论的范例、政治冲突论的典范等；第二篇为事实层次的实证研究，主要介绍政治发展的意义及其内涵、经社发展对于政治发展的影响、政治的自主性或依赖性、当代政治发展理论的面面观、政治发展的类型、经社发展之落后与政治权力之超强现象、经社发展之超前与政治权力之衰微现象、整体社会对后期工业发展的反应等；第三篇为政治权力的社会学分析，主要介绍政治权力的意义及其渊源、政治权力之取得及其合法性与合法化、政治权力之维持等；结论篇则主要介绍从政治权力结构与政治沟通之基础理论，探讨知识分子在社会变迁中扮演的角色。”③

另一位台湾学者龙冠海则认为，政治社会学研究内容包括三块：“一是政治秩序的社会基础，尤其是政治的安排依赖社会组织与文化价值的方法。政治秩

① 陈秉璋：《政治社会学》，三民书局股份有限公司 1984 年版，第 40 页。

② 毛寿龙：《政治社会学》，中国社会科学出版社 2001 年版，第 21 页。

③ 陈秉璋：《政治社会学》，三民书局股份有限公司 1984 年版，目录部分。

序的主要问题是权力斗争的管制，政治社会学因此也考虑到基本宪法问题；不过社会学家主要探究的是支持政府与法律的东西，而不大注重这些制度的形式方面。二是政治行为的社会根据。在当代社会科学当中，政治行为主要指个人对政治的参与，他们为什么和怎样投票，为什么持有某种政治意见，为什么属于某种政治团体，为什么及如何支持政治运动。三是政治过程的社会方面，包括社会政治组织的活动及其互动模式，重点研究利益集团、政党、社会运动如何改变或安定政治秩序。"①

三、国内政治社会学者关于研究内容的观点

国内政治社会学的研究起始于20世纪80年代政治学、社会学等学科得以恢复重建之后。国内政治社会学经过30年的努力，出版了一系列的学术著作，已经初具规模。而在政治社会学的研究内容上，国内政治社会学界在借鉴国外和港台地区研究成果的基础上，也提出了一些不同的观点。

王沪宁认为，政治社会学关心的问题是"政治的社会源泉、政治结构、政治过程、政治对一定社会和文化的作用"。② 政治社会学学科特性的研究内容包括角色研究、权力研究、政治社会化研究、政治参与研究等四个方面。具体而言，"1. 政治角色研究。政治角色包括个人在政治社会中的特定行为模式。特定的个人在政治生活中有特定的地位和身份、权力和责任、权利和义务，这些特殊因素构成一个政治角色的条件。政治角色研究注重分析角色扮演、角色期望、角色认知、角色要求、角色技术、角色才能、角色冲突等具体内容。2. 权力。政治社会学不仅研究政治权力，同时还研究社会权力。政治社会学对权力的研究集中在权力的理论框架、社会权力与政治权力的关系、权力的结构、权力的分类和权力的测量等课题上。3. 政治社会化。政治社会化即社会政治文化的代际传递。它研究的内容有：(1) 基本理论。如学习理论、态度理论、政治系统理论。(2) 基本种类。如技能学习和概念学习，认知的社会化和情感的社会化，一致的社会化和不一致的社会化，间接的社会化和直接的社会化，总体的社会化和个体的社会化等。(3) 政治社会化的媒介。如家庭、学校、大众媒介等。(4) 政治社会化的作用。它可以改变政治态度，形成公民文化，提高公民能力，增强社会政治凝聚力。4. 政治参与。它的研究内容包括：(1) 政治参与和政治体系的关系。(2) 政治参与的差异。(3) 政治参与的影响因

---

① 转引自王威海：《政治社会学：范畴、理论与基本取向》，上海人民出版社2008年版，第35~36页。

② 王沪宁：《当代西方政治学分析》，四川人民出版社1988年版，第256~257页。

素。(4)政治参与对政治的影响"。[①]

国内也出版了多部研究政治社会学的专著,其中比较有代表性的包括:朱国云著的《政治社会学概论》、毛寿龙著的《政治社会学》、孔德元著的《政治社会学导论》、夏玉珍等著的《政治社会学教程》、王振海等著的《社会场域中的政治——政治社会学的视角》、王威海著的《政治社会学:范畴、理论与基本取向》等。这些著作的研究内容中很多是共同的,也存在着一些差异。

夏玉珍等认为,政治社会学的研究范围大致包括:"第一,政治秩序的社会基础。它包括政治制度所赖以存在的权力、组织、文化价值与意识形态以及如何利用社会组织与文化价值等方面的内容。也就是说,重点是研究支持政府与法律的诸多因素的社会方面。第二,政治行为的社会根据。政治行为主要是指政治舆论、政治决策、政治监督以及个人对政治的参与,如个人因何原因和如何投票,因何原因持某种政治态度,为何属于某种政治集团以及支持和参与何种政治运动等等。第三,政治与社会的相互影响。主要包括政治中有组织的团体种类及其互动方面,尤其是关于政治利益集团、政党及社会运动如何改变或安定政治秩序等等。第四,政治发展的社会方面。主要包括对政治体系的选择与评价,政治发展的制度化及社会性指标,实现政治发展的政治性与社会性手段的实施,政治发展与社会经济、文化发展的关系等等"。[②] 基于这种认识,政治社会学的研究内容主要包括"政治权力、政治组织、政治制度、政治过程、政治文化、政治意识形态、政治心理、政治民主、政治沟通、政治社会化、政治发展、政治现代化"。[③]

王威海认为,政治社会学的研究内容主要包括以下两个方面:"第一,政治社会学的理论,包括对政治社会学学科的理论研究、政治社会学传统理论(精英理论、多元理论等)以及一些政治社会学家(马克思、韦伯、托克维尔、李普塞特等)的理论贡献等。第二,政治社会学的现实研究,主要包括对政治现实的宏观研究和微观研究。宏观研究包括对国外民主政体的若干历史、结构和文化特征与现代非民主政体的历史、结构的研究;微观研究则主要是针对政治活动和具体政治现象的研究,包括常规政治活动参与、非常规政治活动参与等"。[④] 基于这种认识,政治社会学的研究内容主要有:"政治社会学的学科范畴问题,包括政治社会学的学科问题、学科演展和权力;政治社会学的基本理论,包括整合理论与冲突理论、精英理论与多元理论;政治社会学的基本面向,包括市民社会与政

---

① 王沪宁:《当代西方政治学分析》,四川人民出版社 1988 年版,第 270 ~ 274 页。

② 夏玉珍、江立华:《政治社会学教程》,华中师范大学出版社 2005 年版,第 3 ~ 4 页。

③ 夏玉珍、江立华:《政治社会学教程》,华中师范大学出版社 2005 年版。

④ 王威海:《政治社会学:范畴、理论与基本取向》,上海人民出版社 2008 年版,第 38 页。

治国家、阶层与政党、政治沟通与政治参与”。①

毛寿龙认为，政治社会学的“基本出发点有以下三个：一是中国公共福利的最大化，这是本书最为基本的价值出发点。二是政治权力是人类社会公共福利的重要解决之道，认为没有政治权力，人类就没有政治秩序，就只能是苦海无边的霍布斯的自然状态。三是稳定的民主政治是保证政治权力增进公共福利的重要制度机制。总起来就是把中国社会公共服务的解决和公共福利的提高作为最高的价值目标，把政治权力作为实现这一价值目标的重要手段，把社会主义民主制度看做保证政治权力恰当运用的重要制度基础。基于这三个基本出发点，结合当代中国政治发展的稳定和民主化目标，本书将从各个角度探讨两个主题：一是持续、稳定的政治秩序何以可能，而是持续、稳定的民主政治何以可能。在具体安排上，本书第二章到第八章将结合中国实际，依次探讨政治权力、政治合法性、政治文化和社会化、政治意识形态、政治制度、政治组织、政治分层等政治社会学的核心问题，第九章将运用政治社会学的理论探讨当代政治社会所面临的生态问题以及政治认同的危机问题，最后一章则综合运用当代政治学、经济学和社会学新兴的制度分析理论，分析市场经济条件下公共事务的种种解决办法”。②

王振海等认为，政治社会学的研究内容脱离不开政治社会学以政治与社会的关系为研究对象这一基本架构，它是政治社会学研究对象的具体化，是政治与社会之间的基本关系在各个具体领域的表现及其本质规律的揭示。因此，政治社会学的研究内容包括“政治社会学的渊源、确立与发展、政治社会学的研究对象及基本内容、政治社会学的学科界定、政治社会学研究的理论与方法、政权机构与政治社会组织、社会体系与政治体系、政治人与政治参与、社会权力与政治权力、社区与社区政治、政治文化、政治社会化、政治发展与政治民主化、政治社会学研究在中国、政治社会学的研究前瞻”。③

朱国云认为，政治社会学的研究内容主要包括“政治社会学的历史演变、政治社会学的学科性质、政治社会学的理论模式、政治角色、政治权力、政治参与、政治社会化、政治文化”。④

除此之外，研究政治社会学的学者张静认为：“政治社会学建立在对现代社会结构的如下判断上：在当代社会日益政治化的变迁中，社会秩序的维系方式已经从文化的一致转向以结构关系为基础，也就是说，权利的分界、交换、议合等制

---

① 王威海：《政治社会学：范畴、理论与基本取向》，上海人民出版社2008年版。

② 毛寿龙：《政治社会学》，中国社会科学出版社2001年版，第23~24页。

③ 王振海等：《社会场域中的政治——政治社会学的视角》，河南人民出版社2005年版。

④ 朱国云：《政治社会学概论》，清华大学出版社1998年版。

度关系已成为秩序的主要合法性来源。在现代社会，权利在势力间分布的不平衡是引发社会冲突的主要原因，因而，可以把不同的权威模式看成是一种特别的组织或结构安排，它工作于促进社会利益的组织化，形成社会往来的稳定预期，构成社会控制和服从的秩序——通过这些作用，它限制和规范了社会冲突——使之成为和平、常规的竞争秩序”。① 因此，“政治社会学的研究主题，是讨论权威的社会性来源，即社会势力怎样形成政治权威，以及政治权威怎样集聚和改变社会中的利益组合和势力关系”。②

至此，我们列举了国内外政治社会学者对于政治社会学研究内容的不同观点。可见，学者们对于研究内容的看法存在着较大的差别。当然，有些研究内容，比如政治权力、政治文化、政治参与、政治社会化等都是政治社会学的核心内容。在广泛吸收和借鉴国内外政治社会学者的研究成果的基础上，我们认为，政治社会学的核心概念是权力，它的基本任务是：在社会环境和关系网络中分析各类因素对权力分配和权力运行及其机制的影响和作用。政治社会学与政治学的主要区别在于，它把政治现象和政治行为放在社会的背景下进行分析考察，从社会的角度去观察和解释政治生活，寻求政治现象的社会文化基础。所以，政治社会学的特点是从社会学的角度，运用社会学的方法去解析政治现象。正是在这一思想的指导下，本书选择了若干最重要、最基本，并且能够反映政治本质的现象作为分析对象，力图从社会背景出发来分析政治的根源以及政治运行中的社会因素，从而揭示政治与社会的一般关系。本书将主要研究政治权力、政治文化、政治社会化、公众舆论与意识形态、政治沟通、阶级、政党与利益集团、市民社会与政治国家、政治决策、政治参与、政治发展等内容。

第三节　政治社会学的研究方法

政治社会学的研究方法是人们研究政治和社会现象的过程中所使用的基本方式、法则和策略。作为一门社会科学，政治社会学遵循普遍的科学研究方法，比如定性分析方法、定量分析法等。而作为一门以政治学和社会学为基础的新兴交叉学科，政治社会学也有其独特的研究方法。本书在总结和借鉴政治社会学者的观点基础上，将政治社会学的研究方法大体上分为基本方法、研究途径和具体分析技术三个层面。

---

① 张静：《政治社会学及其主要研究方向》，《社会学研究》1998 年第 3 期。
② 张静：《政治社会学及其主要研究方向》，《社会学研究》1998 年第 3 期。

一、政治社会学者关于研究方法的观点

"研究方法"这个词在社会科学中有许多种含义,从不同的角度去看,它会具有不同的意义,"有时它指从根本上去描述和揭示客观事物的哲学原则;有时指收集和处理研究材料的具体技术;有时又指选择研究问题、研究资料和研究方向与角度的准则"。[①] 政治社会学是一门新兴的交叉学科,因而其研究方法打破了社会科学的不同学科之间的界限。同是研究政治社会学的学者,基于不同的知识背景对于政治社会学学科的理解也存在着差异。当然,政治学和社会学的基本理论与主要研究方法仍然居于主导地位,尤其是在对现实政治的研究中占据着比较重要的位置。

陈秉璋指出,"所有社会科学,都有其独特的研究方法。就政治社会学所涉及的独特研究方法而言,包括了以下的主要面向:政治理念或主义、探研法、具体方法、研究技术,以及研究深度等等"。[②]

王威海把政治社会学的研究方法归纳为三个层次:"第一个层次上的方法包括了社会学的研究方法、传统政治学的研究方法、现代政治科学的研究方法、人类学的研究方法、经济学的研究方法、历史学的研究方法等。第二个层次上的研究方法实际上是一种研究路径,它既不同于学科性的研究方法,也不同于具体的研究技术,而是在实际的研究中所遵循的通则,所以这种方法有时又被称为理论。第三个层次上的研究方法主要是指具体的研究技术。具体的研究技术主要是指学者获取资料所使用的手段和途径。研究技术对于行为主义的经验研究具有特别的意义。最为常见的具体研究技术诸如问卷调查、抽样调查、访谈、个案研究、社会关系测量法等。"[③]

黄百炼、徐勇专门对政治社会学的研究方法进行了探讨,他们认为,"社会主义国家的政治社会学研究总的方法论要求是用辩证唯物主义和历史唯物主义的世界观和方法论作指导,避免资产阶级学者研究方法中回避阶级利益和斗争,忽视生产力和生产关系、经济基础和上层建筑相互关系的基本规律,从而有可能准确地揭示政府过程和相互作用的规律"。[④]

王振海等认为,"政治社会学的主要方法可以归结为两类:一类从组织与制

---

① 俞可平:《西方政治分析新方法论》,人民出版社 1989 年版,第 104 页。

② 陈秉璋:《政治社会学》,三民书局股份有限公司 1984 年版,第 49 页。

③ 王威海:《政治社会学:范畴、理论与基本取向》,上海人民出版社 2008 年版,第 42 ~ 43 页。

④ 黄百炼、徐勇:《政治稳定与发展的社会分析——政治社会学导论》,武汉出版社 1993 年版,第 20 ~ 21 页。

度角度分析政治社会现象，一类从个人与团体角度分析政治社会现象。其中前者包括系统理论、功能理论、沟通理论、秩序理论、互动理论、交换理论和冲突理论；而后者包括自由主义理论、社群主义理论和精英主义理论”。[①]

朱国云总结了政治社会学研究的几种方法：“调查统计法、系统分析法、历史文献法、定量分析法”。[②] 而《中国大百科全书·政治学卷》中指出当代政治社会学常用的一些研究方法或理论有：“功能理论、冲突理论、交换理论、社会分析方法、个案分析方法、社会运动理论”。[③]

在综合与借鉴上述政治社会学者观点的基础上，参照国内政治学与社会学的研究方法，我们把政治社会学的研究方法分为基本方法、研究途径和具体分析技术三个层面。这三个层面是按照从研究方法的宏观方面逐步过渡到微观层面。现分述之。

二、政治社会学的基本方法

政治社会学的基本方法主要是指研究政治社会学所要秉持的一些比较根本的、宏观的研究方法。基本方法往往决定和影响研究途径和具体的分析技术。一般而言，政治社会学的基本方法有以下四种：

1. 比较研究法。“比较方法是对彼此有某种联系的同一类事物进行对比，以揭示其规律的方法”。[④] 在对政治现象的研究中，比较研究法具有非常悠久的传统。早在古希腊时期，亚里士多德就曾经采用比较的方法对古希腊的城邦进行比较分析。此后，马基雅维里、孟德斯鸠等都广泛采用这种方法。社会学出现以后，早期的社会学家也一直重视比较研究法。在政治科学发展的早期阶段，比较研究法一直得不到学者的重视。二战后，随着政治现实的变化以及人们对政治现象研究的深入，学者们发现单纯地对某一个政治体系进行经验性的研究实际上无法了解和解释政治现象，而比较研究法更有助于对政治现象的解释，比较政治的蓬勃兴起以及比较研究法的广泛应用正是在这种背景下出现的。比较政治学、比较政治制度都是运用比较方法的产物。

比较分析方法分为横向比较和纵向比较。横向比较是对同时期的两种或两种以上的政治社会现象的比较，有助于获得对所比较事物异同的认识。而纵向比较是对不同时期的政治社会现象进行比较，既包括对一国不同时期

---

① 王振海等：《社会场域中的政治——政治社会学的视角》，河南人民出版社2005年版，第205页。

② 朱国云编著：《政治社会学概论》，清华大学出版社1998年版，第23~24页。

③ 《中国大百科全书·政治学卷》，中国大百科全书出版社1992年版，第502页。

④ 陈振明、陈炳辉主编：《政治学——概念、理论和方法》，中国社会科学出版社1998年版，第70页。

政治社会现象的比较,也包括对不同国家不同历史时期的政治社会现象的比较。纵向比较更能够了解某一政治社会现象是如何发展变化的。在政治社会学领域中,比较方法往往会和历史研究方法结合在一起,成为比较历史研究法。艾森斯塔特、李普塞特、巴林顿·摩尔等都曾经使用比较历史研究方法。

2. 经济分析方法。政治社会学的研究不能脱离经济发展的现实。马克思主义认为,政治和社会现象的产生、发展都是受一定的物质生产方式的制约的。“每一时代的社会经济结构形成现实基础,每一个历史时期的由法的设施和政治设施以及宗教的、哲学的和其他的观念形式所构成的全部上层建筑,归根到底都是应由这个基础来说明。”①任何政治和社会问题归根到底都可以找到其经济根源,都必须要回溯到社会政治问题的生产力和生产关系的矛盾运动过程中去。政治社会学的研究离不开经济分析方法。因为,经济活动是政治活动和社会发展的基础,也是制约政治社会发展的核心因素。因此,政治社会学必须坚持经济分析方法。

3. 跨学科研究方法。政治社会学是研究社会政治现象的,而社会政治现象又是纷繁复杂的,这就需要借助于政治学、社会学、经济学、心理学等多学科的研究方法来加以研究。跨学科研究方法在古代就有萌芽,亚里士多德等人曾经使用过。“直到20世纪初特别是二战后,才逐渐形成真正意义上的跨学科方法,并进而产生了相应的边缘学科如政治心理学、政治社会学、政治生物学等。”②目前,运用跨学科研究方法已经成为政治社会学的一个研究趋势。

政治社会学中所使用的跨学科研究方法主要有心理学研究方法、经济学研究方法、社会学研究方法、政治学研究方法等,而且往往是这些研究方法的结合。其中,心理学研究方法主要是运用心理学的理论、方法和分析框架来解释政治社会发展过程中人们的态度、情绪、个性和气质,解释政治社会发展中的一些现象。经济学研究法主要运用经济学的理论框架来分析政治社会现象,所运用的方法主要有理性选择分析、博弈论等。而社会学的研究方法主要是在社会学原则的指导下,运用社会学的理论观点来解释政治社会现象,主要有功能理论、冲突理论、角色理论和交换理论等。政治学的研究方法主要是运用政治学的理论框架来考察政治社会现象,主要使用的研究方法有政治精英理论、结构功能理论和决策理论等。从总体上看,跨学科的研究方法为政治社会学提供了有益的分析技术,促进了政治社会学作为交叉学科的发展。

4. 定量分析方法。定量分析方法是对“社会现象的数量特征、数量关系与

① 《马克思恩格斯选集》第3卷,人民出版社1995年版,第365页。

② 陈振明、陈炳辉主编:《政治学——概念、理论和方法》,中国社会科学出版社1998年版,第71页。

数量变化进行分析的一种分析方法。”①随着行为主义的兴起，在20世纪的60年代到80年代，定量分析方法在政治学、社会学中广泛使用，主要是运用数学和统计学的方法，根据实际观测记录的数据对一定的政治和社会关系进行计量，再将计量结果反过来对假设的政治和社会学说进行检验和修正，从而确定其数量规律。最常用的定量分析方法包括：“数理统计方法和运筹学方法。前者主要包括图表、均值、方差、相关系数、概率等一系列的概念与过程；后者则主要包括规划论、博弈论、决策论等数学方法。”②

政治社会学中使用定量分析方法具有两个优点：一是可以对理论和概念的研究和验证有益。二是可以弥补定性分析中存在的不足，可以通过建立数学模型、应用计算机仿真等来解决定性研究所不能完成的任务。当然，在为政治社会学提供精确论据和说服力的同时，定性分析方法也存在比如“价值中立”、“唯定量论”的局限性。因此，定量分析方法应当与定性分析方法互补使用。

三、政治社会学的研究途径

研究途径是指“用来分析政治现象和政治活动的理论模式和分析框架，它根据一定的原则和结构分析政治现象和政治活动的程序，把研究对象的各项变量纳入一定的理论框架之中。”③而政治社会学的研究途径也就是政治社会学研究所采用的研究模式和研究角度。政治社会学中所使用的研究途径大体有以下四种：

1. 系统理论。系统理论是政治社会学经常采用的研究途径之一。20世纪40年代从生物学的研究中产生出新兴学科——一般系统论，代表人物是贝塔朗菲。他提出了一般系统论的三个基本特点：整体性、动态性和层级性。60年代以后，一般系统论在政治学、社会学中得以采用。伊斯顿创立了作为政治学方法论的系统理论。系统理论是“运用系统论的基本观点，把政治放在系统的形式中加以考察的一种方法。”④系统理论把政治的互动行为当做政治分析的基本要素，主张以政治系统的平衡和稳定为目标，着重分析系统的平衡和自我维持。系统理论主要包括一般政治系统理论和结构功能理论两种基本形式。

系统理论出现以后广泛应用于社会科学中，并且作为一种有效的研究方法运用到政治社会学的研究中，开辟了政治社会学研究的新领域和新途径，拓展了

---

① 王威海：《政治社会学：范畴、理论与基本取向》，上海人民出版社2008年版，第45页。

② 陈振明、陈炳辉主编：《政治学——概念、理论和方法》，中国社会科学出版社1998年版，第72页。

③ 王沪宁：《当代西方政治学分析》，四川人民出版社1998年版，第320页。

④ 陈振明、陈炳辉主编：《政治学——概念、理论和方法》，中国社会科学出版社1998年版，第74页。

人们的研究视野。当然,系统理论研究也存在着一些不足,比如,过分强调概念模式和理论框架的建立,试图建构一种宏大的解释体系等。

2. 集团理论。集团理论是以政治利益集团的行为作为分析中心,通过研究政治利益集团的行为和性质来分析政治社会现象的一种途径。“最早的发展者是朋脱莱(通译为:本特利),他的 1908 年问世的名著《政府过程》,可说是有系统地剖析集团途径的经典之作。”①本特利创建集团理论之后,在 20 世纪 60 年代由杜鲁门完成,并经由达尔、洛威等人加以发展而得以形成。集团理论把集团看做是一切政治活动的基础。集团的存在是为了追求各自的利益,为了实现自身的利益,集团之间采取必要的行动来影响政府的决策过程。因此,集团理论认为,政治过程就是集团的互动过程,政府的决策就是集团互动的结果,是根据集团之间达成的妥协而作出的。

集团理论作为政治社会学的研究途径之一,对政治社会学的发展产生重大影响,能够解释政治社会发展过程中的众多现象,具有很强的解释力。而且“在政治社会学的诸多研究方法中,唯有集团研究方法是政治学和政治社会学本土的研究方法。”②当然,集团理论作为研究资本主义国家政治社会发展的重要途径,也存在不足。比如,集团途径往往忽视政府和制度对集团的影响作用,而且从事实证研究不容易,并且研究的视野也相对狭窄一些。

3. 角色理论。角色理论是社会学的基本理论之一。角色本来是一个戏剧名词,在被引入社会学研究之后,人的社会行为就被视为一种角色的行为。角色研究法假定:“政治行动者会发现自己有不同的身份,就有某些不同的行为模式跟着他。大家对一个人处于某特定身份时,就应该怎么做,都有某些固定的期望。这些期望就构成了一个角色或一组角色。”③可见,个人的角色行为往往与其所处的社会地位、所具有的社会身份相适应,而每一种社会角色又都是处于特定的社会关系之中,具有一整套与之相适应的权利义务和行为规范以及社会期待。

政治社会学在引入角色研究之后,实际上也把个人的政治行为视为一种政治角色行为,不同的政治角色自然就有不同的行为方式。政治角色研究注重研究以下几个方面的问题:“第一,角色表演;第二,角色期待;第三,角色认知;第四,角色要求;第五,角色技术;第六,角色才能;第七,角色冲突。”④

4. 制度理论。制度理论是“以政治制度和政府机构为分析中心,通过研究

---

① 吕亚力:《政治学方法论》,三民书局股份有限公司 1985 年版,第 247 页。

② 王威海:《政治社会学:范畴、理论与基本取向》,上海人民出版社 2008 年版,第 49 页。

③ 陈秉璋:《政治社会学》,三民书局股份有限公司 1984 年版,第 58 页。

④ 王沪宁:《当代西方政治学分析》,四川人民出版社 1988 年版,第 270 ~ 271 页。

制度和机构具体的政治形式来考察分析政治现象的一种研究途径。"[①]制度理论认为,各种政治制度的规定和机构的组织与安排等,对政治活动和政治生活有着重要的影响。制度理论流行于20世纪上半叶,着眼于描述和研究各种政治制度和政府机构。行为主义兴起之后,制度理论研究转向研究政治制度或政府机构内部的政治过程。

政治社会学引入制度理论,能够从制度和机构的角度来分析和研究社会政治现象,这有助于更加系统和全面地把握政治和社会现实。当然,由于制度理论过于重视制度和机构,缺乏丰富性和动态性,需要其他研究途径加以补充。20世纪80年代出现的新制度主义理论从一定程度上弥补了上述缺陷。

四、政治社会学的具体分析技术

政治社会学的研究不仅需要基本的研究方法和研究途径,还需要具体的分析技术。所谓分析技术,是指政治社会学者在搜集和获取资料的过程中所采用的方法和借助的工具,也就是说"研究者采用何种方式或工具藉以取得所需资料。"[②]政治社会学吸收和借鉴了政治学和社会学的一些分析方法和研究技术。王威海认为,政治社会学的研究领域中最常用的研究方法和分析技术有:"问卷调查、访谈、实地研究、社会实验等;分析方法包括内容分析法、标度法、社会关系测量法。"[③]陈秉璋认为,政治社会学最常用的分析工具包括"意见调查(问卷调查)、Interview Tests、内容分析法、标度法、社会关系测量法、个案研究法、选样法、投射测验法等等。"[④]我们认为,政治社会学的研究所要借助的具体分析技术包括文献调查法、社会调查法、社会观察法、社会实验法等。

1. 文献调查法。文献调查法是政治社会学的研究者获取资料的重要方法,是指"对于研究课题有关的文献进行搜集,以获得间接理论知识的方法。"[⑤]文献调查法的主要步骤包括:制订文献调查计划、文献检索、搜集资料。在这三个步骤中,文献检索最为关键。常见的文献检索方法包括:"(1) 利用图书馆(档案馆)目录和各类检索工具书查找;(2) 以有关论文、专著所附参考文献为基础,逐一追踪查找;(3) 将上述两种方法综合起来交替使用;(4) 利用电脑网络查找。"[⑥]文献查找之后是文献分析,要求研究者要对文献进行认真仔细的分析考

---

① 陈振明、陈炳辉主编:《政治学——概念、理论和方法》,中国社会科学出版社1998年版,第79页。

② 陈秉璋:《政治社会学》,三民书局股份有限公司1984年版,第60页。

③ 王威海:《政治社会学:范畴、理论与基本取向》,上海人民出版社2008年版,第51页。

④ 陈秉璋:《政治社会学》,三民书局股份有限公司1984年版,第61页。

⑤ 陈振明、陈炳辉主编:《政治学——概念、理论和方法》,中国社会科学出版社1998年版,第84页。

⑥ 陈振明、陈炳辉主编:《政治学——概念、理论和方法》,中国社会科学出版社1998年版,第85页。

证、比较综合,以便获得有用的信息资料。文献的内容分析要谨慎,要去粗取精,去伪存真。“文句的归类必须谨慎,以达到最高度的可靠性。”①

2. 社会调查法。社会调查法是“研究者直接从研究对象那里获得第一手资料的技术。”②社会调查的一般程序包括确定调查题目、调查准备阶段、调查阶段、调查结果的研究阶段、总结阶段。社会调查法又可以分为问卷调查法和访谈法。问卷调查法是通过选定被调查对象回答统一设计的问卷的方法。问卷调查的研究者必须考虑三点:“向谁提出问题(抽样的建立);提出什么问题(问卷的建构);及如何问(访问技巧)。”③问卷调查中研究者需要注意有效回收问卷的问题。而访谈法则是指通过与被调查者直接交谈的方式来获取调查资料的方法。两种研究方法各有偏重,因此要慎重选择使用或者两者兼用。“在有些情形下,也可在同一阶段,使用数种技术,以一种为主,别的用来查核主要技术搜集的资料之真伪与可靠度。”④

3. 社会观察法。社会观察法是指“研究者有目的、有计划地运用感官或借助仪器、设备直接搜集正在发生并处于自然状态的有关研究对象资料的研究方法。”⑤社会观察法包括以下步骤:确定观察对象和观察目的;观察前的准备工作;进入观察场所并记录观察结果;分析观察资料,撰写观察报告。社会观察法中最重要的一种就是参与观察法。这种分析技术是从人类学中借鉴而来的,用于组织或者小型社区的深入调查研究。当然其缺陷在于容易受到参与对象的影响而不能保持中立态度。不过,参与观察技术的价值在于以下两个原因:“(1)许多重要的资料,别的方法无法获得;(2)参与观察法的缺点虽多,但有些缺点只要研究者能自行留意,可减少其弊害,即使不能将其消除。”⑥

4. 社会实验法。政治社会学中也会运用实验技术。所谓实验,就是“控制地观察,反复地试探与对主要变项系统的操纵。”⑦社会实验则是“研究者根据课题规定的目的,通过有控制地改变某些社会(实验)环境获得关于实验对象发生变化的信息,以建立政治现象之间因果关系的研究方法。”⑧社会实验的步骤主要包括:制订实验设计;实验前的准备;进行实验;搜集整理社会实验的资料;分析实验资料并得出结论。由于政治社会现象纷繁复杂而且变化无常,政治社会

---

① 吕亚力:《政治学方法论》,三民书局有限责任公司1985年版,第135页。
② 陈振明、陈炳辉主编:《政治学——概念、理论和方法》,中国社会科学出版社1998年版,第85页。
③ 吕亚力:《政治学方法论》,三民书局有限责任公司1985年版,第141页。
④ 吕亚力:《政治学方法论》,三民书局有限责任公司1985年版,第143页。
⑤ 陈振明、陈炳辉主编:《政治学——概念、理论和方法》,中国社会科学出版社1998年版,第85页。
⑥ 吕亚力:《政治学方法论》,三民书局有限责任公司1985年版,第137~138页。
⑦ 吕亚力:《政治学方法论》,三民书局有限责任公司1985年版,第139页。
⑧ 陈振明、陈炳辉主编:《政治学——概念、理论和方法》,中国社会科学出版社1998年版,第85页。

学的研究者并不能完全按照自己的意志来控制整个实验过程。因此,政治社会学中的社会实验大多是模拟的。

最后需要指出的是,政治社会学的具体分析技术各有其优缺点和使用的范围。因此,在具体使用分析技术的时候,要根据研究者所需要的资料类型来具体确定,而且,各种分析技术有时要同时使用才能够更好地发挥其效用。

第一章

政治权力

权力现象是一种贯穿于人类社会始终、渗透于社会生活各个方面,并能对历史发展进程产生重大影响的社会现象。在现实生活中,人们处处都能够感受到权力的存在及其强大的影响力。在社会的政治生活领域,权力更是主导政治过程的核心要素,这就是为什么政治斗争总是围绕权力展开的根本原因。不同的阶级、政党、集团,以及活跃于政治舞台上的所谓政治精英们为争夺权力或巩固权力,演出了一幕幕历史的悲喜剧。所以,许多人认为,政治的本质就是权力。权力何以具有如此之大的吸引力,它能给人们带来什么,便成了人们在研究社会和政治生活时不得不关注的问题。

第一节　权力概念评述

权力是一个多学科研究的范畴,也是一个十分容易引起混乱的概念。甚至可以说,有多少人研究权力,就有多少种权力的定义。不同的人和不同的学科在使用权力这一概念时,往往各有所指,以至于同一个概念在不同的地方产生了不同的含义。所以,研究权力,必须首先澄清它的本来含义。

一、权力的含义

权力是一个既简单又复杂的概念,说它简单,是因为我们每一个人都对权力这一现象有基本的了解和切身的感受。说它复杂,是因为要给它下一个科学、准确,又能得到大多数人认同的定义,是一件相当困难甚至是不可能的事情。正如有的学者所评论的那样,“权力本身有一种难以捉摸的神秘性。它好像就在我们的周围,但要凭某种第六感官而不是通常的五官才能感觉到它。我们知道它是怎么回事,可是要给它下一个定义却会遇到数不尽的困难。我们可以‘说明’

某一个人或集团比另一个人或集团更有势力,可是我们却没有办法估量权力的大小。它既像时间一样抽象,又像行刑队一样真实”①。于是,有人干脆主张放弃界定权力的努力,认为给权力“设定一个定义肯定是行不通的,因为这非但没有避免概念之争,相反却陷入了这场争论之中”②。

在西方学术界,有关权力理论影响最大的人物当推马克斯·韦伯。在他看来,权力是指“在社会交往中一个行为者即使在遇到抵抗的情况下,也能实现其意志的可能性,而不管这种可能性以什么为基础。”③在韦伯的表述里,“可能性”(probability)一词意味深长,它暗示权力并不仅仅是在使用中才存在的,它更是一种潜在的能量;权力本身也会由于环境以及形成权力的资源在分配方面的变化而变化。韦伯不同意权力仅仅依赖肉体暴力的使用或威胁的观点,他认为,其他一些因素也能够决定个人或个人集团的意志是否能够凌驾于其他个人和个人集团之上。总的说来,韦伯的观点是:权力是一种可以达成某种结果的潜在能力,它的形成原因,在于行动者拥有某种资源。

韦伯的权力定义,对后人影响极大,现代政治学有关权力的形形色色的说法,都或多或少、直接或间接地保留了韦伯的观点。

陶奈的观点是:“权力可以被定义为一个人(或一群人)按照他所愿意的方式去改变其他人或群体的行为以及防止他自己的行为按照一种他所不愿意的但是被改变的能力。”④

罗伯特·达尔则把与权力有关的一些术语,如权威、控制、强权、说服、强力、强制等归纳为“影响力术语”,而权力就是指“用制造严厉制裁的前景来对付不屈从,从而得到屈从”的一种特殊的影响力。⑤

彼得·布劳认为,权力的定义应当加以扩大,完整的表述应该是:“它是个人或群体将其意志强加于其他人的能力,尽管有反抗,这些个人或群体也可以通过威慑这样做。威慑的形式是:撤销有规律地被提供的报酬或惩罚,因为事实上前者和后者都构成了一种消极的制裁。”⑥

罗伯特·威森的权力定义则简单而明确:“权力是一个人凌驾于他人之上并促使其有某种行为的能力。”⑦

鉴于权力概念表述上的复杂性和争议性,有的学者主张通过直接描述“权

---

① 转引自卢少华、徐万珉:《权力社会学》,黑龙江人民出版社1989年版,第15页。

② 《布莱克维尔政治学百科全书》,中国政法大学出版社2002年版,第642页。

③ Max Weber, “The Theory of Social and Economic Organization”, Free Press, 1947, p. 152.

④ 彼得·布劳:《社会生活中的交换和权力》,华夏出版社1988年版,第135页。

⑤ 罗伯特·达尔:《现代政治分析》,上海译文出版社1987年版,第60页。

⑥ 彼得·布劳:《社会生活中的交换和权力》,华夏出版社1988年版,第137页。

⑦ Robert Wesson, “Politics: Individual and State”, Prentice-Hall, 1988, p. 7.

力”所指的那种现象,来阐释权力的含义。这就是:“在任何社会中,一些人在追求他们目标的时候,很明显地总是比别人显得更有能力。如果他们的目标与其他人所设想的目标有冲突时,前者总会设法否定或超越后者的优先权。的确,他们为了达到自己的目的,常常能动员他人的力量,甚至逆他人意志而行。这种现象就是所谓的社会权力。”①

现在,我们可以对权力现象作一个概括性的总结:

第一,权力体现为一种不平等的社会关系。权力总是在权力主体与权力客体的相互作用中实现其存在的,没有主体,权力失去了它的载体;没有客体,权力又失去了它的作用对象。权力主体与客体的关系,是一种支配与被支配的关系,因而是不平等的。

第二,权力是一种能够引起某种结果的能力,这种结果又往往是权力主体希望达到的目标。它意味着,掌握了权力,就等于掌握了使事物朝着有利于自己方向发展的机会。

第三,权力主体之所以能够支配权力客体而客体又不得不服从,原因在于它拥有某种客体所没有的资源。这些资源是权力赖以成立的基础,它可以是宝剑或膂力,珠宝或金钱,也可以是镜子或智力。②

第四,权力并非只有在实施中才得到体现,它也是一种潜在的行动能力或影响力。换言之,权力在尚未进入运行过程时仍然存在。

第五,权力以客体的服从为前提,这意味着它是一种强制性的力量,权力主体在它认为需要的时候,能够使用暴力或实施制裁。

根据以上分析,我们现在可以对权力进行界定:权力是权力主体由于占有某种资源而具有的影响、制约和控制客体行为的能力。

二、权力的特性和权力需要

权力的特性是由它的社会本质决定的。权力作为一种社会文化现象,反映着人与人之间某种特殊的因果联系,内在地具有一些特殊的属性。权力的基本属性主要有:

1. 强制性。权力主要是一种强制性的力量,获得权力就等于获得了使他人意志服从于自己利益和目标的能力,而且这种服从无须事先征得他人的同意。权力的这一特性在国家权力中表现得尤其突出。在国家的权力机构体系中,设

---

① Gianfranco Poggi,“The State:Its Nature,Development and Prospects”,Polity Press,1990,p.3.

② 阿尔温·托夫勒认为,权力的源泉有三种,即暴力、财富和知识。参见阿尔温·托夫勒:《权力的转移》,中共中央党校出版社1991年版,第19~21页。

有专门的暴力镇压机关，它的任务就是为国家权力的行使和国家意志的贯彻提供实施强制的手段。在国家之外的其他一些群体或组织中，权力的强制性也是十分明显的。二者的不同是，国家可以合法地垄断和使用暴力，作为最高和最后的强制手段，而群体和组织则通过规章、纪律、奖惩和精神控制等形式进行强制。

2. 工具性。权力本身并不是它的主体所追求的最终目的，而只是达到目的所需要的一种手段或工具。这就是说，权力作为一种工具，具有获取某种价值的价值。正因为权力具有工具性价值，它才会成为社会生活中许多人或集团狂热追求的目标。在政治王国中，权力更是一切政治斗争的焦点，社会的各个阶级、集团、政党的所有政治活动，归根结底都是围绕权力而展开的。

3. 对象性。权力总是存在于一定的社会关系中，没有作为权力作用对象的权力客体的存在，也就不会有什么权力主体，从而也就无所谓权力。所以，任何一种权力都有其特定的作用对象和范围，它们决定了一种权力的行使界限和应用范围。绝对的到处都适用的权力是根本不存在的。在特定的界限和范围内，权力可以有效地发挥它的作用，而一旦超出了这个界限和范围，权力便会失去应有的效力，因而变得毫无意义。

4. 不平等性。权力作为一种特殊的影响力，是一种支配或控制他人行为的物质力量。"一种权力的存在意味着一个集体的文化体制建立起了正式的不平等关系，把统治他人的权力赋予某些人（他们被称为'权威'），并强迫被停止者必须服从后者。"[①]权力关系的不平等性意味着，权力主体在权力关系中处于主动的、支配的地位，而权力客体则处于被动的、被支配的地位。权力主体借助于手中的权力，可以迫使客体服从自己的意志，甚至作出与其意愿相反的行为。

5. 目的性。权力的行使总是和一定的目的相联系，这种目的构成了权力运行的内在动力，使权力主体的意志不断转化为支配行为而作用于权力客体，以实现或维持特定的利益或达到特定的目标。所以，任何现实的权力都是为一定的利益需要服务的，那种没有利益倾向性的权力在现实生活中是不存在的。

除了上述诸种特性外，权力还具有资格性、多元性、渗透性、不确定性、排他性、扩张性、诱惑性等种种属性，这里就不一一详述了。

权力的特性决定了权力的价值，而权利的价值又反映了它的社会有用性。权力的社会有用性主要体现在它是一种十分强有力的工具性手段，即它是权力主体实现其利益、满足其需要的重要工具。"任何需要的满足过程总是一种权力的实现过程——倘若一个人对于能满足他的需要的对象不拥有某种可以支配它的能力，或不拥有对其他可以支配该对象的物的权力，他便无法满足自己的这

① 莫里斯·迪韦尔热：《政治社会学——政治学要素》，华夏出版社 1987 年版，第 116 页。

一需要。”①所以,霍布斯强调说:“全体人类存在着一个基本倾向,即对权力的无休无止的渴望,只有死亡才能使其终止。”②

由于权力所具有的价值,使得个人、团体或社会都需要借助它的力量来实现他们的利益或需要。但是,对这三种不同的主体,权力具有不同的意义。

对个人来说,权力首先能给人们带来物质利益上的某种程度的满足。威森曾评论道:“政治地位通常可以转换为物质目标。在大多数国家,身居高位的人往往具有聚敛财富的便利条件。甚至在一些最规范的和民主的国家,人们也可以由高级政治人物变成公司领导或从事利益丰厚的法律和咨询活动。”③除了物质利益以外,权力还能给人们带来精神和心理方面的满足。对此,威森也曾有过一段相当精彩的评论:“权力的味道几乎总是美妙的,甚至那些无意问政的人在掌握权力后,也会从中得到满足。他们讲话,别人聆听、鼓掌和服从。他们使自己的同胞成为贯彻其意志的工具。权力是社会成功的顶点。……权力扩展了生活并使之具有意义,它凸显了人的本性。那些为了共同体的利益而进入领导岗位的人经常由于对权力的欣赏而流连忘返。权力是一剂春药,部属们使尽浑身解数让掌权者产生一种伟大感。崇尚奢华很大程度上是崇尚权力,名贵轿车的重要性不在于它行驶平稳,而在于它能显示车主的地位;豢养大批的仆人与其说是出于服务的需要,倒不如说是显示主人的气派。”④

对一个群体或组织而言,权力的重要性是显而易见的。一个简单的事实是,拥有了权力,就能更有效地保护、促进和扩大群体的利益。问题还不仅仅如此,“如果自我追求仅限于物质利益的话,政治竞争可以得到公正的管理,各政党或许能够就蛋糕的切法达成协议。政治的紧张激烈在于它涉及更多的事务,如谁当老板,谁制订规则,谁被尊为首领,谁的理想和原则能够得到推行。所以,只找到一种切蛋糕的方法是不够的。”⑤换言之,对社会生活中的各个群体或组织来说,权力的重要性不仅仅在于它所带来的物质利益,更重要的是它能够决定物质利益如何分配。于是,我们看到,各种团体和组织,无论大小,都在努力为争夺或保持优势地位而斗争,甚至一个团体内部的各个部门之间,也都在争夺优势。比之于个人,团体更把这种优势神圣化为一种权力。

对社会而言,权力的需要来自于社会内部各阶级、阶层、集团之间的利益冲突,以及对社会的公共生活进行组织、调节和治理。正如恩格斯所说:“这个特

---

① 林喆:《权力腐败与权力制约》,法律出版社 1997 年版,第 12 页。

② 转引自戴维·赫尔德:《民主的模式》,中央编译出版社 1998 年版,第 97 ~ 98 页。

③ Robert Wesson,“Politics: Individual and State”, Prentice-Hall, 1988, p. 9.

④ Robert Wesson,“Politics: Individual and State”, Prentice-Hall, 1988, p. 8.

⑤ Robert Wesson,“Politics: Individual and State”, Prentice-Hall, 1988, p. 7.

殊的公共权力之所以需要,是因为自从社会分裂为阶级以后,居民的自动的武装组织已经成为不可能了。……这种公共权力在每一个国家都存在。构成这种权力的,不仅有武装的人,而且还有物质的附属物,如监狱和各种强制机关,这些东西都是以前的氏族社会所没有的。”①社会的权力,尤其是政治权力,往往掌握在居于社会主导地位的统治阶级手里,所以,阶级性是它的根本属性,公共性只是相对的。

三、权力的分类

权力是一种内涵丰富而又十分复杂的现象,它有多种表现形式,因而就产生了对权力进行分类的必要。如何划分权力类型,取决于人们所持有的标准。标准和角度的不同,自然会有不同的划分。比较重要、也是比较常见的权力分类方法主要有以下几种:

1. 个体的、群体的和社会的权力。根据主体的不同,权力可分为个体的权力、群体的权力和社会的权力。个体的权力又称“私权力”,它主要与财产、人身所有权联系在一起,它的设立往往借助于对物的占有。当一个人拥有了某种物品时,他便具有了支配这一物品的权力,同时,他还可以利用这一权力去实现其他的需要。在某些情况下,占有某种精神价值,也可以使个体获得权力。例如,在宗教领域,当一个教士拥有对教义的解释权时,便会成为教徒们的精神领袖。群体的权力源自于个体权力需要之间的冲突。群体竭力将各个体满足需要的方式尽可能地限制在不与其他个体需要相冲突的范围内,以弱化个体因彼此行为的冲突而可能发生的离异倾向,从而强化群体的功能。因此,群体权力的设立,往往需要通过建立一系列的规范及其实施机构和管理机构来完成。社会的权力源自于社会内部各个集团之间利益和需要的冲突。社会的权力往往以职权的形式相对集中于部分社会成员的手中。这些与职责相联系的社会权力又被人们称为“公权力”。公权力与公共利益相联系,它的存在是群体权力需要外化的结果。

2. 经济的、政治的和精神的权力。这种划分的依据是权力得以产生的资源的性质,通过控制某种稀缺的或使之稀缺的经济资源而实现的权力。经济权力一般以占有和支配生产资料为基础,权力主体通过对物的控制而达到对人的支配。由于经济是整个社会生活的基础,因而它是社会权力产生的总根源。在经济上居于统治地位的阶级或集团,在社会生活的其他领域也必然居于统治地位。政治权力是指一个阶级或集团由于在社会的政治体系中居于统治地位而获得的

① 《马克思恩格斯选集》第4卷,人民出版社1995年版,第171页。

支配性地位和能力。政治社会学所说的权力,一般都是指政治权力。关于它的具体内容将在下一节作详细的分析,这里不展开论述。精神权力是指个人或集团通过对精神资源或观念性价值的控制而实现的权力。在精神生活中处于支配地位的个人或集团,往往能够借助于教育、宣传、观念灌输、心理诱导等方式,影响和改变另一些人或集团的精神世界,使他们自觉地服从自己的意志,从而实现自己的权力。以上三种权力具有互补功能,它们相互影响、相互补充,在一定条件下,也可以相互转化。

3. 潜在的、明示的和现实的权力。以权力的存在和表现形式为标准,可将其划分为潜在的、明示的和现实的三种类型。权力并不是只有在使用中才存在,当权力主体的命令尚未发出时,权力处于潜在状态。这时的权力表现为权力主体具有的一种支配他人行为的能力。权力之所以能以潜在的形式存在,在于它的背后有法律、政策、道德、宗教等支持力量。明示的权力是指权力主体的命令已经发出,但尚未引起客体行为的权力。众所周知,权力效应的形成,是以权力客体的服从为前提的。明示的权力意味着权力固然已经存在,但还没有产生结果。现实的权力是指实现了的权力。它意味着权力主体的命令已经引起了权力客体相应行为的发生,权力产生了结果,形成了权力效应。主体权力的实现程度,以该权力赖以产生的基础和依据的力量为转移,同时,也与权力客体的具体状况有关。

4. 有形的权力和无形的权力。以权力的外部特征为依据,可将权力分为有形和无形两种类型。有形的权力是指制度化、成体系的并得到国家或组织的团体力量支持的权力,它通常表现为各级各类国家机关和组织由法律或组织章程明确规定的权力。无形的权力则是指各种非制度化的权力,一般是指那些游离于国家或组织之外的,未经正式文件确认,但又事实上存在的权力,主要表现为习惯、传统、道德、宗教等社会意识形态中未经制度化的、没有组织依托的权力。

第二节 政治权力分析

政治权力是一种特殊的社会权力。在社会资源、价值、利益的分配中,政治权力是最有效、最权威的决定力量,因此,它是一切权力中最重要的一种权力。政治权力的特殊性,使得它在人类社会生活中具有广泛的功能和巨大的价值,它不仅可以确保一些人或集团既得的经济利益、社会地位和精神优势,而且还能够剥夺人们所获得的一切现实利益,乃至他们的生命。惟其如此,政治权力才会成为个人、集团、阶级、党派之间斗争的焦点和角逐的中心目标。

一、政治权力的含义和特征

关于什么是政治权力,学者们的表述不完全一致。国内有的学者将政治权力定义为“某一政治主体依靠一定的政治强制力,为实现某种利益或原则而在实际政治过程中体现出的对一定政治客体的制约能力。”①也有的学者认为,政治权力是指“在特定的政治共同体中参加该共同体政治生活的社会主体为夺取、制造和分配以物质利益为中心的各种价值而拥有的权力。”②此外,还有学者从社会与国家的关系中寻找政治权力的线索,认为政治权力是社会对国家的一种政治领导权,它反映的是社会对国家的制约能力。③ 在国外学术界,人们对政治权力的理解也因人而异,导致这个术语的含义千差万别。迪韦尔热倾向于把政治权力定义为“在一切集体(集团或社会整体)中行使的完整权力。”④而威森则认为,“只要权力是正式的,就是政治的”⑤。

上述各种看法和表述均有一定的道理,而且它们之间也有许多共同之处。总结上述观点,本书认为,政治权力似乎应当表述为:政治生活主体基于一定的资源,在各种社会资源如财富、价值、权益、地位的分配过程中所表现出的行动能力和影响力。这一定义包含以下几层意思:

第一,政治权力主体是指政治生活中的主体。凡是活动于政治领域的主体力量,均可能成为政治权力主体。其中,最重要的政治权力主体是国家,即作为统治阶级工具的政府,此外还包括政党、阶级、政治集团及政治个人。

第二,政治权力的指向是各种社会资源,利益是政治权力实现的主要目的。各个政治生活主体所以要拼命争夺权力、力求巩固权力,归根到底还在于权力效应带来的利益满足。权力如果不能满足主体的需要,便会成为无人问津的东西。

第三,政治权力主要表现为一种行动能力和影响力。这意味着,当政治权力主体如阶级、政党掌握了国家政权以后,便具有了主导和支配政治过程的行动能力,这一能力使它能够在社会资源的分配中居于优势地位;而处于在野地位的社会集团,也能够以各种方式影响政治过程,它们也有一定的政治影响力。

与其他形式的权力相比,政治权力具有以下几个明显的特征:

1. 特殊的强制性。如前所述,任何权力都具有强制性,否则就不成其为权

---

① 李景鹏:《试论政治权力的特征和结构》,《政治学研究》1987 年第 4 期。

② 刘军宁:《权力与政治权力概论》,《政治学研究》1987 年第 5 期。

③ 宋惠昌:《现代社会权力结构新探》,《政治与法律》1999 年第 1 期。

④ 莫里斯·迪韦尔热:《政治社会学——政治学要素》,华夏出版社 1987 年版,第 119 页。

⑤ Robert Wesson,“Politics:Individual and State”,Prentice-Hall,1988,p. 8.

力。但是,不同类型的权力,强制的形式和手段各有不同。所谓特殊的强制性,是指以国家权力为代表的政治权力可以通过系统地、有组织地使用暴力进行强制,或者说它本身就是一种制度化的暴力工具。政治权力主体能够通过剥夺人们的荣誉、财产、自由乃至生命等强制手段来推行其意志。这是其他任何权力所办不到的。为此,国家还建有一系列专门的暴力强制机关如监狱、法庭、警察、军队等,专门负责实施强制。在阶级社会中,国家权力总是掌握在统治阶级手里,所以,马克思主义认为,国家是一个阶级压迫另一个阶级的暴力工具。

2. 公共性。尽管在阶级社会中,以国家权力为核心的政治权力成了阶级统治的工具,但它仍具有公共性的特征。这一特征首先表现在统治阶级对政治权力的行使,总是以国家整体和全社会的名义进行的,并且也总是要服从和受制于社会整体发展的需要的。其次,统治阶级行使政治权力并不全部表现为阶级统治,它还包括对社会公共事务的组织、调节和管理。所以,在分析阶级社会中政治权力的属性时,我们既要正视它的阶级性,也要看到它的公共性。阶级社会中的政治权力,往往是阶级性与公共性的统一。

3. 等级性。与其他权力相比,政治权力是一种更为严密、有序的系统结构。这意味着,一种政治权力,例如国家权力,总是由若干部门、层次构成的统一体系。各个部门、层次之间形成纵横交错的权力依存关系。这样,居于不同层次的权力便有了等级之别、大小之分,并在运行中呈现出自上而下的单向性。在权力的等级序列中,上级以下级为自己的存在基础,权力主体以权力客体为自己的存在基础。但权力关系一经形成,系统内部的各个方面就具有了相对独立的意义。

4. 二重性。政治权力从来就是一把双刃剑,它"有更大的能力照顾公共利益,但它更有能力阻挠公共利益。"[①]这就是说,政治权力在运行中,既可以发挥正向功能,也可能产生负向功能,既有能力造福于社会,也有能力危害社会。以国家权力与个人权利的关系为例,国家权力无疑是保护个人权利的最有效的工具,它的巨大的规模效益是其他任何权利保护措施无法相比的。但国家权力也可能是个人权利最大最危险的侵害者。在其他个人或组织的侵害面前,个人不仅可以自卫,而且还可以寻求国家权力的保护,甚至可以诉诸社会正义和人类理性。但在国家权力的侵害面前,个人是无能为力的,权利也无以自保。

二、政治权力分配

权力分配始终是政治学关注的一个核心问题,长久以来人们一直对此怀有浓厚的兴趣。早在古希腊时代,哲学家们就开始了对政治权力应当如何分配的

---

① S. 瓦玛:《政治发展:历史、传统和文化》,《国外政治学》1989 年第 6 期。

探讨。柏拉图认为，生活中存在着一些人们应当追求的绝对的道德真理，完美的社会产生于对这些真理的应用。而这样的完美社会只能是由“哲学王”掌握权力的社会，因为只有他们才了解这些真理。除非哲学家执掌权力或执掌权力的人成为哲学家，否则，国家将永无宁日。[①] 亚里士多德则通过对政体的分类，描述了权力的不同分配形式。认为区分政体的标准，一是看它的宗旨，二是看掌握最高权力的人数。根据第二个标准，凡是由一人掌握最高权力的称为君主政体，由少数人掌握最高权力的称为贵族政体，由多数人掌握最高权力的称为共和政体。[②]

在当代西方学术界，有关政治权力分配的理论模式主要有以下四种，即精英主义理论、多元主义理论、极权主义理论和民主理论。

精英主义理论认为，在任何社会中都存在一个由少数人组成的精英集团，他们在社会中起着决定性的作用，并把权力集中在自己的手中。精英理论的重要代表人物之一莫斯卡强调：在任何社会中，从很不发达的刚刚进入文明黎明时代的社会，一直到最先进、最强大的社会，都存在着两个阶级，即统治阶级和被统治阶级。统治阶级人数较少，垄断着权力，从物质上享受到掌权地位的好处；而被统治阶级则人数较多，处于被支配的地位。[③] 精英之所以获得统治地位，是因为他们具备社会所推崇的才能和品质。精英理论的另一位重要人物帕累托分析了其中的原因，他指出，精英人物之所以掌权，是因为他们具有合适的心理素质，如狡诈和欺骗、强硬或果断。民众在任何情况下都不可能直接行使统治权，即使在民主政体内，民治的思想不过是一种神话。[④]

很显然，精英主义理论在解释政治权力的分配时，存在着重大缺陷。它不承认生产资料的占有是阶级社会中权力分配的根本因素，因而无法说明统治阶级之所以获得统治权力的经济基础。同时，精英理论的政治权力学说，也受到了来自多元主义的挑战。

多元主义理论认为，当代发达的自由社会，其特点就是存在着不同利益的政治组织为获得政治权力和影响力而互相竞争。一个小规模统一的团体很难全面地控制局面，相反，许多变化着的不同的团体则可以影响到决策的各个领域。多元主义理论的主要代表人物罗伯特·达尔强调，精英集团不可能对每一种结果负责，社会生活中并不存在单一的强有力的决策中心，权力本质上是分散在整个社会中的，它是代表不同利益的许多团体之间“无休止的讨价还价过程”的一个

---

① 参见徐大同：《西方政治思想史》，天津人民出版社 1985 年版，第 34 ~ 36 页。

② 参见徐大同：《西方政治思想史》，天津人民出版社 1985 年版，第 47 页。

③ 罗纳德·H. 奇尔科特：《比较政治学理论》，社会科学文献出版社 1998 年版，第 390 页。

④ 《布莱克维尔政治学百科全书》，中国政法大学出版社 2002 年版，第 238 页。

必然组成部分。[①] 公共政策的形成,是由对于政府的一系列相对不一致的影响造成的,施加影响的各个团体尽管不可能获得平等的机会和资源,但都具有在民主过程中可资利用而造成影响的某些有利条件。

多元主义理论未能把握权力的本质和权力分配形式,由于过分强调多元利益造成了多个权力和决策中心,而忽略了不同利益的差别性特征。有的学者一针见血地指出了多元主义理论的致命缺陷:多元主义不能把握阶级之间、种族之间、性别之间以及政治家与平民百姓之间的那些权力不对称,而这种权力不对称,在很大程度上正是他们所说的"共识政治"之所以衰败的深层原因。[②]

极权主义是这样一种权力分配形式:政治权力为少数人所垄断,而国家的最高权力往往掌握在一个至高无上的专制独裁者手里。政治权力的行使专横而又不受限制,不服从权力者要受到严厉惩罚甚至有被剥夺生命的风险。极权主义政体打破了国家与社会团体之间的所有界限,甚至打破了国家和个人人格之间的界限。崇尚暴力、频繁地使用暴力,是极权主义国家权力行使的主要特色。"极权主义不可能放弃暴力。放弃暴力,极权主义便将覆灭。长期存在的、永无休止的、直接的或隐蔽的暴力是极权主义的存在基础。"[③]纳粹德国是极权主义政治的典型。希特勒将党、政、军大权集于一身,拥有绝对的权威,享有对任何人的生死予夺的一切权力。他自己曾经说过:"从今以后很可能再没有任何一个人能有比我更大的权力了","从来还没有一个人取得过像我这样的成就……国家的命运全在我一个人身上,我自然当仁不让"。[④] 所以,极权主义实际上就是一种独裁专制的权力结构和运行体制。

但是,"极权主义"是一个争议很大的概念,有学者评论说,这"是一个基本含义和使用方法都极为空洞的概念。……它缺乏社会科学的含义。"[⑤]而且,受冷战思维的影响,西方的一些学者往往离开严肃的学术探讨,将这一概念变成了政治攻击的工具。

民主的基本含义是"多数人的统治"。罗伯特·达尔为民主政体开列了以下五项标准:有效的参与;投票的平等;充分的知情;对议程的最终控制;成年人的公民资格。[⑥] 在民主体制下,由人民通过定期选举产生自己的代表,由这些代表管理日常公共事务;由选举产生的官员,必须对选举他们的民众负责;人民可以通过各种方式和途径监督政府官员的工作,并能够通过有效的制度化机制罢

① 戴维·赫尔德:《民主的模式》,中央编译出版社 1998 年版,第 258 页。
② 戴维·赫尔德:《民主的模式》,中央编译出版社 1998 年版,第 271 页。
③ 格罗斯曼:《生存与命运》,工人出版社 1989 年版,第 248 页。
④ 王惠岩主编:《政治学原理》,高等教育出版社 1991 年版,第 113 页。
⑤ 《布莱克维尔政治学百科全书》,中国政法大学出版社 2002 年版,第 825 页。
⑥ 罗伯特·达尔:《论民主》,商务印书馆 1999 年版,第 43 页。

免那些他们认为不称职的人。与其他制度相比,民主制度下的权力安排有着许多突出的优点。其中最重要的是,民主体制下的权力分配可以有效地避免由于权力为少数人所垄断而产生暴政的可能性。

需要指出的是,尽管民主政体有诸多优势,是人类目前所能选择的最佳权力分配形式,但民主并没有普遍的模式和绝对的标准,不同的国家由于社会制度、经济水平、文化传统的不同,民主政治也会形成种种不同的类型。否认民主模式的多样性,或把自己的标准强加于人,无论在理论上还是实践上,都是行不通的。

三、权力、权威与合法性

"权力"、"权威"和"合法性"这三个概念之间有着非常密切的、内在的逻辑联系。这种联系反映了权力运行的状况。权力通常是指一个人或一个团体支配他人意志的行动能力,属于强迫性控制。而权威则是指"一个人在相信他或她施加影响的权利的合法性基础上要求别人服从的可能性。"①或者说,权威成立的前提,是人们对权力的正当性与合法性的自觉承认和接受。从这个意义上讲,权威就是一种被视为合法的权力系统和社会控制,而合法性则是指人们对享有权威的人的地位的承认和对其命令的服从。在某种情况下,权威和合法性具有相同的含义,当我们说权力具有合法性,那就意味着它具有权威性;当我们说它具有权威性,那就意味着这一权力得到了合法性的支持。认同性、合法性和自愿服从性,是权力转变为权威的三个基本条件。

在西方学术界,韦伯是研究权威及其社会来源的最重要的代表人物。他认为,任何形式的统治,只有在它被人们认为其统治具有"正当"理由时,才会为人们所服从,从而具有合法性。而所谓的正当性,实际上就是指对某种社会合法秩序的信念以及行动受这一信念支配的可能性。韦伯根据权威赖以建立的不同的社会基础,将其划分为三种类型:即传统型权威、魅力型权威和法理型权威。

传统型权威的基础,在于人们相信常规与传统的合理性和神圣性。有权威的人之所以能赢得人们的服从,依靠的是他们的传统地位,而这种传统地位往往是承袭下来的。臣民由于受某种感情支配,因而对长期以来确认的这种权力地位往往保持忠诚并履行义务。这类权威主要存在于传统社会中,它是社会结构分化程度不高,社会相对封闭,社会联结主要以血缘、宗法以及个人忠诚为纽带的社会的产物。

魅力型权威的基础,在于领袖人物的超凡魅力。人们相信领袖人物具有特殊的品格和超人的甚至是超自然的能力,因而表现出对他的盲目崇拜和自觉服

① 约翰逊:《社会学理论》,国际文化出版公司 1988 年版,第 279 页。

从。具有强大魅力的领袖通过直接的感情上的号召,激发人们的献身精神和效忠意识,从而达到支配并控制追随者的目的。韦伯认为,魅力型权威是前资本主义社会运动中所特有的一种非理性的社会现象。当社会出现动乱或危机时,人们对原有的价值观念和信仰体系发生动摇,从而促使他们去接受一种新的信仰,这就给那些具有超凡魅力的人获取权力提供了机会。

法理型权威是一种建立在遵守正式制定的非个人专断的法规基础上的权威。它第一次把人与权力分开,肯定权力在本质上不再属于担任此一职位的某个个人,而是归之于职位本身,这是权威理性化过程的一个重要阶段。法理型权威要求包括领袖、一般官员和公民在内的一切人都要忠实于法律并对法律负责,从而将合法性建立在理性化的法律关系基础之上。这种类型的权威主要存在于现代社会中,它是社会分工日益发达,社会日益组织化、专门化的产物。

权力、权威与合法性三者的关系表明,权力要想具有权威性,必须有自己相应的合法性基础,一个缺乏足够的合法性支持的政治体系,必然会丧失其统治的权威性,而权威性的下降,又会影响到它的统治程度和统治能力,并最终威胁到社会的秩序和稳定。亨廷顿在分析发展中国家现代化进程中所出现的种种问题时指出:一些国家由于缺乏"有效能、有权威及合法的统治方式",而导致政治共同体四分五裂,彼此互相残杀;政治机构软弱无力,缺少威严和弹力;政府通常徒有虚名。所以,他认为统治程度的差异,要比统治形式的差异更有意义。① 李普塞特也持类似的观点,在他看来,"任何一种特定民主的稳定性,不仅取决于经济发展,而且取决于它的政治系统的有效性和合法性。"相比之下,合法性与政治稳定的关联度更高,"一个高度有效而不合法的系统……比那些有效性相对较低、合法性很高的政权更不稳定。"②

第三节 权力腐败与权力制约

腐败一向被人们称为"政治之癌",是生长在人类社会肌体上的毒瘤,如今已经成为一种世界性的公害。腐败是随着政治权力的产生而产生的,它的历史同国家的历史一样古老。权力是一种工具,利用权力可以达到某种目的;权力是一种价值,利用权力可以获取其他价值,也可以与其他价值进行交换;权力有扩张的本能,在运行中能自我膨胀、扩大,以至越界;权力是公共的,它同整个社会的需要和公共利益相联系。但权力又总是由社会中的少数人直接掌握的,因而

① 塞缪尔·亨廷顿:《变化社会中的政治秩序》,上海世纪出版集团2008年版,第1页。

② 西摩·马丁·李普塞特:《政治人:政治的社会基础》,上海人民出版社1997年版,第55、59页。

又同掌权者的集团利益和个人利益相联系。权力的上述属性意味着,它内在地存在着一种异化的机制。如果权力在运行中失去必要的控制和有效的制约,极可能被肆意扩张而滥加使用,沦为一些人谋取私利的工具。于是,腐败就产生了。权力腐败是权力异化的极端形式。

一、腐败的含义

在汉语中,“腐败”一词的本来含义是指一种物质的腐烂、变质。这一含义后来逐渐演变为泛指人类的道德行为和社会风气的败坏和堕落。作为一个学术概念,当用于政治分析时,腐败即指权力腐败或政治腐败,特指权力在运行中职能的蜕变。

有关腐败的界说和阐释,中外学者们由于角度和标准不同,各执一端。大体说来,主要有以下三种模式:

1. 以公共职务为中心的界定模式。按照这种定义模式,腐败是指公职人员违反权力行使规则,滥用权力谋取私利的行为。戴维·贝利认为,腐败与贿赂行为有着特别的联系,指的是为了个人利益而滥用权力。在这里,利益并不仅仅指金钱。[①] 安德鲁·邓莎的定义是:“政治活动家、政治家或官方决策过程中的官员,利用他们由于担任公职而掌握的资源的便利,为另外一些人谋取利益,以作为换取一些已允诺的或实际的好处的报偿,而这种行为是受到正式法规明令禁止的。”[②]J. S. 内伊的分析更为具体,他指出,腐败是“因考虑(家庭、私人团体)金钱或地位上的好处而偏离公共角色规范职责的行为,或者违背某些规则而以权谋私的行为。这些行为包括贿赂(运用报酬改变处于委托职位上的人的判断)、裙带关系(以亲疏关系而非功绩用人)和不正当的占有(非法占有公共资源以供私用)。”[③]

2. 以市场为中心的界定模式。这种模式关注的是早期西方国家和现代发展中国家在发展市场经济过程中发生的腐败现象。它强调交换过程以及供需之间的反差,认为一个腐败的官员就是一个商人,视其职务行为为一种谋取私利的经营活动,千方百计地扩大他的收益。对此,范·科利文写道:“一个腐败的公务员把他的公共职位看做是一个买卖,他寻求收入的最大化。因此,他的公职就成了最大化收入的单位。他的收入有多大,将依赖于市场的形势和他在公共需

① 转引自信春鹰:《反腐败之本:约束公共权力》,《政治学研究》1997 年第 4 期。

② 《布莱克维尔政治学百科全书》,中国政法大学出版社 2002 年版,第 594 页。

③ 转引自林喆:《权力腐败与权力制约》,法律出版社 1997 年版,第 70 ~ 71 页。

求的曲线中发现最大限度的利益的才能。”①简言之,腐败就是指公共官员利用职务所带来的机会谋取市场利润的行为。

3. 以公共利益为中心的界定模式。这一模式是从腐败行为所造成的社会后果上去解释和界定腐败的。它强调,腐败是一些公职人员为获取私利而偏离其公共角色并损害公共利益的行为。如阿诺德·罗戈和拉斯维尔认为:腐败行为违背对一个公共或公民秩序体系的责任。公共或公民秩序体系强调共同利益高于特殊利益,为特殊利益侵犯共同利益就是腐败。② 这一定义突出强调了腐败行为的危害性,但却未能揭示腐败的本质。在现代多元社会中,存在着种种不同的价值准则和利益,单纯以危害后果作为判断腐败的依据,显然有失偏颇,腐败行为必然是对社会公共利益的危害,但并非所有危害社会公共利益的行为都构成为腐败。

上述三种有关腐败的定义模式各有侧重,它们从不同的角度揭示了构成腐败行为的一些基本要素。概括起来,这些要素包括:第一,腐败的主体是掌握公共权力的公共官员。换言之,权力是产生腐败的首要前提,手中握有权力,才有腐败的机会、条件和可能,与公共权力无关的行为,即使不合法度和风尚,也不能称之为腐败。第二,权力本身并不必然导致腐败,只有当权力主体利用公共权力谋取私利时,才会出现腐败。公职人员具有利己主义动机是正常的,追求个人利益的最大化也不能称之为腐败,除非它将公共权力作为追求个人利益的一种工具。第三,即使公共官员利用权力为个人谋取了利益,但只要这种利益是正当的,权力的行使也没有超出合理的界限和偏离职责规范,也不能称之为腐败。腐败一定是指通过非法行使权力或滥用权力来谋取私利。第四,腐败必然是对公共利益的损害,这种公共利益并非仅仅指小团体的利益或地区、部门利益,而且还包括社会大多数成员在内的整体利益。

根据上述分析,我们认为,腐败是指掌握公共权力的公职人员滥用权力谋取私利,从而侵害社会公共利益的行为。

二、腐败的表现和危害

(一) 腐败的表现

腐败行为的范围是非常广泛的,可以说,凡是存在公共权力的地方,都有发生腐败的可能。澳大利亚学者 L. 霍姆斯根据腐败行为的具体表现,将其分为五大类二十种不同的形式。它们分别是:

---

① 转引自信春鹰:《反腐败之本:约束公共权力》,《政治学研究》1997 年第 4 期。

② 转引自邓伟志:《变革社会中的政治稳定》,上海人民出版社 1997 年版,第 204 页。

1. 故意放弃责任、不行动和设置障碍。这类腐败行为有三种表现:(1) 视而不见。一个官员明明知道某种不适当的且归他管辖的事情正在发生,但出于个人利益考虑而拒绝采取措施。(2) 拒绝进行调查并提出指控,或者妨碍调查。(3) 回避规定的程序。这是指一个官员出于个人利益考虑而不照章行事。

2. 不适当的提拔—庇护。这类腐败行为也包括三种情况:(1) 任人唯亲,即根据家族关系授予公职。(2) 共同经历或莫逆之交,即一个官员根据过去的经历和良好的关系而不适当地提拔被庇护人。(3) 共同利益。庇护人与他所希望提拔的人虽然没有共同的经历,但有共同的利益。

3. 故意欺骗。这类腐败行为包括:(1) 虚报——多报。一个官员出于最终与个人利益有关的原因而故意声称某种东西高于实际状况。(2) 虚报——少报。一个官员出于同样的原因故意声称某种东西低于实际状况。多报通常是为了掩盖无效率,并获得更高的奖金,而少报则是为了能够截留未上报的部分。(3) 欺骗有求于己者。一个地方当选代表可能对一个选民许诺,他在3个月内能得到一套新公寓,但这个代表完全知道,至少需要一年才能得到这样一套公寓。(4) 伪造单据。一个官员故意伪造个人收入的有关资料,并帮助别人这么做。

4. 其他交互的、基于利益的腐败形式。这类腐败行为包括:(1) 收受贿赂。收受贿赂的主要形式有物质利益(金钱、商品、服务)、地位利益、性的特权。(2) 提供贿赂。贿赂的内容有物质利益、地位利益。(3) 勒索,即通过不适当地行使权力从别人那里强求或索取东西。(4) 敲诈。

5. 可能是非交互的、基于利益的腐败形式。这类腐败行为包括:(1) 尸位素餐,即为了个人利益根本不履行责任或非常不充分地履行责任。(2) 不适当地利用公共财产。(3) 贪污。贪污的形式有:侵吞被委托给某人的财产;侵占公共财物;删改单据;违背信任或官方责任,把公共财物转为私用。(4) 投机,即利用职务之便,通过买卖商品、土地、证券、股票等获取利润。(5) 走私。(6) 叛国。这里主要指官员为了一己私利,出卖国家利益。①

在政治学界,人们通常把各种腐败现象按其严重程度划分为白色腐败、灰色腐败和黑色腐败三种类型。

白色腐败是指那些相对较为轻微的腐败现象。由于这类腐败行为对社会政治生活危害较小,一般不构成威胁,因而往往不被人们所注意。白色腐败的特征,一是违章而不违法,二是能够为人们所容忍,三是不会受到惩罚。

灰色腐败主要指那些违法而尚未构成犯罪的腐败行为。这类腐败行为在程度上要比白色腐败严重,它已对社会政治经济生活构成了相当的危害,是政治生

① L.霍姆斯:《论腐败的分类》,《现代外国哲学社会科学文摘》1998年第7期。

活的明显病态，因而激起相当一部分社会成员的强烈不满。政府机关往往不得不对有关官员进行惩处，但惩罚是轻微的，而且一般是行政性的而非法律性的。

黑色腐败是一种最严重的腐败形式，它不仅触犯了法律，而且也构成了犯罪。黑色腐败是对社会道德规范和法律规范的粗暴践踏，它所产生的后果通常是灾难性的，不仅会严重地影响社会的正常生活，甚至会动摇政府的合法性基础，因而常常是政局动荡、民心离散、人民反叛的直接原因。这类腐败势必激起社会全体成员的强烈愤怒和一致谴责，它所受到的惩罚往往是最严厉的。

（二）腐败的危害

腐败是权力异化的极端形式，它违背了权力运作的宗旨，降低了社会公众对政府的信心，动摇了政治统治的合法性基础，是一种明显的误国害民行为。不仅如此，腐败还会严重地污染社会空气，腐蚀官员队伍，毒化人们的思想。一句话，在任何意义上，腐败都是一种社会和政治的病态现象。如果对腐败现象不敢正视、不加遏制、听之任之、任其肆虐，将会使一个民族陷入万劫不复的深渊之中。

腐败的危害是多方面、全方位的，概括起来，主要表现在以下几个方面：

1. 腐败导致社会财富流失。腐败的本质就是利用公共权力来谋取私利，它必然以牺牲社会公共利益为代价。腐败分子通过贪污受贿、假公济私、走私贩私等手段源源不断地将国家财富转移到个人腰包。如中国的厦门远华走私案中，腐败官员与走私分子相互勾结，造成国家税款的巨量流失，其行为和后果令人触目惊心。除此之外，像公款吃喝、公费旅游、侵占公物、浮夸攀比、卖官鬻爵、渎职误职等腐败现象所造成的社会财富的损失，同样不可小视。

2. 腐败造成社会资源浪费。腐败的内容之一是寻租。在市场体制尚不规范的情况下，寻租活动带给社会的将是纯粹的资源浪费。在寻租状态下，人们为了获取个人利益，往往不是通过扩大再生产、降低成本的方式来增加利润，而是把大量的人力、物力、财力用于争取政府的优惠上。所以，寻租腐败虽然给寻租人带来收益，但是增加了全社会的交易成本，消耗了相当部分的社会经济资源。从经济学的角度看，寻租活动消耗了社会资源，降低了全社会的经济福利，因而被称为人类社会的“负和游戏”。

3. 腐败造成社会正义大厦的倾斜。一些司法和执法部门的腐败分子，为了一己私利而贪赃枉法、徇私舞弊、善恶不分，造成社会秩序难以维持，公理和正义受到践踏。司法和执法部门存在严重问题的地区，往往也同时是恶势力猖獗的地区。在这种情况下，善良百姓无以自保，流氓恶霸横行无忌，正义不存，鬼魅肆虐。所以，司法腐败是最严重的腐败。

4. 腐败污染社会风气，毒害人们的心灵。腐败者置社会正义、国家利益、个人尊严于不顾，堕落为一种只求感官愉悦、见利忘义、目光短浅、毫无廉耻之心的小人。腐败使人失去了道德感、责任感、崇高感等人文主义价值观，助长了唯利是图、奢侈浪费、显阔纵欲、结党营私、溜须拍马、鄙视荣誉的不良风气。

5. 腐败威胁社会稳定。腐败在造成社会公共财富巨大浪费的同时,也加剧了社会的两极分化,使大多数社会成员的被奴役、被剥夺、被不公平对待的感觉日益强烈,从而势必激起人们的极大不满。当这种不满情绪达到一定程度时,就会动摇政府的合法性基础,甚至引发社会的动乱。正如有的学者所分析的那样:一个政府的腐败将意味着另一个政府的诞生。[①]

总之,腐败的后果是直接危害社会经济建设、政治生活的基本秩序和社会的安定团结。当前,我国社会正处于转型时期,新旧体制转换过程中制度建设的滞后和不完善,使得腐败现象在短期内还难以彻底清除。但我们绝不能因此而任其泛滥而无所作为。在历史上,因腐败而误国、亡国的例子比比皆是。殷鉴不远,能否采取坚决有力的措施,将反腐败的任务进行到底,还社会一个清平,的确是关系到中华民族前途和命运的大事。

三、反腐败的关键是权力制约

腐败的核心内容是公共权力的非公共运行,它产生的根本原因在于权力失去了制约。前文的分析中指出,权力本身具有两重性,它既可以服务于社会公共利益,也可能成为权力占有者谋取私利的工具。对权力的负面作用如果不加以限制,权力就容易被滥用,从而导致腐败。19 世纪英国史学家阿克顿勋爵的这句话,已经成为尽人皆知的至理名言:权力倾向于腐败,绝对的权力倾向于绝对的腐败。权力之所以倾向于腐败,除了权力本身具有扩张和异化的客观趋势这个一般性前提之外,还与权力主体有关。任何权力都是由人掌握和行使的,而每个人又都有自己相对独立的个人利益,都有追求个人利益最大化的客观倾向,至少在目前情况下,我们很难假定人人都是高风亮节、大公无私的圣贤。只要有人心存私念,并掌握着一定的权力,就有滥用权力谋取私利的客观可能。要有效地防止权力的滥用及其所必然导致的政治腐败,就必须实行权力制约。不受制约的权力必然产生腐败,这已是被人类政治史反复证明了的一条规律。

权力制约的政治观念早在古希腊时代就已萌芽。亚里士多德按照权力分配的不同,区分了各种不同类型的政体。在这些政体中,他认为共和政体是一种最稳定、最能长治久安的理想政体。共和政体的优越性在于它一方面实行公民轮番执政,另一方面实行法治。亚里士多德看到了公权力一旦被独裁或不加限制就有被滥用的可能,故而力图以权力主体的轮替、权力机构的分工、职能的细化及相应的法律制度,来消除可能发生的权力肆意扩张的隐患。古罗马时代的思

① 参见萨拜因:《政治学说史》,商务印书馆 1986 年版,第 562 页。

想家波利比阿进一步推进了亚氏的分权思想。他主张,为了防止权力的腐化,保证国家安定,应当采用能够使各个权力相互制约,并可以防止对方权力无限扩张的混合政体。到了近代,分权制衡学说最终发展成为完备的理论体系,其中,洛克和孟德斯鸠的贡献最为突出。分权制衡思想的出发点,就是为了防止权力的滥用。洛克明确指出:"如果同一批人同时拥有制定和执行法律的权力,这就会给人们的弱点以绝大诱惑,使他们动辄要攫取权力,借以使他们自己免于服从他们所制定的法律,并且在制定和执行法律时,使法律适合于他们自己的私人利益。因而他们就与社会的其他成员有不同的利益,违反了社会和政府的目的。"①这样,社会的完整性和最终目标就要求一个其"公共权力"依法受到限制和划分的宪政政府。法国启蒙运动时期的思想家孟德斯鸠是分权理论的集大成者,他的观点是:"一切有权力的人都容易滥用权力,这是万古不易的一条经验。有权力的人们使用权力一直到遇有界限的地方才休止……从事物的性质来说,要防止滥用权力,就必须以权力约束权力。"②孟德斯鸠的分权理论得到了后人的高度评价,同时,也对西方各国的政治实践产生了深远的影响。赫尔德对此的总结是:"孟德斯鸠的政治著作的重大意义在于他提出了如下命题:在一个人人均有野心并把自己的特殊利益置于他人之上的社会中,必须创立一些制度来把这种野心转换成良好有效的统治。"③

权力制约是防止权力滥用、治理腐败的根本途径,但如何才能对权力实施有效地制约,依旧是一个需要解决的问题。国内外学者对此进行了广泛的探讨,提出了种种主张,概括说来,主要有以下几种思路:

1. 政治模式

这一思路把关注的焦点集中在权力之间的相互关系上,强调政治体系内部不同性质和层次的权力要合理地加以配置,以达成适当的分散与平衡。当某种权力在运行中超出了合法的界限时,便会立即受到来自其他权力的制止,这就是所谓的以权制权、权力制衡思路。

权力之所以能够相互制约,是因为政治体系内部存在着不同性质和层次的权力,它们之间是一种相互联系、相互影响的关系。不同的权力之间只有维持一种相对均衡的状态,才有助于保证政治体系运行的秩序、稳定和效率。这种平衡状态一旦被打破,一种权力凌驾于其他权力之上,权力制约便难以实现,权力被滥用的可能性也就随之上升。所以,政治模式的思路是,通过制度设计用法律的形式划定不同性质和层次的权力各自的权力范围和职能界限,使各种权力之间

① 洛克:《政府论》(下篇),商务印书馆1993年版,第89页。

② 孟德斯鸠:《论法的精神》(上册),商务印书馆1961年版,第154页。

③ 戴维·赫尔德:《民主的模式》,中央编译出版社1998年版,第110页。

保持一种既相互独立，又相互牵制的关系，从而达到以权力制约权力的目的。

权力制约在实践中有两种模式：横向制约和纵向制约。横向制约是指将统一的国家权力分割为几个相对独立的部门，分别交由不同的组织机构执掌，通过彼此的分工与制约实现以权制权。纵向制约是指从中央到地方，从上到下在权力的垂直方向上分割制约，它强调的是地方对中央、下级对上级的相对独立性，处理好集权与分权的关系。

2. 社会模式

这一思路强调要严格划分社会权力与国家权力之间的界限和各自的活动范围，严格区分私人领域和社会的公共领域、市民社会与政治社会的界限。政治权力只在公共领域和政治领域运行，对于私人领域和市民社会领域则必须保证其独立性和自主性。在思想界，托克维尔最早注意到了市民社会对国家权力的制衡作用。他提出，一个由各种独立的、自主的社团组成的多元社会，可以对政治权力构成有效的“社会制衡”。社会制衡一方面有助于防止政府权力的绝对化，另一方面也是维护公民基本权利、实现政治民主的重要途径。亨廷顿曾谈到：市民社会为“制约国家权力，从而为实现社会对国家的控制以及作为这种控制最有效方式的民主制度提供了基础。”①

市民社会的社会制衡作用，属于来自民间的社会监督，其主要方式是通过动员民间力量，形成强大的舆论压力，实现以民制权。尤其是转型初期的国家，由于缺乏有效的法律和科层制度来抑制腐败，市民社会的作用就显得更加重要。

3. 法制模式

这一思路强调通过建立健全相应的法律制度，包括一整套的监督机构、制度和机制，来限定和规范权力的运行，防止国家权力在行使过程中的每一个环节上可能发生的扩张和滥用，保证权力运作的制度化、规范化和程序化。以法制权的内容包括：用法律的形式严格规定国家权力的范围和限度，法律未授予的权力，政府不能擅自行使；政府不能任意超越政治领域与私人领域的界限，侵犯公民及民间团体的合法权利；建立政府责任制度和过错追究制度，政府及其官员要忠实履行职责，并对自己的行为后果负责；政府行政活动要公开，实行阳光下的操作，接受社会的监督；权力运作要严格按照法律规定的程序进行，防止出现人治现象。

法制模式理论对于社会主义市场经济条件下的权力制约，具有十分重大的意义。在现代社会中，欲图单纯地依靠市场的自发力量来消除权力腐败现象，以建立良好的经济秩序，从而充分实现市场经济的价值功能、促进社会目标的实现

---

① S. P. Huntington, “Will More Country Become Democratic?” Political Science Quarterly 99, no. 2 p. 204.

是不可能的。"如果市场不能借助于某种权威的力量来确认和保护产权关系中的不同利益主体的权利,优化竞争环境,那么它是难以达到最佳控制效果的。"①内在机制的自行调节和外在政策、法律的指导和规范是市场良性运行不可缺少的两种力量。一方面市场原则只有以制度的形式固定下来才能得到国家力量的保护;另一方面政策和法律又必须尊重和体现市场原则,才具有引导、协调市场经济活动的实效。

以上三种思路各有特点和优势,它们从不同的角度提出了解决权力腐败问题的途径和方法,都具有重要的理论价值和实践意义。在现实生活中,要想从根本上消除腐败,必须从多方面入手,将各种不同的手段有机地结合起来,使之互相配合、相得益彰,才能产生最佳的效果。

① 林喆:《权力腐败与权力制约》,法律出版社 1997 年版,第 187 页。

第二章

政治文化

文化是一种历史的、客观的现象。各民族在长期不同的生产生活实践中经过不断的积累,逐渐形成自己独特的思维与行为方式以及一系列与此相关的思想、观念、习惯和心理性格。这些文化积累通过社会化过程世代相传,成为制约人们日常生活乃至于社会历史发展的强大力量。

文化是无处不在的,它渗透于包括政治生活在内的人类社会生活的各个领域。文化的这一特性使得不同学科的专家学者们在分析、研究、解释各自学科的相关问题时,都不得不将目光转向文化,研究考察文化因素的作用和影响。政治学当然也不例外,离开特定的文化背景,我们很难理解某个民族的某种政治现象或行为。也就是说,政治文化对一个社会的政治体系、政治关系以及政治活动发挥着重大的影响和制约作用。

第一节　政治文化概说

政治文化理论是在第二次世界大战以后随着政治学学科的飞速发展而逐步产生的。早在20世纪五六十年代,政治学家们在研究各国的政治制度时开始意识到,即使是那些社会制度和社会结构大体相同的国家,它们的政治制度,如政党或国会等,其运作模式并不完全一样。甚至连投票这类具体的政治行为,对不同的民族也有着不同的含义。很显然,仅仅研究制度安排、官僚组织、利益集团难以充分理解不同国家的政治过程。因此我们有必要考察政治制度赖以运作的文化背景和基础。

一、*概念的提出及含义*

政治文化这一概念是由美国政治学家阿尔蒙德在其所著的《比较政治体

系》(1956)一文中首次提出的。他认为,政治文化是政治体系的心理方面,每个政治体系都具体表现为一个特定的政治行为模式,这种特定的模式便是政治体系的政治文化。从个人角度看,政治文化则是个人对于政治行为及政治评估的主观取向。

政治文化这一概念的提出,是二战后政治学学科发展的必然结果。美国著名学者派伊曾经对“政治文化”之所以能在这个时期出现,进行过详尽的学术分析。他认为,政治文化概念的产生与以下四种学术发展有着密切的关系:

第一,自孟德斯鸠以来,一些学者已经提出现代意义上文化概念所包含的两个基本要素,即人类社会超越时间的特殊性;集合体的动态规律,这些动态的规律与发展和变迁有关。

第二,20 世纪 40 年代以来社会科学研究技术的进步,尤其是抽样技术的发达、民意的新界定以及弗洛伊德等学者对人本身的革命性的新发现。

第三,二战期间美国人迫切希望了解其他国家,特别是德、意、日这些敌对国家的文化。这一战时的需要,使得许多社会科学家用集体的智慧共同进行跨学科的联合研究,成果丰硕,为政治学提出了许多有价值的新概念。

第四,二战期间和战后以来,人类学家对文化与人格之间的关系有非常敏锐的发现。

正是在上述四种学术潮流的推动下,政治文化概念才得以产生,并迅即为政治学家们所接受,形成一股研究探讨政治文化的新的学术潮流。①

政治文化这一概念自提出以来,引起了人们的普遍关注,但对它的内涵的界定则众说纷纭、莫衷一是。具有代表性的观点主要有以下几种:

阿尔蒙德在他和小 G.宾厄姆·鲍威尔合著的《比较政治学:体系、过程和政策》一书中认为,政治文化是指一个民族在特定时期流行的一套政治态度、信仰和感情。② 阿尔蒙德对政治文化的界定,突出强调了它的民族性与时代性。

悉尼·维巴在他和派伊所著的《政治文化与政治发展》一书中阐述的观点是,政治文化是界定政治行动所发生的环境的经验信念、表达符号和价值的体系。③

沃特·罗森堡姆在其著作《解析美国政治:一个新透视》中,把政治文化概括为决定社会中个人如何对待政治系统的取向,它包括关于政治系统官员及程序的公共信息的认知;关于政治系统运作方式的公共信仰以及系统行为的评估;

---

① 参见高洪涛:《政治文化论》,中国广播电视出版社 1990 年版,第 4 页。

② 阿尔蒙德等:《比较政治学:体系、过程和政策》,东方出版社 2007 年版,第 26 页。

③ L. W. Pye & S. Verba, “Political Culture and Political Development”, Princeton University Press, 1965, p. 513.

对领导者及领导职位的态度;对政治规则作用的信仰;对个人政治参与的信仰。后来,他又对上述观点作了进一步的修订,即政治文化可以从两个方面加以界定:如果重点在个人,则政治文化基本上以心理为焦点;如果重点在群体,政治文化则是指人民对于政治系统要素的集体态度取向。①

《国际社会科学百科全书》给政治文化下的定义是:政治文化是在一定的政治机制中支配人的行为的设想、原则,规范政治过程的程序、方式,包括心态、信仰情操等内容的一个概念。

《政治学分析辞典》则将政治文化规定为每一个社会内由学习和社会传递得来的关于政府和政治行为模式的聚集,它通常包括政治行为的心理因素,如信念、情感及评价取向等。

以上具有代表性的有关政治文化的概念解释,尽管表述各不相同,但仔细分析,还是能找到一些共同之处的:

首先,各家的看法都认为,政治文化属于人类政治生活中的主观范畴,是以符号的形式表现出来的非物质形态的东西,是一个社会政治系统运作的软件部分。

其次,大家都认为,政治文化是社会成员在政治生活中的主观取向,集中表现为人们对政府、政治领袖、政策及各种政治活动的态度、情感、评价等主观认识。

再次,作为人们在政治方面的主观取向,政治文化是一种相对稳定、能够世代延续、为大多数社会成员共有的一整套符号体系。

综上分析,我们认为,政治文化的定义应当是:社会共同体成员在一定的社会历史条件下所形成的对于政治系统及政治生活的心理倾向和价值取向。这一定义包括了政治文化的几个基本构成要素:政治文化的主体,即一个社会的社会成员,既指个体的社会成员,也指群体的社会成员;政治文化的基础,即任何一个社会的政治文化都是在一定的社会历史背景下形成的,不同的社会历史条件,决定了不同社会的政治文化必然会具有不同的内容和特色;政治文化的内容,即政治文化主要指人们的心理倾向和价值取向。

二、政治文化的特征

政治文化是一种特殊的社会政治现象,它既不同于一般的文化,也不同于系统化、理论化的意识形态或政治思想。同时,它与我们平常所说的民意也有区别。概括说来,政治文化具有以下一些特征:

---

① W. A. Rosenbaum, "Political Culture", Praeger Publishers, 1975, p. 4.

1. 政治文化具有多样性的特点

任何一个社会都是由不同的人群组成的。人们由于在生产关系和社会生活中所处的地位不同而形成为不同的阶级、阶层、集团。他们不是作为个人,而是作为某个阶级或集团的成员处于社会关系之中的。阶级或团体的利益与需要,赋予他们不同的政治态度和政治价值取向。即使是作为个人,由于身份、职业、年龄、性别、家庭出身、受教育程度等因素的影响,也会表现出不同的政治倾向。正因为如此,人们才开始注意到了政治次文化的存在。一种政治文化体系通常总是由一系列的政治次文化所组成。以美国为例,它有自己鲜明的区别于其他国家和民族的政治文化。同时,不同的地区、不同的种族、不同的宗教集团又有着不同的政治次文化。尽管这些政治次文化之间存在着差别,但它们又能兼容于一个统一的政治文化体系内。如果各种政治次文化彼此间差别太大,难以兼容,以致无法形成一个统一的文化体系,那么,政治稳定便会受到威胁。

同时,我们也必须看到,一个国家的文化虽然是复杂多样的,但占主导地位的必然是统治阶级的政治文化。正如马克思所说:"一个阶级是社会上占统治地位的物质力量,同时也是社会上占统治地位的精神力量。"①

2. 政治文化具有民族性的特点

文化总是个别的、具体的文化,不存在普遍的抽象的文化。每一个民族或国家,由于本身形成和发展的不同而具有不同的独特的文化。一个民族由于长期共同生活在共同的地域,经历着共同的经济、社会和政治生活,面对着同样的环境和条件,使用着同一种语言,因而,必然会形成某些共同的心理特征和价值取向。这些共同的心理特征和价值取向,同样会反映在他们的政治生活中,形成一个民族共同的政治心理倾向。政治文化的民族性特点,使得不同国家政治系统的运作及政治生活具有了各自不同的特色。了解了这一点,我们就容易理解为什么第一次世界大战以后,经济的萧条促成了纳粹在德国的上台,而经济状况同样不佳,甚至更为糟糕的荷兰却并未因此而走上法西斯道路。同样是多民族或多种族社会,为什么有的国家不同的民族或种族能和平共处,彼此相安无事,而有的国家不同的民族或种族却彼此视如寇仇,甚至刀戈相见呢?政治文化的民族性为我们解释这些问题至少可以提供部分答案。

3. 政治文化具有历史性的特点

这一特点意味着,政治文化总是在一定的历史条件和背景下形成和发展的。正如马克思所说:"在不同的占有形式上,在社会生存条件上,耸立着由各种不同的、表现独特的情感、幻想、思想方式和世界观构成的整个上层建筑。"②正因

---

① 《马克思恩格斯选集》第1卷,人民出版社1995年版,第98页。

② 《马克思恩格斯选集》第1卷,人民出版社1995年版,第611页。

为如此,当人们生存的社会条件发生变化以后,他们的观念、情感、价值取向也必然会随之而改变。对于一个民族来说,在不同的历史时期,政治文化具有不同的时代特色。关于这一点,可以在许多经验研究中得到证实。以中国为例,自改革开放以来,仅仅三十多年的时间,随着经济的迅速发展,人们的生活水平不断提高,公众的受教育程度逐步提升,对外文化交流日益扩大,加上科技的进步及城市化水平的提高,我们的政治文化也发生了十分深刻的变化,同“文革”时代相比,这种变化十分显著。在当代中国,人们的民主与法制意识、权利与义务意识、平等与竞争意识以及独立意识、开放意识等一系列与现代文明相适应的现代观念和意识普遍得到了增强。

4. 政治文化具有相对稳定性的特点

政治文化属于观念形态,有其自身的发展逻辑和相对独立性。文化的形成需要一个历史的过程,而社会的变革却往往瞬间而就,因而二者变动的速率常常不会同步。文化是一种心理积淀,它通过社会化的形式世代传承,其中的某些因素或许会保留几十年甚至几个世纪。一种旧的政治制度的覆灭,并不能立即导致与此相应的旧的政治文化马上消失。中国在100年前就埋葬了封建制度,但长期存在的封建政治文化中的某些观念、意识,仍旧保持着自己的存在。在我们的现实生活中,封建政治文化的影响处处可见。尽管改革开放以来中国的政治文化已经发生了巨大的变化,但要彻底消除人们头脑中残存的封建政治文化的遗毒,仍然需要一个长期的过程。

三、政治文化的要素

政治文化是由各种因素、部分、内容所构成的复杂体系,它包括了一系列的政治观念形态的表现形式,这些表现形式既有感性的又有理性的,既有显性的也有隐性的。概括说来,构成一种政治文化体系的基本要素有:

1. 政治认知

人们在现实的社会政治环境中,通过不同程度和不同方式的政治实践活动,会形成对政治体系和政治行为的一定的认识,即通过政治社会化的不同渠道对政治生活取得一定了解。人们的政治认知除了直接的、感性的认识以外,还会通过推理、演绎、判断、想象等思维方式进行理性思考,以提升认知的质量和功效。一个人的政治认知受各种主客观因素的影响。

从主观方面讲,首先是能力因素。人的认知能力是有差别的,这种差别意味着人们对政治生活和政治现象分析、判断、辨识水平的差异。由于认知能力的不同,人们的政治认识自然也就会有深浅正误之分。其次是习惯因素。人的认知过程往往要受习惯的支配。习惯是指人们在长期的社会生活中形成的具有相对稳定性的某种心理定势和固定模式。再次是需要因素。需要是推动认知的内在动力。在需要的刺激下,人们往往会特别关注与自身需要和利益密切相关的政治信息。由于人们的需要和利益不同,对同一种政治现象或政治行为会产生不同的认知角度和认知模式,从而形成不同的、甚至截然相反的结论。最后是个性因素。个性倾向性决定着人们的认知态度、兴趣和动机。个性和自信心较强的人,在认知上往往表现出更大的独立性,更倾向于按照自己的独立判断去发现真理,而较少迷信或服从权威。

从客观方面讲,首先是所处的社会经济地位。在一个社会中,人们所处的社会经济地位是不同的,由此而形成了不同的利益需求和价值取向。反映在政治认知中,不同社会经济地位的人群往往会对同一种现象产生不同的认知角度和评价标准。其次是受教育情况。经验研究表明,受教育程度较高的人群,对社会的政治生活更为关注,更加敏感,对政治问题也具有较高的分析、反应能力。最后是社会环境。认知虽然是个体的属性,但却无时无刻无处不受社会条件的影响。在一个专制的国度里,当思想的枷锁锻造得非常坚固时,只能盛行愚昧、偏见和盲从。因此,宽容的社会环境,自由的思考,是人们获得真理性认识的基本前提。

政治认知对于人们的政治行为具有十分重要的影响和作用,它可以导致人们不同的行为向度,对同一政治问题采取不同的态度。认知是人们作出评价、进行选择的前提,认知的差异也会导致人们采取不同的政治立场。

2. 政治评价

在政治生活中,无论是个体还是群体,都会对国家的政治制度、政治决策、政治团体、政治领袖等对象进行价值衡量,作出评判。马克思曾经指出:"'价值'这个普遍的概念是从人们对待满足他们需要的外界物的关系中产生的。"①"人在把成为满足他的需要的资料的外界物……进行估价,赋予它们以价值或使它们具有'价值'属性。"②马克思的分析表明,所谓价值是从主体与客体的关系中产生的,它反映着客体属性对主体的有用性或肯定程度。在价值关系中,客体的属性是价值形成的客观基础,主体的需要是价值形成的前提。政治评价也受这一规律制约,人们对某项政策持何种看法,有什么样的评价,一方面取决于该政策本身的内容是否合理有效,另一方面也要看该政策会对自身利益产生何种影响。同时,我们也必须看到,主体与客体的价值关系总是发展变化的,因而人们的价值评价标准也会随之而发生变化。所以,政治评价同其他评价一样,往往具有社会历史的特点。

---

① 《马克思恩格斯全集》第19卷,人民出版社1995年版,第406页。

② 《马克思恩格斯全集》第19卷,人民出版社1995年版,第409页。

通过以上的分析,我们可以看出,任何评价都既是客观的,又是主观的。说它是客观的,是因为评价的对象是客观的,评价者与评价对象的关系是客观的,评价所遵循的规律也是客观的。说它是主观的,是因为评价是主体对客体价值的一种主观判断,是一种观念现象。所以,评价总是受到种种因素的影响和制约。

(1) 受政治立场制约。在社会成员划分为阶级的情况下,每个人都是作为阶级的成员处于社会关系之中的。阶级的利益和需要,赋予人们不同的评价尺度和评价标准,政治评价因而必然会打上阶级的烙印。从另一方面讲,一种政治现象或政治行为虽然是客观的,但它对不同的阶级或集团具有不同的意义,从而导致人们对它产生不同的评价。

(2) 受认知能力制约。这是很容易理解的。认知是评价的基础,人们只有首先知道某一事物是什么,才能对它的意义和价值作出判断。前面谈到,由于种种因素的影响,人们的政治认知能力是有差异的,认知能力的差异,同样会导致人们对同一项政策产生不同的价值评价。

(3) 受评价主体自身情况的制约,这里主要是指评价者本人的情感、意向、个性等心理倾向。马克思曾经谈到,"忧心忡忡的穷人甚至对最美丽的景色都没有什么感觉;贩卖矿物的商人只看到矿物的商业价值,而看不到矿物的美和特性"①。这就是说,不同的人在不同的情境下对评价对象的心理感受,往往也是不同的。

(4) 受评价对象本身的制约。评价虽然是一种主观判断,但对象却是客观的。评价对象本身的实际,是人们对它形成评价的基础,残暴无道的政府或赤裸裸的种族灭绝政策,在任何有良知的人看来,都是决然不能接受的。所以,任何评价的产生,既有主体方面的原因,也有客体方面的根据。

3. 政治选择

政治选择反映着选择主体的某种政治价值取向,因而必然内含着主体的政治认知和政治评价。从这个意义上讲,政治选择是政治认知和政治评价的逻辑发展。人们的政治选择主要包括以下内容:

(1) 政治态度的选择。政治态度是指人们在国家的政治生活中所表现出来的精神状态,以及对政治的各个方面的反应倾向。政治态度是一种心理现象,它可能在人们的行动中直接反映出来,也可能只是迂回地得到体现。这是因为人们可以根据情况的不同自觉地控制态度的表达。态度虽然较之一时的心理状态保持的时间要长一些,但也并非一成不变。随着时间的推移和环境的变化,人们的态度也会发生变化。

---

① 《马克思恩格斯全集》第42卷,人民出版社1979年版,第126页。

（2）政治信仰的选择。政治信仰是指一个人对特定的政治目标，尤其是某种政治制度、政治理想、政治价值接受或同意的心理状态。政治信仰未必以充分的理性认识为基础，但却是相对牢固而持久的。政治信仰强烈地影响着人们的政治行为，一般说来，有什么样的信仰，往往会有与此相应的政治行为。政治信仰是一定社会最重要的政治取向，群体的政治信仰甚至可以成为决定政治文化性质的根本因素。

（3）政治情感的选择。政治文化中包含着对一定政治对象的情感或情绪表现。政治情感主要是指人们对国家政治生活中的政治制度、政治组织、政治决策、政治领袖等对象的一种内心体验，它由一定的阶级利益、团体利益、个人利益及经历等因素所左右。政治情感表现为人们对一定政治对象的爱或憎、亲或疏、敬或恶、认同或逆反、热诚或冷漠。政治情感虽然是感性的，但在产生直接的行为后果方面具有重大的影响作用。

第二节　政治文化类型分析

政治文化本身是由多种因素构成的，由于各个国家或一个国家内部影响政治文化形成与发展的因素纷繁复杂、千差万别，因而必然会出现各具特色、不同类型、多种多样的政治文化。不同的政治文化形成于不同的社会历史背景下，同时它本身又构成了一个社会政治系统运作的环境条件。具体而言，政治文化同一个社会的政治体制及其运作模式之间有着内在的、必然的联系。由于人们分析问题的角度不同，所持标准不同，对政治文化的类型划分也各不相同。以下我们所介绍的是当今几种主要的、较为流行的划分方法。

一、*民主的政治文化与权威的政治文化*

“民主”始终是政治学研究的一个核心概念，有关民主的研究成果和著述可谓汗牛充栋，数不胜数，但对“民主”的理解却见仁见智，论说不一。尽管如此，民主本身的价值还是得到了人们的一致肯定与认同。在当今时代，即便是内心敌视民主的人或团体，也不敢公开举起反民主的旗帜，相反，还会以种种手法粉饰自己，标榜民主。民主政治的建立和发展，乃是一个社会政治体系现代化的核心内容和根本标志。

然而，民主并不仅仅是一个政治字眼，也绝不只是一种制度安排，它也是一种修养、行为及文化。如果说，民主制度是民主的躯壳的话，民主的政治文化则是它的灵魂。稳定健康的民主政治，绝对离不开民主文化的支撑。达尔曾经分析道:为什么有些国家,民主制度能够经受危机的考验,而另一些国家却不能?其中的一个重要条件是公民和领导人是否对民主的观念、价值和实践给予了足够的支持。"如果这些信念和倾向落实到国家的文化中,并且大部分能够在代际之间传承,这就是最可靠的支持。换言之,就是国家拥有一种民主的政治文化。"①著名学者托克维尔在对美国社会进行了认真的考察以后,对美国民主制度倍加推崇。他的结论是,如果将那些维持美国的自由民主政体的因素按其重要性进行排列的话,那么,"物质起因的贡献逊于法律的贡献,法律的贡献又逊于道德习俗的贡献。"②

那么,什么是民主的政治文化?简而言之,民主的政治文化就是指有利于民主政治形成、巩固和健康发展的一系列观念、态度、习惯和价值观。其主要内容包括:宽容、温和、愿意妥协、尊重不同观点、崇尚自由平等、服从公共权威等观念和意识。

与民主的政治文化相对应的是权威的政治文化。权威的政治文化在前资本主义时代曾经盛行一时,时至今日,它在一些国家和地区仍有相当的影响。权威的政治文化最典型的特征是权威崇拜。子女不应当挑战父母的权威,妻子应当绝对地服从丈夫。反映在政治生活中,国家的领袖拥有巨大的个人魅力和权威,其地位和权力不容挑战。权威的政治文化尤其强调稳定与秩序的价值,将国家对普通民众政治参与和表达的限制视为正常的事情。在权威的政治文化中,民主竞争所带来的混乱被认为是对社会既定秩序的严重威胁,求稳怕乱的心理使人们将秩序与稳定的价值置于民主、自由之上。例如在20世纪60年代的委内瑞拉,许多生活在城市贫民窟的人,对民主初建时期所引发的日益严重的城市犯罪和政治暴力感到不堪忍受,转而支持前军事独裁者,希望从他那里得到保护。

二、地区的、依附的、参与的政治文化

这一划分是由阿尔蒙德和维巴在《公民文化——五国的政治态度和民主》一书中首先提出的,他们的着眼点在于何种政治文化更有利于民主体制的运作。其判断的依据是:一个社会的公民在多大程度上感到自己有能力参与并影响政治,在多大程度上认为自己有义务这样做,测量的标准有:(1)人们关心政治争论和事件的程度。(2)人们对他们的政治制度的自豪程度。(3)选举对大多数公民的重要程度。(4)公民对选举所带来的变化的期望值。(5)人们对公民义务的认识。阿尔蒙德和维巴通过调查发现,不同国家的人对政治有着不同的看

---

① 罗伯特·达尔:《论民主》,商务印书馆1999年版,第165页。

② A. D. Tocqueville,"Democracy in America",New York,1969,p. 308.

法,从而反映出深刻的文化方面的差异。据此,他们将政治文化分为以下三种类型:

1. 地域型(parochial)政治文化

这种类型的文化主要存在于不发达国家偏远的乡村地区或部落社会。在这些地区或部落中,政治对人们几乎没有什么意义,人们既不关心政治,也没有多少政治知识,同时,他们也很少谈论政治。对他们来说,国家或政治制度的概念几乎是不存在。他们既不渴望,也没有能力参与政治,更不指望从政府那里得到什么。他们所认同的是直接所在的地区或部落,在这个范围之外的事情与他们无关。

由此可见,地域性政治文化属于一种较为原始、古朴、落后的政治文化。在这样的文化土壤上,要想长出民主的果实是非常困难的,它不仅要求进行制度的建构,而且还需要培养基本的公民意识。

2. 依附型(subject)政治文化

与地域型政治文化相比,依附型政治文化对于政治系统本身及系统的输出方面有较高的服从取向,但是对于输入过程和作为个体的自我取向几乎没有。也就是说,在这种政治文化中,人们意识到了自己的公民身份,也关心政治,关心政府的政策对他们生活的影响,但却几乎没有向政治系统提出要求,缺乏作为个体的自我主动的参与取向。他们对自己的政治制度不存在感情方面的认同,也不愿意谈论政治。人们在政治系统面前感到无能为力,因而对政治基本上没有热情,持一种消极的态度。总之,在依附的政治文化中,人们的参与意识几乎为零,政治取向则完全是被动的、消极的、依附的。

当人们习惯地认为自己是服从的臣民而非积极的参与者时,民主之树要想在这样的文化土壤中扎根,也会有较大的困难。

3. 参与型(participant)政治文化

在这类文化中,社会成员对自己在国家政治生活中的身份、角色、权利、义务有着充分的了解。他们既知道政府的政策对他们生活的影响,也知道如何去影响政府的政策制定。也就是说,人们对政治系统的各个方面都有明确的取向,不仅关注政治系统的输出方面,也关注它的输入。在这种文化中,人们对政治系统抱有信心,承认参与的价值和意义,因而,他们不仅有主动的参与意识,而且也有较高的参与能力,在任何层次上都存在对政治系统的评价和批评。在参与型政治文化中,人们更倾向于结成各种志愿性团体来提升参与的效果和质量,维护自身和公共利益,同那些他们认为不合理、不公平的现象进行抗争。毫无疑问,参与型政治文化是支撑民主政体的理想土壤。

按一般的发展规律,以上三种政治文化是依次递进的。但在某个具体社会中,政治文化的演进往往会有两种或两种以上文化重叠存在的时期。因而,任何社会的政治文化其实都是上述三种次文化构成的混合体,区别在于,不同的社会共同体中,属于某种文化的人数比例不同,从而形成总体的政治文化的不同类型。

三、体系的、过程的、政策的政治文化

在《比较政治学》一书中,阿尔蒙德和鲍威尔依据公民政治取向目标的不同,将政治文化又划分为体系文化、过程文化和政策文化三种。

1. 体系文化

体系文化是指一个国家的公民对其政治权威合法性和政治共同体的认同。"如果某一社会中的公民愿意遵守当权者制定和实施的法规,而且还不仅仅是因为若不遵守就会受到惩处,而是因为他们确信遵守是应该的,那么,这个政治权威就是合法的。"[①]如果政治权威的合法性能得到社会大多数成员的认同,法律就能比较容易和有效地实施,并且可以减少实施法律所需的人力物力成本。

政治合法性可以有许多不同的基础。在传统社会中,政治合法性可能取决于统治者的世袭地位等因素;而在现代民主政治体系中,当权者的合法性则取决于他们在竞争性的选举中是否获胜等;在其他政治文化中,领导人可能会依靠他们特有的魅力、智慧和意识形态去谋取合法性。

合法性的基础是非常重要的,因为它们为权威人物和公民间的某种交换确立了规则。一个政治体系一旦发展到足够高的分化程度,从而产生了担任决策者的专门角色时,这些决策者的合法性问题便会变得格外重要。合法性影响和制约着统治当局提取资源、管制行为和分配产品与服务的能力。"一般说来,如果合法性下降,即使可以用强制手段来迫使许多人服从,政府的作为也会受到妨碍。"[②]

体系文化的另一个内容是对政治共同体的认同问题。阿尔蒙德等认为,政治共同体其实就是结合在同一政治过程中的许多个人所组成的群体。"用政治发展理论的语言来表示,对政治共同体的支持问题常常被称为'国家的认同意识'问题。"[③]公民对国家的认同意识,在任何情况下都是一个国家维持国家统一、民族团结的重要的心理基础。然而,在许多国家则缺乏这种认同意识。造成这种情况的原因有二:其一,一些新兴的国家由于是从种族的、政治的、地理的准国家单位中产生的,这些单位之间过去又没有共同的政治联系,或只知道效忠于

① 阿尔蒙德等:《比较政治学:体系、过程和政策》,东方出版社 2007 年版,第 32 页。

② 阿尔蒙德等:《比较政治学:体系、过程和政策》,东方出版社 2007 年版,第 33 页。

③ 阿尔蒙德等:《比较政治学:体系、过程和政策》,东方出版社 2007 年版,第 34~35 页。

地方单位。在一定历史时刻,当对传统的准国家单位的忠诚同对国家的忠诚和国家的目标发生冲突时,全国政治共同体的合法性,即它能否名正言顺地使人服从,就成了问题。

在政治共同体中,政权与权威人物是有区别的,公民和社会精英可能仅支持政权中的某个或某些个人,而不支持政权的结构,或者反过来。如何把合法性从个人身上转移到政权上来,则是解决国家认同问题的关键。

2. 过程文化

过程文化是指对于政治过程的一整套倾向,它包括两个方面的基本内容:一是个人对于自己在政治过程中影响力的看法;二是个人对于自己同其他活动者之间关系的看法。

阿尔蒙德等人认为,公民对政治过程及自己潜在影响力的认识有三种不同类型:即狭隘观念者、顺从者和参与者。狭隘观念者的一般概念主要是指那些在生活中只关心非政治性事务,而且对自己与国家政治过程的关系毫无意识的公民。虽然在经济发达的国家中,纯粹的狭隘观念者已经罕见,但他们仍然是传统和过渡社会的共同特征。顺从者是指那些已成为政治体系组成部分的,并对政治体系施加于他们生活的影响或潜在的影响有所认识的公民。他们的一般表现是受政府行动的影响而不是积极地去影响政府的行动。顺从者会有各种政策选择,甚至还可能对政权和权威人物产生某种合法感或疏远感,但是他们对政治参与则始终抱被动的态度。参与者对那些促使他们介入政治的过程有一定的认识,并形成了鼓励自己利用各种参与机会的态度,也就是相信自己只要努力去做,就能够影响国家的政治事务。

过程文化的另一个内容是公民对其他政治活动者的看法,它包括一整套认识、信念、感情和判断。这方面的看法主要有两种倾向:政治信任和政治敌视。

政治信任问题影响公民为实现政治目标而同他人通力合作的意愿,也影响领导人同其他集团结成联盟的意愿。国家层次上的有效参与要求公民与他人合作。参政策略的运用既取决于社会和政治集团的结构,也取决于对其他活动者寄予多大的信任。对精英人物来说,信任和疏远的问题影响个人的和集团间谈判的性质。精英人物之间联盟的形成一方面取决于各个不同的集团对重大政治问题所持的立场,另一方面也取决于各集团之间对能否信守政治交易以及在谈判中能否真诚无欺的信任程度。

与信任相对应的厌恶和敌视问题,这也是社会中集团与集团、人与人之间感情方面的问题。如果各个集团都注重彼此间的意见分歧,并因实际的冲突和不公正而加剧时,这些集团就可能产生一种强烈的互相敌视感。这种集团间的敌视会因不断的冲突而加剧,成为政治文化的一部分。

集团间的疏远和敌视不仅会造成政治冲突,甚至会使相对来说是例行的政治决策过程难以进行。厌恶和不信任对方的精英分子很可能避开通常使用的讨论和友好协商渠道,转而采取更富攻击性的行动,并把他人的行动视为威胁。在许多国家我们都曾看到过因集团间的敌视而引发的悲剧。①

3. 政策文化

政策文化主要是指公民对公共政策的倾向模式。要了解一个社会的政治,就必须了解那些对有关者来说意义重大的问题和各种倾向的分布。当然,这类倾向的具体内容是在不断变化的,因为不同的行动者和日常发生的事件使人们对各种可能采取的选择的想法发生改变,但是,在不同的政策领域中,我们还是能够辨别出对于能使全体人民团结或分裂的政治问题所采取的态度。

政策倾向模式的核心是人民对美好社会的想象。然而,对于究竟什么是理想社会的结果,例如到底应该是福利平等还是机会平等,不同社会和文化背景下的人们,可能会有不同的看法。另外,人们对当今的社会如何评价,对个人通过政治行动影响自己命运的能力抱怎样的信念,也会对公共政策产生重大影响。一些西方学者的实证调查表明,如果大多数社会成员都对现存的社会体系感到满意,那么,政治进程就可能发展平稳。②

公共政策的倾向实际上就是对政治体系作为的选择,即对社会资源的提取和分配以及对行为管制的选择。这些选择倾向是为了通过各种类型的政治行为来实现社会所要达到的意图或战略目标。国家内部或国家间选择倾向的不同,可能来自不同的理想社会结果,或来自有关怎样实现这些结果的不同理论,也来自现实社会中对现有社会条件的不同认识。当然,随着条件的变化,通过学习和仿效其他国家的经验,人们对公共政策的看法和设想也会发生变化。

四、精英的和大众的政治文化

一个国家的政治文化并非是铁板一块的统一体系,人们通常会看到,一个社会中主流的政治文化与政治次文化的区别,也会发现精英和大众之间在态度、价值、观念等方面的区别,于是,又有了精英的政治文化与大众的政治文化的划分。何谓精英,人们有不同的看法,有的认为精英就是指统治阶级;也有的认为,精英是指社会集团中权力最多的那部分人;还有的认为精英是指在社会和政治事务中扮演特别有影响力的典型角色的少数人。一般而言,精英应当是指那些受过良好教育,有较高收入,对社会影响较大的人。

反映在政治文化中,精英和大众的态度和取向有明显的区别。精英对政治

① 阿尔蒙德等:《比较政治学:体系、过程和政策》,东方出版社 2007 年版,第 41 ~ 42 页。

② 阿尔蒙德等:《比较政治学:体系、过程和政策》,东方出版社 2007 年版,第 43 页。

有着更大的热情和兴趣,他们关心政治并且态度积极。而大众则相对对政治较为冷淡和疏远。精英更倾向于参加投票、抵抗不公正、组成团体甚至竞选官职。许多西方学者的实证调查反复证明:一个人受教育程度越高,参与政治的积极性也就越高。

精英对政治有着持久的兴趣和一贯的积极态度,而大众的政治兴趣则随政治形势和问题本身性质的变化而变化。精英对所在政治体系的认知也往往不同于大众。在政治信仰方面,精英有着较为确定、恒久的信仰,而大众的政治信仰则往往不甚明确,且漂移不定。精英对政治问题和政治变化更为敏感,而大众的反应则相对较为迟钝。

精英论者认为,精英是政治文化研究的焦点。分析一个国家中政治精英的价值取向及其与大众的区别,我们就可以了解这个国家政治文化的大致轮廓。罗森堡姆曾指出,政治精英的政治价值、态度和行为最可能决定一个国家市民生活的主要政治风格和社会风气,决定系统对内外压力的反应,界定一国的重要价值,以及形成大众未来的取向和经验。当精英和大众的政治文化缺乏一致性时,它们之间的差异和潜在紧张的本质,将成为文化分析的重要面向。而在稳定的政治秩序中,精英则是文化的传递者,是形成一个国家市民生活之本质的最重要的主角。[①]

第三节 政治文化的功能与变迁

在现实生活中,政治文化对一个国家的政治体系和政治生活产生着无所不在的影响,是形成一个社会政治过程的基本要素。对于社会中的个人,政治文化为有效的政治行为方式提供了控制性的指导原则;对于社会整体,它所提供的是一个系统性的整体价值结构,并合理考虑如何保证政治机构组织在运行过程中连贯一致。政治文化代表了一个民族国家政治体系运行的核心因素和凝聚力量,并具体表现民族整体文化中那些渗透和贯穿在政治过程中的观念、信仰、态度、标准和期望。

一、政治文化的功能

政治文化的功能集中表现在以下几个方面:

1. 影响和指导人们的政治行为

---

① 参见高洪涛:《政治文化论》,中国广播电视出版社 1990 年版,第 27~28 页。

在一个国家的政治生活中，各种政治行为主体，从阶级、政党、团体，到作为个体的政治家、普通公民，他们的各种政治行为无不受所在社会的政治文化的影响和制约，如克鲁克洪所说："要指出哪一件活动不是文化的行为是困难的。"①当社会化过程把既定的政治文化的种种要素内化为人的精神素质时，便赋予了行为主体以一定的思想、观念、性格、态度、感情和倾向性，成为一种内化了的政治行为规范，影响着人们对政治的关心程度和争取或行使民主权利的行为力度，支配着人们对政治行为方式的选择，更以一种执着的行为取向深刻、稳定、长久地指导着人们的政治行为。要想证明这一点并不困难，团体也好，个人也罢，他们追求什么样的政治目标，抱有什么样的政治期望，采取什么样的政治行为，与他们对政治环境、政治体系的认知与评价直接相关。我们经常可以看到，在一些国家中，人们参加地方性投票的积极性要远高于全国性投票，原因就在于人们对地方性投票的效果和影响持有更为积极的评价，抱有更高的期望。

影响和指导政治行为的功能，是政治文化最基本的功能，它的其他一些功能都是通过人们的政治行为实现的。

2. 影响政治体系的建立和稳定

历史表明，在一场政治革命风暴到来之前，往往首先在政治文化领域出现革故鼎新的征兆，形成一种新的政治制度的设计，以此来引导和指导人们的政治行为，为新制度的建立提供文化和心理准备。在新的政治制度或体制建立的过程中，也存在一个新政治体系与既有政治文化相适应的问题。在此过程中，新政治体系一方面需要通过政治设计对现存文化施加影响，使其能够朝着它所希望的方向发展，以期在政治体系存在的整个范围内建立与之相适应的政治文化形态。同时，新政治体系又不得不面对并且在某种程度上适应既定的政治文化环境。由于政治文化的变迁需要经历一个过程，它的一些基本的价值和态度，已经深入人心、根深蒂固，会保持相当长的时间，所以，新政治体系在建立过程中，首先要适应民众的基本政治取向，然后才能谈得上对政治文化的逐步改造。在一个权威主义政治文化盛行的国度里，要想建立高度民主的政治体制，几乎是不可能的。当然，这并不意味着政治体系只能被动地适应政治文化。不过，这已属于另一个问题了。

同样，政治文化对政治稳定也产生着重要影响。一个政治体系要想保持稳定并有效地履行其功能，需要以一定的政治文化为条件。派伊等人曾经分析过政治发展的五项危机，其中，与政治稳定直接有关的是认同性危机和合法性危机。这两项危机均涉及人们政治行为的取向，因而，我们又可以把它们看做是关系到政治稳定的政治文化危机。社会成员对国家的认同，是建立稳定的现代国

① 克莱德·克鲁克洪：《文化与个人》，浙江人民出版社1986年版，第8页。

家的心理基础。新兴国家的人民如果不能解决部落、血缘阶级认同与国家认同之间的冲突，传统与现代之间的冲突，一句话，如果不能解决群体认同危机，政治体系便难以获得稳定，也不可能有能力应付挑战。① 所谓合法性，班德的解释是："当人民对终极的权威愿尽政治义务时，此一权威即具有合法性。"派伊则认为，合法性包括两项要素：一是政治体系的施政能力，二是人民对政府权威的感情。因此，合法性危机往往在"人民对系统权威的发生分歧的看法、政府的结构与作为因之崩溃时出现。"②所以一旦发生合法性危机，不仅会影响政府职能的发挥及法律的贯彻，而且还会危及政权本身的存在。

3. 影响政治发展

政治发展是由多种因素共同促成的，其中，政治文化是推动政治发展的一种极其重要的无形力量。政治文化中内含着人们对政治发展前景的期待和向往，它一方面引导着人们政治活动的价值取向，另一方面也会为人们追求理想政治的政治实践提供强大的精神动力。正如阿尔蒙德所分析的那样，"如果认为人类的行动能影响社会的发展，得到某种结果，那么，对那些维护已实现的理想并努力实现新的理想的政策就有一股强大的推动力"③。例如，在现代化进程中，随着经济的发展，识字率的增加，生活条件的改善及技术进步所带来的交通、通讯的便捷和大众传媒的发达，人民的政治理念也必然会发生相应的变化，开始追求新的政治价值和政治目标，这就为政治改革提供了契机、动力和氛围。反过来，落后的政治文化也会对政治发展造成障碍，成为制约政治进步不可忽视的因素。在亨廷顿所称的"第三次民主化浪潮"中，大多数非西方国家基本上完成了从体制上由权威主义向民主的过渡，一些国家度过了体制转换的阵痛期，民主政体开始趋于稳定。但是与迅速变化的政治体制相比，现代政治文化的建设却相对落后，从而成为影响民主制度进一步巩固的突出因素。

二、政治文化的变迁

没有一种文化是固定不变的，所有社会的文化都处于变动不居之中，人类社会发展的历史，也就是一部文化的变迁史。然而，文化的变迁又是一个相对缓慢、渐进的过程，文化内部倾向于保守，特别是在精神文化方面，人们很难轻易放弃从前人那里继承下来的观念和习惯而采纳自己不熟悉的新的规范，与急风暴

① 参见康光华：《白鲁恂：政治文化的沉思者》，台湾允晨文化实业公司1982年版，第112页。

② 参见康光华：《白鲁恂：政治文化的沉思者》，台湾允晨文化实业公司1982年版，第144～145页。

③ 阿尔蒙德等：《比较政治学：体系、过程和政策》，东方出版社2007年版，第43页。

雨般的政治变革相比,文化的变迁是在不知不觉中发生的。马克思主义认为,物质生活的生产方式制约着整个社会生活、政治生活和精神生活的过程,是人们的社会存在决定着人们的社会意识,在不同的所有制形式上,在生存的社会条件下,耸立着由各种不同情感、幻想、思想方式和观念体系构成的整个上层建筑。政治文化作为上层建筑的一部分,在社会条件和环境发生变化的情况下,或迟或早也必然会发生相应的变化。

促成政治文化变迁的因素有很多,其中最重要的因素有两项:一是社会经济的发展;二是文化的传播。

罗纳德·英格尔哈特是研究社会变迁与文化变迁之间关系的重要代表人物,他曾对西欧和北美等发达国家公民的政治倾向作过长期的调查研究。根据多年调查所积累的资料,英格尔哈特认为,二战以后的几十年间,经济的长足发展已经使发达国家的政治文化发生了实质性的转变。他注意到,战后在经济的持续繁荣中成长起来的一代人,与他们的父辈和祖父辈相比,并不太在乎经济的稳定和增长,而更关注诸如环境、裁减军备此类的问题,这是属于所谓"后物质主义"的一代人。与他们的"物质主义"的前辈不同,后物质主义者更看重理念而非金钱,他们希望社会能够朝着更为友善、更为人性化的方向发展,因而致力于保护环境、扩大民众的政治参与、维护言论自由和其他民权等活动。英格尔哈特对战后德国民众的长期调查证实了这一点。调查的问题是:你感到在言论自由、礼拜自由、免于恐惧的自由和免于贫困的自由这四项自由中,哪一种最重要?在战后初期德国经济尚未恢复时,免于贫困的自由被人们列为首选,到了1959年,当人们在经济上有了一定的安全感后,选择言论自由的人数超过了其他三项的总和。① 当然,英格尔哈特的调查只是个案研究,未必具有普遍的适用性,但它却揭示了一个基本的事实:即社会经济条件的变化,必然会对人们的政治观念、态度及行为取向产生影响,从而催生出新的政治文化元素。

社会学的研究表明,一种文化在产生以后,不可能总是被它的创造者所独享,必然要向四周扩散,为临近的群体或社会所接受和采纳,这就是文化传播。文化传播使两种或两种以上的文化相互接触、相互吸收,并使之与主体文化协调起来,最终成为主体文化的一部分。因此,文化传播引起主体文化的变迁几乎是必然。政治文化作为社会大文化的一部分,也要受这一规律的制约。中国社会自近代以来,随着西方势力的入侵,包括政治文化在内的西方文化也随之而来,像民主、民权、立宪、法治等政治理念符号开始在中国逐渐流行开来,从而引发了一场中西文化的激烈碰撞,长期处于闭锁状态的中国传统政治文化的坚冰终于

① Ronald Inglehart, "Culture Shift in Advanced Industrial Society", Princeton University Press, 1990, p. 71.

被打破。可以说，自鸦片战争以来的170多年间，中国社会政治文化的变迁是十分显著的，而外来文化的传入无疑是导致这一变化的重要的催化剂。

第四节　中国传统政治文化及其转型

中国作为一个有着几千年悠久历史的国度，在经济和政治制度不断演进的过程中产生了与之相适应的政治文化。大体上说，中国传统政治文化，萌芽于夏商周时期，定型于秦汉，又经历代沿袭，其主体是以封建社会中长期形成的儒家思想为核心的封建的政治文化。中国传统政治文化自从产生以来，已经成为影响中国政治发展和现代化进程的重要因素。中国传统政治文化在近代以来受到了来自异质文化和政治制度的冲击，开始逐渐式微，并且开始艰难的转型。

一、*中国传统政治文化的特征*

中国传统政治文化的特征，大体有以下几种观点：

徐大同、高建认为，"中国传统政治文化在本质上是以维护王权为核心的政治文化。中国传统文化是务实的，这是一个很突出的特征。第一，注重人事，与人的政治实践紧密结合。……第二，注重治国之道，而不注重制度的研究。……中国传统政治文化是一种伦常的政治文化。第一，伦常是人的行为的最高准则。第二，伦常是重要的统治工具。"①

刘泽华、葛荃认为，"中国传统政治文化有两个显著的特点。一、中国传统政治文化的组成呈多层次性；二、在多层次结构中有一条主线起着主导作用。所谓多层次性是说中国传统政治文化内容丰富，包罗甚广，主要可分为四大层次。1. 王权主义。这是传统政治文化的核心，其特点是宣扬君权至上；君主是全社会的最高主宰、神圣不可侵犯。2. 宗法观念。宗法观念是普遍存在于整个社会成员的社会政治观念，其主要内容是家长权威至上，严格的血缘宗亲观念，人伦等级意识，重男轻女意识和一系列相应的道德准则。3. 清官思想。4. 平均主义。王权主义是中国传统政治文化的主体与核心。"②

葛荃认为，"中国传统政治文化的价值结构可以分为五个层次，依次为：（一）君权至上；（二）父权至尊；（三）伦常神圣；（四）均平理想；（五）明哲

① 朱日耀：《论中国传统政治文化》，吉林大学出版社1987年版，第18～22页。

② 朱日耀：《论中国传统政治文化》，吉林大学出版社1987年版，第18～22页。

保身。”①

朱日耀认为，“中国传统政治文化的特征有：人文主义是中国传统政治文化的根本特征。封闭与排异是中国文化的民族特征。经学方法是中国传统政治文化的思维特征”②。所谓经学的方法，就是注解、阐发经传的方法。

马庆钰认为，“按照经典政治文化的分类标准，似乎可以说中国属于依附型政治文化。流淌几千年的历史之河积淀于国民心理层面的政治价值意识与行为习惯取向所展示的政治文化特征主要是：家长本位的政治文化；权力崇拜的政治文化；自律诉求的政治文化；‘潜规则’的政治文化；以及均平取向的政治文化。”③

金太军、王庆五认为，“‘臣属型’尚不足以体现中国传统政治文化作为东方特殊的专制主义政治文化的极其丰富的内涵和异常鲜明的特色，但是无论是这一政治文化所赖以形成和延续的社会环境、经济基础、政治结构和文化土壤，还是它的本体：以一个中心元点（君主）出发的单向辐射性政治意识形态；天、君、国、家长合为一体的政治认知，以‘忠’、‘孝’为核心的伦理至上的政治评价模式，丧失主体性的政治依附情感、伦理乌托邦式的千年政治理想，名教精神的政治思维内核，以及依附着‘家国、君父’的各色臣民——士、农、工、商、官的主体性的普遍沦丧，都打上了极其深刻的臣属型烙印，带有超常浓厚的等级依附色彩。”④

结合上述学者的观点，从总体上看，中国传统政治文化大体上可以归结为依附型的政治文化。中国传统政治文化的特征主要有三个方面：王权主义、宗法观念、平均主义。

1. 王权主义。中国传统社会的最大特点就是王权主义，以皇帝为中心的权力系统控制和影响着中国传统社会的各个层面。王权是至高无上的、不受约束的。由此衍生出来的中国传统政治文化的核心就是王权主义。“在观念上，王权主义是整个思想文化的核心。”⑤王权主义政治文化所体现的是王权的至高无上和尊贵无比，以及臣民的低贱卑下。这体现了中国传统社会严格的等级制度。以封建王权为尖顶的金字塔型官僚体系按权力大小和官位高低进行各种资源的分配，臣民并不具有政治上的支配权。王权主义的直接后果就是政治权力的崇拜意识和依附观念。对政治权力的崇拜体现于王权时代权力与特权、权力与土

---

① 葛荃：《中国政治文化教程》，高等教育出版社 2006 年版，第 29 页。

② 朱日耀：《论中国传统政治文化》，吉林大学出版社 1987 年版，第 9 ~ 11 页。

③ 马庆钰：《告别西西弗斯：中国政治文化分析与展望》，中国社会科学出版社 2002 年版，第 6 页。

④ 金太军、王庆五：《中国传统政治文化新论》，社会科学文献出版社 2006 年版，第 5 页。

⑤ 刘泽华、葛荃编：《中国政治思想史研究》，湖北教育出版社 2006 年版，第 225 页。

地、权力与商工、权力与读书等多重关系之中，而依附观念体现于王权时代对于政治权力的绝对服从观念中。

2. 宗法观念。宗法观念起源于中国传统社会的家长制。由家庭中的家长逐渐扩展至家族、乡里、郡县而至帝王，形成一种中央君主集权的家长专制意识。与之相伴而生的就是宗法观念，强调一种不同于西方法治传统的封建礼制秩序和人治传统。宗法观念以儒家经典为依据，主张三纲五常，主张用传统的伦理道德来统治整个社会，实现整个社会的和谐。“以家长制为轴心的礼制作为社会角色的规范，总是标志着人们的身份等级……上下要有义，贵贱要有分，长幼要有等，贫富要有度。这些是礼制的基本经纬。”[①]宗法观念作为中国传统政治文化中的一种思维方式制约着人们的行为，也在一定程度上遏制了中国政治和文化上的创新。

3. 平均主义。中国传统政治文化中的一个突出特征是平均主义。这主要是基于中国传统社会中生产力水平的低下不能满足所有民众的要求。平均主义在中国能够生根还因为它满足了王权的政治要求和政治理想。平均主义主张均贫富，实现“均无贫、和无寡、安无倾”的梦想。平均主义作为一种政治理想激励着社会弱势阶层在朝代末期揭竿而起。当然，平均主义是一种美好的理想，并不能够完全实现。在现实中，平均主义也是有一定的等级秩序的。因此，中国传统政治文化中的平均主义是“在承认等级制度和家长集权前提下的分配中的相对结果均等，它实际上并不承认社会成员政治权利的真正平等，人格权利的真正平等，经济权利的真正平等。”[②]

二、中国传统政治文化的转型

中国传统政治文化是与中国传统的经济制度和政治制度内在契合的，从而形成了一种稳定的社会结构。这种社会结构在近代以来受到了来自异质文化和政治制度的冲击。中国传统政治文化自近代以来开始逐渐式微，并且开始了艰难的转型。在当今全球化的背景下，如何实现中国传统政治文化的转型，进而建立一种新型的当代政治文化就成为重要课题。学界也指出了中国传统政治文化转型的目标和路径。

夏玉珍认为，中国传统政治文化的转型包括“封闭型政治文化转向开放型政治文化；情绪化政治文化转向理性化政治文化；盲目依附型政治文化转向独立自主型政治文化；二元对立型政治文化转向务实中和型政治文化；集体政治文化

① 马庆钰：《告别西西弗斯：中国政治文化分析与展望》，中国社会科学出版社 2002 年版，第 120 页。

② 马庆钰：《告别西西弗斯：中国政治文化分析与展望》，中国社会科学出版社 2002 年版，第 268 页。

转向集体政治文化与个体政治文化的调适。”①

马庆钰指出,中国传统政治文化转型的总趋势就是“从家长的政治文化走向民主的政治文化;从人治的政治文化走向法治的政治文化;从子民的政治文化走向公民的政治文化。这就是中国政治文化现代化的目标定位。”②

我们认为,中国传统政治文化的转型应该是在吸收传统政治文化的合理内核的基础上,结合全球化和我国国情进行的政治文化的转型。从总体上看,我国当前政治文化的类型是一种多元混合型的政治文化。“我国有三种政治文化类型并存,其中以集体主义和现代民主、参政意识和法制观念为核心的社会主义政治文化是一种占主体地位的政治文化,同时,封建主义政治文化和资本主义政治文化还有一定市场。”③具体而言,中国传统政治文化的转型包括:从专制的政治文化转型为民主的政治文化;从人治的政治文化转型为法治的政治文化;从平均主义的政治文化转型为集体与个体并重的政治文化。

1. 从专制的政治文化转型为民主的政治文化。传统政治文化的核心是王权主义,是一种专制的政治文化。而随着封建专制制度在20世纪初的覆灭,社会主义制度的确立,专制的政治文化逐步被民主的政治文化所取代。民主作为人类政治发展过程中创造出的一种新型的政治治理模式,强调公民的政治参与和对政治权力的制约与监督。当然,民主的政治文化既具有一定的共同价值,也要适合于不同国家的国情。民主的政治文化首先需要具有现代意识、现代观念的公民。而现代化的公民文化所依仗者,即是“现代化取向的家庭生活、学校教育、媒体引导,以及制度训练。”④通过家庭生活培养公民的现代意识,通过学校教育培育公民的现代风格,通过媒体引导强化公民的权利观念,通过制度训练加强公民的自治实验。这也就需要提出一套塑造现代公民理性的价值规范,引导公民努力追求权利与义务相统一、自由与规则相统一、参与与服从相统一、私利与公益相统一。当然,从专制的政治文化转型为民主的政治文化的过程将是曲折的和漫长的。

2. 从人治的政治文化转型为法治的政治文化。传统政治文化中,政治权力主要集中于皇帝手中,从而产生了权力崇拜的观念和人治的政治文化。近代以来,尤其是新中国成立以来,伴随着党和国家领导制度的改革,人治的政治文化正在逐步向法治的政治文化转型。与人治的政治文化相比,法治的政治文化更加强调法律制度对于政治权利的监督和制约。法治的政治文化强调“对立法权

---

① 夏玉珍、江立华:《政治社会学教程》,华中师范大学出版社2005年版,第159~163页。

② 马庆钰:《告别西西弗斯:中国政治文化分析与展望》,中国社会科学出版社2002年版,第11页。

③ 金太军、王庆五:《中国传统政治文化新论》,社会科学文献出版社2006年版,第266页。

④ 马庆钰:《告别西西弗斯:中国政治文化分析与展望》,中国社会科学出版社2002年版,第427页。

的限制;反对滥用行政权力的保护措施;获得法律的忠告、帮助和保护大量的平等的机会;对个人和团体各种权利和自由的正当保护;以及在法律面前人人平等;它不是强调政府要维护和执行法律及秩序,而是说政府本身要服从法律制度,而不能不顾法律或重新制定适应本身利益的法律。"①与此相适应,法治的政治文化建设的目标应当包括法制完备、主权在民、人权保障、权力制衡、法律公平、法律至上、依法行政、司法独立、程序正当等主要的内容。当然,由于我国传统政治文化中人治的思想观念根深蒂固,法治政治文化的建设需要不断克服人治思想的束缚,也需要民主政治文化的支撑。

3. 从平均主义的政治文化转型为集体与个体并重的政治文化。传统的政治文化强调平均主义,主张均贫富,是传统中国社会中的一种政治理想。社会主义制度建立以后,我国当代政治文化中逐渐转向集体主义的政治文化,强调国家、民族的利益高于一切。与此同时,随着市场经济制度的确立,个人的利益、权利和价值观念得到体现。因此,当代中国政治文化逐渐从平均主义转向了集体主义与个体并重的政治文化。当代政治文化中不再强调绝对的平均主义,吃"大锅饭",而是主张"效率优先,兼顾公平"的原则。在国家、集体利益不受到损害的前提下,个人的利益可以得到最大限度的张扬。这种新型的政治文化能够发挥公民的积极性和创造力,为现代民族国家的建构提供了必要的基础。

从传统政治文化转型为现代政治文化,实现当代中国政治文化的现代化,过程并非一帆风顺,也需要一系列的制度保障,选择适合的建设路径,也就是说,"既要从政治文化本身着手,还要研究它的外在环境因素。"②从政治文化的角度来看,加速社会主义现代政治文化建设,就必须客观评估和借鉴传统文化、正确对待西方政治文化、培养与当代政治文化相适应的政治意识、政治信仰和政治情感,完善我国社会主义核心价值体系建设。而从与政治文化密切相关的外部环境来看,建设社会主义现代政治文化就必须发展社会主义市场经济;继续推进政治体制改革和民主法制建设;发展教育科学文化事业,建设社会主义精神文明;处理好不同利益群体关系,保证政治文化与社会发展之间的和谐。

---

① 马庆钰:《告别西西弗斯:中国政治文化分析与展望》,中国社会科学出版社 2002 年版,第 338 页。

② 金太军、王庆五:《中国传统政治文化新论》,社会科学文献出版社 2006 年版,第 269 页。

第三章

政治心理与政治行为

人的心理与行为之间有着非常密切的关系,心理决定行为,行为是心理的体现。同样,政治心理与政治行为之间也存在无法割裂的紧密联系:政治心理外化为政治行为,政治行为渗透着政治心理。我们需要认真揣摩政治主体的政治心理,以积极应对其政治行为;同时,我们需要科学分析政治主体的政治行为,以保证其政治心理的健康发展。在解释、评价政治行为时,既需要利益的评判机制、正义的原则,更需要注重人们的心理需求。对于政治社会化的研究而言,政治心理与政治行为的互动关系,是无法回避的。

第一节　政治心理

政治主体在政治社会化过程中,会对社会政治关系以及由此而形成的政治行为、政治体系和政治现象等政治生活的各个方面产生一种自发的心理反应,这主要表现为其对政治生活某一特定方面的认知、情感、态度、情绪、兴趣、愿望和信念。这种政治心理现象,体现了人们政治性格的基本特征。政治心理是人们心理现象和心理过程的主要内容之一,是社会心理的重要组成部分,对社会政治经济文化发展具有十分重要的作用。科学地解释政治心理现象,准确地把握人们的政治心理变化,是政治行为研究的前提,从而构成了政治社会学的有机组成部分。

一、*政治心理及其特性*

心理是指人的感觉和感知、表象和思维、情感和愿望、需要和兴趣、意志品质和性格特点等方面的集合。政治心理是人们对于一定的政治现象、政治关系和政治生活的心理反映,既包括感性的政治认知、直接的政治情绪、综合的政治态度,还包括外显的政治行为倾向以及那些以理论形态出现的政治心理内容。“政治心理”从20世纪中叶开始成为社会科学家运用心理学解释人类政治行为的一个重要概念,政治心理既是现代心理学研究的重要对象,也是当代政治学积极开拓的一种重要领域。政治心理是社会心理的一个重要组成部分,是政治主体对特定的社会存在(即社会政治生活)的反映。关于政治心理的内涵有以下几种观点:①

第一种观点认为,政治心理是政治行为主体对政治生活或政治关系的一种低级形态的、不系统的、自发性的主观反映,表现为一定的政治情感、态度、信仰、性格和价值取向。该观点表明,个体是政治心理的载体,个体心理活动是解释社会政治心理的起点。

第二种观点认为,政治心理是阶级社会中一定阶级、阶层或社会集团对社会政治关系或政治生活的一种不系统、不定型、自发的反映形式,政治心理虽然要通过个人心理表现出来,但它相对撇开了个人的心理素质、经历、生理条件等个体因素,宏观地反映了某一社会阶级、阶层或政治集团的心理动向、情绪和态度。该观点强调了政治心理的群体维度。

第三种观点认为,政治心理是社会成员在政治社会化过程中对社会政治关系及由此而形成的政治行为、政治体系等政治生活的各种现象的一种自发的心理反应,即政治心理是政治人在政治生活中的一种心理倾向。此种观点将政治心理置于一个动态过程中来理解,并兼顾了政治心理的个体和群体维度。

综上所述,我们可以看到,政治心理是处于一定社会关系和政治生活之中的个体,在一定历史时期内对社会政治关系、政治行为和政治过程等现象所产生的一种不系统、不定型、自发的主观反映。政治心理是感性的浅层次政治意识,可以从以下几个方面来理解:第一,政治心理的主体是处于不同政治关系中的、具有一定政治意识的、能够产生一定政治行为的政治人;第二,政治心理是对政治关系、政治行为等政治现象进行反映的一种特定的社会心理;第三,政治心理来自于人的自然感受,以感觉、态度、愿望、要求、情绪和兴趣等精神状态为具体表现,是一种直观的、非系统的反映;第四,政治心理形成于政治共同体(即结合在同一政治过程中的许多人所组成的群体②)之中。

政治心理与其他社会心理相比具有以下基本特性:

1. 直接感受性。政治心理是在政治过程中自发形成的,以感性与情绪的因素为主,能极敏感地反映社会政治过程中的细微变化,并且随政治的发展而变

① 夏玉珍、江立华:《政治社会学教程》,华中师范大学出版社2005年版,第183页。
② 阿尔蒙德等:《比较政治学:体系、过程和政策》,东方出版社2007年版,第34页。

化。政治心理总是以感觉、知觉、印象、习惯等形式反映在人们的头脑中,是不够深刻的、较为直观的浅层认识和自发反映。同时,政治心理往往把一些风俗习惯、个体经验作为依据,通过政治心理而发生的政治行为往往缺乏冷静判断和理性分析。政治心理的这种自发性和直接感受性,有助于在社会动荡时期掀起政治运动的风潮,但政治运动的成功与否往往更取决于科学的政治理论的指导和政治领袖的英明决策。

2. 相对稳定性。政治心理作为一种政治共同体的历史积淀而表现出相对的稳定性。一方面,政治心理是文化传统和社会现实的结合,是政治社会化的结果;另一方面,政治心理作为人的意识的重要组成部分而具有意识自身发展的规律性,可以与传统和现实保持相对距离而具有一定的独立性。先进的政治心理可能产生于经济社会比较落后的地区,落后的政治心理也可能产生在经济社会比较发达的地区。政治心理的相对稳定性体现了意识的相对独立性,正是在这个意义上我们可以说政治心理具有自身的内在逻辑和发展规律。

3. 社会历史性。人是一种社会化的存在,正如马克思所言:"人的本质……在其现实性上,它是一切社会关系的总和。"[①]人的政治心理自然也带有明显的社会化色彩。政治社会化的过程就是一个人在社会环境影响下,通过学习、模仿、感染、同化等途径逐渐形成自己的政治观点、政治情感和政治行为的过程,也就是人的政治心理逐渐成熟的过程。正是通过这样一个过程,个人才能逐渐被社会所承认,才能逐渐形成自身的认同感。因此,政治心理是社会大众所普遍共有的,具有广泛的社会性。

4. 普遍差异性。由于人们处于不同的社会环境之中,各有不同的成长经历和教育背景,扮演千差万别的政治角色,因而在政治心理上自然具有相当大的差异性。这些差异包括个体差异、阶级差异、民族差异等。由于经济、政治、文化、传统习惯等因素的差异,不同社会、国家、民族和阶级的人们对于同一政治现象的反映存在着许多差异;即使是同一国家、民族或阶级,由于社会历史条件的变化,对于不同时期类同的政治现象也会有不同的反映。

5. 潜在隐蔽性。政治心理并非是对现实政治生活的理性把握,并非是一种明确的、系统的和定型的文化形式,而是一种直观自发的心理反应,是一种零散的、感性的东西,并没有形成完整稳定的理论体系。政治心理由于缺少规则和组织而常常体现出相互矛盾、相互干扰的特性。可以说,政治心理是一种复杂的、具有极大隐蔽性和难以把握的文化形式。

政治心理的产生和形成条件是多方面的。根本而言,政治心理作为社会意识的重要组成部分是由社会存在所决定的,它有两个重要的社会存在影响源:

---

① 《马克思恩格斯选集》第1卷,人民出版社1995年版,第56页。

"一部分由经济直接所决定的,一部分由生长在经济上的全部社会政治制度所决定的。"①具体而言,在个体社会化的过程中逐渐形成并体现出来的气质、能力、性格、意志、品质和传统习惯等是政治心理得以形成和成熟的基本条件。政治主体所参与其中的各种社会公共性组织、各种社会生活形式和各种复杂的社会关系网络是政治心理产生的重要渠道。同时,人们的政治心理经常会受到包括生产方式、生活方式、政治法律制度、社会政治思潮以及思想文化形态等在内的现实社会环境的影响,而处于不断发展变化之中的政治经济形势、相对稳定的民族历史文化传统等也会对政治心理产生积极或消极的影响。综合而言,我们可以得出政治心理得以形成的两个方面的基础:其一,客观基础,指外在于政治主体的,促成其政治心理形成和发展的因系和条件,这些要素可以用"社会环境"来概括,包括物质环境、社会关系环境、政治制度环境、思想文化环境四个层面;其二,主观基础,指政治主体自身的条件,其中主要指政治主体已经形成的心态或心理背景,包括政治主体的生物特性结构、心理结构、社会经验结构和个性倾向结构等。

二、政治心理的表现形式

政治心理一般潜藏于社会成员及其从属的各种社会共同体之中,当它外显于人们的政治行为时才可能被觉察和作出分析判断。政治心理的表现形式是对体现为政治行为内在驱动力的政治心理的微观解析,主要体现为政治习俗、政治情感、政治动机、政治态度和政治信念等。

1. 政治习俗。政治习俗是政治主体在某种特定的社会制度下由于长期的共同政治生活而形成的具有普遍意义的政治生活习惯和风俗,是具有连续性的政治行为规则对政治主体的政治行为方式所造成的约定俗成化。"心理学的研究也表明多数人是天生的信奉传统者。同一群体中的多数成员看待事物的方式是一定的。"②政治习俗是在相当长的时期内大众政治心理积淀的结果,是非理性验证的不自觉惯性状态。政治习俗对于政治制度的制定、政治机构的组建和政治的稳定与发展具有非常重要的作用和意义。政治习俗体现了传统政治生活方式对现实政治实践的巨大影响,政治习俗的变革更新必须适合社会生产方式的发展趋势。

2. 政治情感。政治情感是政治主体在社会政治生活中对自身所面对或生活于其中的政治体系、政治过程、政治活动、政治事件和政治人物等所产生的内

---

① 《普列汉诺夫哲学著作选集》第3卷,三联书店1962年版,第195页。

② 迈克尔·罗斯金等:《政治学》,华夏出版社2002年版,第9页。

心体验和感受,是伴随着人的政治认知过程所形成的对各种政治客体的直观心理评价(表现为热情、冷漠、喜好、厌恶、尊敬、蔑视等)。政治情感是政治生活的感情纽带,也是政治动机的动力来源和感情基础。政治情感产生于政治主体在政治生活中所获得的根本物质利益。自觉的政治情感以充分的政治认知、系统的政治意识和理性的政治评价为基础,对于社会政治生活的稳定和发展具有重要意义。自发的政治情感则容易表现出盲目、躁动和狂热,甚至采取非理性的方式来表达,容易引发社会动荡。

3. 政治动机。政治动机是激励并维持政治主体的政治活动以达到一定的政治目的的内在动力,是隐藏在人们政治行为的背后,驱动政治主体的需求向政治目标的实现转化的心理因素。政治动机是人们为满足政治价值追求的需要而形成的心理动因,主要表现为政治欲望、政治兴趣、政治目的、政治抱负和政治理想等。人们的政治价值观、政治意识、政治胆识、政治气质都会对人的政治动机产生影响,由于个体在上述各方面存在着差异,所以不同个体的政治动机差别很大。政治动机的端正与调整,取决于政治意识形态的合理指引,取决于思想政治路线的正确指导,取决于个体政治认知水平。

4. 政治态度。政治态度是指政治主体对政治客体相对稳定的综合性心理反应倾向,表现为从肯定到否定、从赞成到反对的连续状态。政治态度一般分为参与型和非参与型两类:参与型政治态度主要表现为支持和反对,非参与型政治态度主要表现为政治中立、政治冷漠和基于理性认识而自觉不介入。政治态度是重要的政治心理现象,体现了人们看待和反应政治现象的方式,是政治科学家解释政治行为的一种工具。政治态度作为政治人对政治目标与政治情境的认知、情感和行为倾向,具有内隐性、习得性、整合性、持久性、中介性等特征,包含政治功效感、公民责任感、政治信任感、政治疏离感等类型,其形成和变化的原因相当复杂。

5. 政治信念。政治信念是指参与政治活动的个人和团体所具有的对政治生活的一种固定看法和坚定的主张,是政治主体参与政治生活和维系政治关系的基本依据。政治信念的坚定性,来源于共同体所属成员对所共同从事事业的忠诚与热爱以及对其根本政治追求的执著。政治主体的政治信念是在政治社会化的过程中或政治实践中逐渐形成的,并由其实际行动和社会实践来加以考察和检验。坚定的政治信念具有引领、激励和示范的作用,并有助于形成社会共识和加强凝聚力,从而保持政治系统的良性运行。一般而言,政治主体的政治信念在较长时期甚至终生都是坚定不移和一以贯之的,但在社会大变动时期政治主体的政治信念也可能发生改变。

三、政治心理的作用

政治心理产生于现实的社会政治生活并受其制约，属于社会政治生活的精神层面。作为社会意识重要组成部分的政治心理虽然依赖于社会存在，但同时又对社会存在表现出一定的独立性和反作用。[①] 因而，政治心理一旦形成，会对现实政治生活具有巨大而持久的能动作用。具体而言，政治心理的能动作用体现在以下几个方面：

1. 政治心理是政治合法性的基础。所谓政治合法性，"是指政治系统使人们产生和坚持现存政治制度是社会的最适宜制度之信仰的能力"。[②] 政治合法性来自于政治人的心理评价，政治人总是按照一定的政治价值标准（该标准集中反映人民的政治认识、政治态度、政治情感等政治心理因素）来评价现实的政治体系，辨认它的好坏优劣，从而进一步确定采取何种适当的现实政治行动。一个政治体系若能使政治人从心理上接受它、相信它并服从它，则该政治体系就具有了合法性。获得了合法性的政治体系，也就获得了广大社会民众的信赖和支持，从而能够保证其发展的稳定性。

2. 政治心理能够影响政治行为。"由于政治行为的主体都是由人以各种方式组成的，而人的任何活动都是离不开心理因素的影响，所以政治行为和政治心理是密切地联系在一起的。"[③]人们一旦对政治体系、政治事件、政治人物等政治现象产生一定的态度和看法，就会表现在他们政治行为上，政治心理不同，相应的政治行为也不同。政治行为是现实政治环境（包括各种政治关系、政治制度、政治文化等）与人们的心理活动相互作用的结果，是受到现实刺激的个体或集团通过心理特性而作出的一定政治反应。政治心理的好恶决定着政治行为的倾向，民心的向背影响着政策的成败。由此可见，政治心理是政治刺激与政治行为的中介，能够左右政治行为的目的，指导政治行为的方式，限定政治行为的性质，影响政治行为的效果。

3. 政治心理是政治决策的重要依据。政治心理对政治形势具有预示功能。政治心理制约和影响到人们的政治行为，这种行为一旦扩大到整个社会范围，构成一个社会的政治气氛、社会思潮和社会舆论，就能预示政治形势的好坏，影响到政治稳定。政治心理是社会政治形势的晴雨表，社会政治形势一般会通过政

---

① 朱永新等：《政治心理学》，知识出版社 1990 年版，第 6 页。

② 西摩·马丁·李普塞特：《政治人：政治的社会基础》，张绍宗译，上海人民出版社 1997 年版，第 55 页。

③ 李景鹏：《权力政治学》，北京大学出版社 2008 年版，第 76 页。

治主体的情绪、态度、愿望等表现出来,并逐渐形成一个社会的政治氛围、社会思潮和社会舆论,从而规定社会政治生活的走向。我们可以通过广大社会民众的情绪、愿望和诉求来了解社会的政治氛围、舆情民意,从而触摸社会政治形势的脉搏,认清民意所向,把握社会政治的发展趋势。"政治分析理论表明,越是民主化和多元化的政治体系,来自'下层'的政策动议压力越是重要。从这个意义上说,民主意味着政策动议主要来自'下层'而不是'上层'"。[①] 只有把握了社会政治心理,才能在政治稳定和政治发展中进行科学的政治决策。

4. 政治心理还能够对政治发展产生重要影响。政治心理是政治发展的心理基础,公众的政治心理的向背往往决定着改革事业的成败。人们对政治现实的认识、情感、态度、愿望等心理因素,在一定程度上决定着政治变革的方向,影响着政治变革的进程。"政治发展的观念意味着可以有意识地引导它们自身民族构设的进程,而不是服从于某种盲目的社会力量、政治演化或革命。"[②]成功的政治运动往往都是顺应和引导了广大社会民众的政治心理趋向,失败的政治运动往往都是忽视或扭曲了广大社会民众的心理感受和政治情绪。一个缺乏现代政治心理基础的社会推动政治变革,即使建立了一整套民主政治制度,也只能算是拥有了缺乏民主精神的民主躯壳。

四、个体政治心理与群体政治心理

根据政治心理主体的不同,我们可以将政治心理区分为个体政治心理和群体政治心理。个体政治心理是政治人在个体状态下,由于在政治生活中所扮演角色及发挥作用的不同而形成的带有很大差异性的政治心理反应。群体政治心理是政治人处于某种共同体之中,由于利益、生产方式和生活方式、信仰等的相似性而形成的区别于其他群体的政治心理现象。

个体政治心理产生于政治人个体所处的特定社会经济关系和社会政治关系,具体体现为不同的家庭环境、教育背景、文化水平等所影响形成的千差万别的政治态度、政治情感、政治认知和政治个性。根据个体在社会政治生活中的地位和作用不同,我们可以将个体政治心理区分为政治领袖的政治心理和普通政治人的政治心理。政治领袖的政治心理具有强烈的权力意识和成就意识,能够通过对政治现象的敏锐感知而体现出较高的政治认知能力,能够在调动民众积极性方面体现出驾驭政治局势的组织和领导能力,能够在变幻莫测的政治情势中展示出审时度势的战略眼光。"领袖对他的群众有一种号召力,这种号召力

① 燕继荣:《政治学十五讲》,北京大学出版社 2004 年版,第 238 页。
② 《布莱克维尔政治学百科全书》,中国政法大学出版社 2002 年版,第 597 页。

的一个更重要的根源,也许就是他能以他的被认为具有的特点和成就来代替满足他们的渴望。"[①]普通政治人的政治心理一般可分为积极主动型的政治心理和消极被动型的政治心理两类。前者主要体现为政治人个体比较热衷政治,具有较高的政治热情和较强的政治参与感,对社会公共生活表现出强烈的关注,并在政治生活的参与中强烈感受到政治归属感。后者则主要体现为政治人个体冷淡的政治反应,只专注于个体生活空间而对社会公共生活的漠不关心,政治参与感较弱,政治效能感低下。

群体政治心理体现了政治人个体生活于其中的政治共同体的群体性倾向,这种群体性倾向是在较长时间的共同生活中慢慢形成并逐渐得以展现的。在群体政治心理中,民族政治心理、阶级政治心理和大众政治心理最受重视。民族政治心理是不同民族由于共同的地域生活而在自身所特定的生产方式、生活方式、信仰寄托和民俗习惯中通过长期的实践而形成的较为稳定的政治性格、政治情感和政治意识等。阶级政治心理是同一阶级的成员由于共同的社会政治地位和共同的政治利益要求而具有相同的政治认知、相似的政治意识和相近的政治态度。大众政治心理是指广大社会成员借助于大众传媒所提供的政治信息而形成的政治意识和政治态度,其基本特征是自发评论社会政治生活中的重大事件,既包括一般的大众心理倾向,还包括各种流言和风俗等。

五、传统政治心理与现代政治心理

从历史发展的动态进程来看,政治心理具有一个长期的演进过程,我们现在至少可以从传统政治心理和现代政治心理这两个方面来对之加以考察。传统政治心理是与传统社会的经济、政治和文化相适应的一种社会政治心理结构;现代政治心理则是与现代社会的经济、政治和文化相适应的一种社会政治心理结构。正如政治体制、经济体制、社会文化面临着一个现代转型的问题一样,政治心理同样也面临着一个现代化转型的问题。

传统政治心理的形成有着深刻的社会历史根源:首先,低下的生产力发展水平是传统政治心理得以形成的根本原因。传统社会反映了农耕文明的基本特点,家庭是基本生产单位,自给自足是最大特色,社会交往缺乏并形成了狭隘和封闭的社会心理。在这种生产技术落后,征服自然能力有限的情况下,人们很难产生高层次的政治需要,也无法孕育出积极进取的开拓精神,因而往往陷入知足常乐和狭隘保守的心理状态之中。其次,落后的科学技术是传统政治心理得以形成的重要原因。传统社会科学技术落后,人们对自然和自身的认识非常有限,

---

① 悉尼·胡克:《历史中的英雄》,上海人民出版社 1964 年版,第 15 ~ 16 页。

于是极易产生迷信思想(譬如生而不平等的观念),并导致消极保守的意向和知足常乐的情感体验。第三,专制集权的政治体制是传统政治心理得以形成的直接原因。在专制集权的政治体制下,统治者拥有至高无上的绝对权力,可以按照一己意志来处理所有政治问题;并且,这种专制集权的政治体制形成了等级森严的统治体系。这样一种社会政治现实投射到广大社会民众的心理上,自然就形成了严格的等级观念、官本位观念和人身依附观念。

传统政治心理集中反映了传统的社会政治现实,主要包含以下基本要素:第一,传统的政治心理需要,主要体现为低层次的政治需求、静态政治需要与动态政治动机的不一致。第二,传统的政治认知,主要体现为严格的等级观念、普遍的官本位观念、强烈的人身依附观念、狭隘的宗族和地域观念、因循守旧的观念、盲目的迷信观念等。第三,传统的政治情感,主要体现为尽忠不二的专一情感、对公共问题的政治冷漠感、尊尊亲亲的狭隘情感、知足常乐的低层次情感需要等。第四,传统的政治意向,主要体现为禁锢保守、狭隘封闭、屈从驯服、排斥异己的不宽容等。当然,我们不能从完全消极的意义上看待传统政治心理,因为“传统包含着价值,这价值是我们的先辈在特定的历史环境中自觉承担的情感责任,然后经过经常的回顾、修正并代代相传。”①我们需要从历史文化传承的角度来正确看待政治心理的现代化转型。

现代政治心理是现代社会发展的产物。首先,社会化大生产的发展是现代政治心理形成的根本原因。生产社会化程度的提高,意味着人们彼此之间交往程度的增强和相互依存度的增大,这将克服对他人的轻视和排斥并孕育出对他者的接纳,从而促使人们产生开放宽容的现代政治意向。第二,市场经济的发展是现代政治心理形成的重要推动力量。强调商品按照价值平等交换的现代市场经济,内含着自由平等观念和开放包容的价值取向;同时,市场经济的法治化要求有力地推动了法治观念的普及和守法履约意向的培育。第三,现代科学技术的迅猛发展也是促使现代政治心理形成的重要因素。随着现代科学的发展,人们对自然界、人类社会和人自身有了越来越深刻的认识,封建迷信思想和神秘观念越来越丧失了其存在的可能,“君权神授”、“生而知之”之类的信念所支撑的等级观念、人身依附思想越来越遭到人们的排斥,民主、平等、权利的现代政治观念和积极参与的现代政治意向伴随着人们的开放、批判和超越意识而逐渐深入人心。第四,现代民主政治的实践是现代政治心理得以形成的直接因素。现代民主政治通过普选制体现主权在民,通过代议制确立国家的法治原则,通过权力的制衡实现对广大社会民众权利的保障,这些都有助于理性、平等、责任、宽容等现代政治心理的形成。

---

① 乔治·麦克林:《传统与超越》,华夏出版社2000年版,第17~18页。

现代政治心理集中反映了现代社会的政治现实,包含以下基本要素:第一,现代的政治心理需要,主要体现为高层次和多样化的政治需求、静态的政治需要与动态的政治动机较为契合。第二,现代的政治认知,主要体现为自由观念、平等观念、契约观念、民主观念和法制观念等。第三,现代的政治情感,主要体现为热衷公共事务的情感、理性对待政治权威的情感、尊重他者和自我尊重的情感等。第四,现代的政治意向,主要体现为积极主动、平等参与、开放宽容、守法履约、和平共处等。

六、政治心理的调控

政治心理的调控就是对政治心理进行适当的引导和整合,变消极、被动的政治心理为积极、主动的政治心理,使政治心理处于和谐、良好、有序的状态,从而保证整个社会的稳定运行和协调发展。[①] 政治心理的调控具有以下几个方面的意义:其一,政治心理的调控,有助于增加社会成员对政治体制的认同感和责任感。通过调控政治心理,一方面可以培育积极健康的政治心态,引导公民对国家的热爱、忠诚、支持和信任,另一方面可以化解消极不良的政治意识,从深层次上促进政治体系的完善和发展。其二,政治心理的调控,有助于形成良好的政治氛围,从而促进政治社会化。通过调控政治心理,可以形成社会个体与整个社会系统的良性互动,促成健全的政治人格,塑造社会所需要的政治角色。其三,政治心理的调控,有助于政治体制的完善。通过政治心理的调控,可以为政治体制的变革和完善培育巨大的支持力,改变消极被动的政治心理可能形成的障碍和阻力,从广大社会民众的心理上为政治体制改革的顺利开展做好准备。其四,政治心理的调控,有助于现代公民法权意识的培养。通过政治心理的调控,能够帮助公民个体形成包含自主性的"私权意识"和内涵参与性的"公权意识",从而真正形成现代公民的法权意识。

政治心理的调控需要一定的目标导向,结合我国社会转型的现实和政治体制改革的需求,目前我国政治心理调控的目标主要体现在:一是塑造政治认同感,即在全球化的背景下、在传统伦理社会向现代公民社会转型的当前阶段,澄清各种困惑,消除各种迷茫,明确我国自身的政治文化传统,正确对待自身政治体制存在的问题与不足,理性看待政治体制改革中所取得的进步与成就。二是增强政治参与意识,即改变"事不关己,高高挂起"的政治疏离意识,自觉投身于国家事务和社会公共事务,勇于就国家进步和社会发展发表自己的意见、观点和看法,积极推进现代公共领域的发展。三是强化民主法制意识,即消除专制意识

---

① 夏玉珍、江立华:《政治社会学教程》,华中师范大学出版社 2005 年版,第 193 ~ 194 页。

和臣民意识,摒弃"人治"的思想残余,在社会法治化的进程中逐步形成个性尊严、自主平等的理想政治人格。四是培育开放包容意识,即打破狭隘的时空观,走出自我封闭,迈向融合沟通,在相互学习和兼容并蓄的过程中开辟人类通往和谐共存的康庄大道。

政治心理的调控是一项系统工程,在目前条件下,我们应该注意以下几个方面:首先,加大政治主流价值观的教育,强化和谐政治观的心理导向。社会主义核心价值体系,是当前我国建设和谐政治文化的根本。我们要按照中国特色社会主义核心价值体系的基本要求,引导消极、被动甚至病态的政治心理走出歧途,使政治主流价值准则复归,夯实全社会共同奋斗的思想道德基础。

其次,培育理性参与的政治意识,帮助人们确定科学合理的政治心理期望。随着我国现代化进程的加快,人们的政治民主观念日益加强,但与此同时也出现了政治要求多元化和复杂化的趋势。在这种条件下,我们既要积极鼓励人们追求政治价值的实现,又要看清国家和社会发展的政治要求,要求大局意识和协调意识,确定恰当的政治期望值,避免走向不平衡心理的误区。

再次,促进政治决策的科学化,要更多地考虑人们的心理承受力。在政策措施出台前后,社会心理最为敏感活跃,因而决策者应特别关注和照顾社会公众的心理承受能力。每一项方案、法规和具体举措的推出,都须考虑到当时当地经济社会发展的水平和人民群众实际的心理承受力。

最后,健全政治协商机制,加强形式多样的心理交流。消除心理隔阂,实现心理相容,得到民众的理解和支持,必须借助于有效的心理交流机制,包括参政议政制度、定期协商制度、听证制度、调解和信访制度、善后制度等。人们在主动参与和交流中表达各自的诉求,对彼此之间利益加深认识和认同,可以减少对利益格局的认识偏差,减少不必要的畸形攀比。

第二节 政治行为

人们关于政治生活中诸如竞选、抗议、罢工、战争等各种活动,就是各种形式的可见的政治行为。政治行为是人类行为的一部分,当人们与政治环境发生关系,介入社会的政治生活时,就产生了政治行为。政治行为是政治主体与政治环境相互作用的结果,集中体现了政治主体的能动性,是政治主体之政治心理的外化。政治过程就是政治行为的实施和展开过程,现代政治发展要求政治行为得到合理的规制,要求政治行为在民主法治的基础上实现公开化、平等化、非暴力化。研究政治行为,把握政治行为的实施方式,是合理安排政治制度、理性参与政治生活的前提条件。

一、政治行为及其特征

政治行为是政治体系的动态表现,是我们接触政治、感受政治、参与政治生活最直接的方式和途径。“相对于政治结构和宪政框架的研究来讲,政治行为研究的对象是人们对政治的态度,以及表达这些态度的方式。‘行为研究’(不同于心理学家所倡导的行为主义)乃是作为对施加于政府制度和形式规则之上的重压的一种反应而于战后初期发展起来的。”①因而,对政治行为进行研究,是合理安排政治制度、理智参与政治生活的必要条件。政治行为指一定的政治主体在特定利益的基础上,围绕着政治权力的获得和运用、政治权利的获得和实现而展开的诸如投票、选举、集会、结社、演讲、罢工、示威、游行等各种政治活动。政治行为围绕社会资源的管理和分配而展开,是政治体系中的所有政治决策(政府、政党、利益集团、非政府组织和个体选民等等)参与其中为实现社会资源管理和分配而采取的各种活动或行动。

历史唯物主义认为,人类所处的政治环境是社会历史发展到一定阶段的产物,因而政治行为是一个历史范畴,是社会出现阶级现象以后产生的,也将随着阶级的消亡而消失。政治行为具有明确的特性:

1. 主体性。政治行为是政治主体加之于政治客体的行为。政治行为是政治主体能动性的集中表现。政治主体是指在一定的政治过程中处于主动地位的政治实体,是政治行为的发出者,诸如国家、政府、阶级、民族、政党、国际组织、政治家、公务员、一般公民等。与之相对应,政治客体是指在一定政治过程中处于被动地位的政治实体。政治行为是政治实体作为政治活动中的主动者所具有的基本特征,某种政治实体只有具有政治行为时才能成为政治主体。

2. 目的性。政治主体总是希望通过政治行为改变政治客体,使政治环境对自己更为有利。因此,人的政治行为蕴涵着特定的目的,是为达成一定的目标而展开的努力。譬如,各个政党都要制定一定的政治纲领,并围绕该纲领从事政治活动,从而达到本政党的政治目标。在社会政治生活中,政治行为的终极动因是通过政治主体的努力改变所处的政治环境,追求和实现一定的利益要求。

3. 法律性。政治行为是社会行为的重要组成部分,为了维系社会的和谐有序,必须对政治行为进行严格约束,这种约束的最有效形式在现代社会中就体现为法律。政治行为会涉及国家的重大利益和社会公共利益,必然会对他人、社会产生影响,因而现代国家总是以法律形式对人们的政治行为进行明确规定,将之纳入法律规范之内。

---

① 《布莱克维尔政治学百科全书》,中国政法大学出版社 2002 年版,第 590 页。

4. 影响性。政治行为作为政治实践活动,必然会在政治与社会互动关系中对社会政治生活产生一定的影响,从而有可能改变原有的政治格局。由此可见,任何政治行为都会产生一定的政治影响,引发一定的政治后果。譬如,政治舆论宣传活动,能够将一定的政治意向传达给社会,有可能改变人们的政治抉择;对政府或执政者施加一定压力的政治罢工,有可能从整个政治和社会的范围内改变罢工者自身的政治处境,可能打破原有的政治力量均衡从而形成新的政治局面。

5. 互动性。政治行为是政治主体在一定的政治环境中,同政治客体之间进行能量和信息交换的过程。这其中,不同的政治主体之间、政治主体与政治客体之间、政治主体与政治环境之间都存在非常复杂的相互关系。只有有效调动和发挥各个方面的积极主动性,才能达成在一种稳定协调的秩序中顺利实现政治行为的特定目的。

二、政治行为的分类

人类的政治行为是多种多样的,根据不同的标准可以对政治行为进行不同的分类:①

1. 根据政治行为主体的不同,可以将政治行为分为个人政治行为、团体政治行为、政党政治行为和国家(政府)政治行为。个人政治行为包含作为个人的公民的政治行为和政治家的政治行为,前者主要体现为公民个体行使法定政治权利和履行法定政治义务,后者主要体现为政治家对重大政治进程所起到的举足轻重的影响作用。团体政治行为是指有目的有组织的利益集团影响立法机关、行政机关和司法机关的活动,以及通过影响投票、社会舆论,采取示威、游行和罢工等活动对政治进程加以干预。政党政治行为以夺取或直接进入政权机构、操纵政治进程为目标,广泛涉及以国家政治生活为中心的社会各个领域的政治活动。国家(政府)政治行为是指国家行政机关(政府)为实现国家权力、执行国家职能而展开的各种政治活动。

2. 根据政治行为性质的不同,可以将政治行为分为合法政治行为与非法政治行为、正义政治行为与非正义政治行为、进步政治行为与保守政治行为。合法政治行为指合乎占社会主导地位的法律规范的受到社会或法律保护的政治行为,非法政治行为是指违反占社会主导地位的法律规范的要受到社会或法律纠正和制裁的政治行为。正义政治行为是指以绝大多数人民群众利益为出发点的政治行为,比如维护民族团结和国家统一;非正义政治行为是以少数人谋求个人

① 施雪华主编:《政治科学原理》,中山大学出版社 2001 年版,第 542 ~ 546 页。

或集团私利为目的，违背绝大多数人民意愿的政治行为，比如破坏民族团结和分裂国家等。进步政治行为是指反映历史发展的基本趋势，符合社会发展进步规律，对绝大多数人的全面发展和幸福生活起到推动作用的政治行为；保守政治行为是指违背历史发展的基本趋势，落后于历史发展的进程，在社会政治变革面前畏首畏尾裹足不前的政治行为。

3. 根据政治行为表现形式的不同，可以把政治行为分为暴力政治行为和和平政治行为、直接政治行为和间接政治行为、公开政治行为和秘密政治行为。暴力政治行为是指政治行为主体通过各种强制性力量迫使当权者让步或社会政治环境改变，从而直接实现某种政治目的，比如武装起义、恐怖活动、军事政变等；和平政治行为是指政治行为主体以各种非强制性力量去影响当权者让步或社会政治环境改变，从而间接实现某种政治目的，比如投票选举、政治宣传、集会结社等。直接政治行为是直接作用于政治客体的政治行为，比如政治领袖发表演说、面对面的政治辩论等；间接政治行为是经过某种中间环节影响政治客体的政治行为，比如社会公众通过大众传播媒介影响公共政策、候选人通过社会舆论影响选民等。公开政治行为是为一般社会公众所广泛了解的政治行为，比如选举、法律颁布等；秘密政治行为是仅仅为少数人所了解并秘密进行的政治行为，比如政治家所进行的秘密外交等。

4. 根据政治行为活动范围的差异，可以把政治行为分为宏观政治行为和微观政治行为、国内政治行为和国际政治行为。宏观政治行为是指全局性的、大规模的、具有宏观意义并能产生广泛社会效应的政治行为；微观政治行为是指局部的、小规模的、只能形成部分社会效应的政治行为。国内政治行为是指仅限于一个国家领域之内的政治行为，国际政治行为是指跨越了国界，超出一国范围的政治行为。

5. 根据影响政治行为的心理因素的不同，可以把政治行为分为有意识政治行为和无意识政治行为、理智型政治行为和情绪型政治行为。有意识政治行为是指政治行为主体具有明确的政治目的、清晰的政治意识，对政治行为的结果和意义具有理智判断的政治行为；无意识政治行为往往表现为没有明确的政治目标，在政治生活中随波逐流，人云亦云，容易受到别人的控制和利用。理智型政治行为是指经过冷静而缜密的自主思考而进行的具有自主性和不盲从特点的政治行为，通常表现为谈判、协商等；情绪型政治行为往往缺乏主体性，仅凭情绪和感觉行动，带有相当程度的盲目性，不遵循正常的政治规范，往往受到环境因素的强烈影响，对社会的危害极大，比如动乱、暴动等。除了上述五种分类方法，我们还可以根据其他标准对政治行为进行不同划分，在此不再一一列举。

三、政治行为的影响因素

人类的政治行为不是与生俱来的,而是在后天的社会生活实践中,在社会文化背景以及家庭、学校、大众媒介、社会交往等多种因素的综合作用下形成和发展起来的。"政治行为的研究从政治社会化的研究入手。"①可以说,人的政治行为的形成和发展过程就是人政治社会化的过程,是人在政治上逐步走向成熟,逐步形成自己的政治立场和观点、政治态度和信念,掌握一定政治道德准则和政治行为规范的过程。所以,对于政治行为的研究必须放在政治行为发生的社会关系网络即"社会母体"中来进行,我们在这里从以下几个方面对政治行为的影响因素进行考察:

1. 经济发展状况。根据历史唯物主义的基本观点,经济基础决定上层建筑,政治是经济的集中表现,人的政治行为必然受到经济发展程度和经济发展水平的制约。在经济全球化浪潮中,社会结构、价值观念、生活方式等都会发生很大变化。一方面,在人们物质需求得到相对满足之后,必然较多地关注自己所处的政治环境;公民的政治意识、政治参与素质将极大提高,希望充分表达自己的政治诉求,广泛地要求参加国家和社会的管理;拥有雄厚实力的独立利益群体,在利益的驱动下,必然提出相应的政治参与要求。另一方面,日益发达的信息传媒网络,从技术上支持了人的自主选择权力,宣扬了人的主体地位和价值意识。由此可见,影响政治行为的首要因素就是社会经济的发展状况。

2. 政治关系网络。任何政治行为都是在一定的政治关系的背景下发生的,都是一定政治关系及其发展变化的表现。政治关系能够为政治行为的发生提供动力,而且是政治行为发展变化的制约因素。具体体现在三个方面:首先,一定的政治关系决定着政治主体的政治地位,从而决定着它同其他政治实体的关系。政治关系是政治主体作出政治行为的客观依据,决定着政治行为的性质与方向。现实的社会政治关系,决定着政治主体在政治生活中是处于统治地位还是被统治地位、同政治核心的距离较大还是较小,决定着政治主体同其他政治实体处于同盟关系还是敌我关系、领导与被领导关系或管理与被管理关系。其次,一定的政治关系决定着政治资源的分配状况,从而决定着政治行为的范围与幅度。政治关系的基础是对政治资源特别是政治权力的占有,政治权力的大小规定了政治行为的界限,即规定了政治主体能在多大范围内和何种程度上控制与影响政治决策。再次,一定的政治关系决定政治资源的分配方式,从而决定着政治主体的政治行为方式。政治关系在本质上体现着不同阶层在经济地位上的根本差

---

① 《布莱克维尔政治学百科全书》,中国政法大学出版社 2002 年版,第 590 页。

异,社会总是根据在经济和政治上都处于统治地位的阶层来进行政治资源的分配和组合。

3. 政治制度体系。政治制度是指在特定社会中,统治阶级通过组织政权以实现政治统治的原则和方式的总和,是政治主体活动的规范和框架,是政治体系得以有效运转的机制,包括一个国家的阶级本质、国家政权的组织形式和管理形式、国家结构形式和公民在国家生活中的地位等方面。政治制度可以提供政治行为模式,培养符合统治集团利益要求的政治角色。统治阶级在按照自己的政治理想和目的从事政治统治和进行政治管理时总希望社会成员能成为理想化、社会化的政治角色,可以按照政治统治的规则进行活动,从而减少管理和控制的阻力,顺利实现政治目标。政治制度能够通过影响政治行为主体的心理动因而影响其政治行为。不同的社会政治制度会形成不同的政治心理特征,专制制度往往造成臣民的顺从和消极性格,民主制度往往促成公民的积极和自主性格。并且,社会政治制度决定和制约着政治心理的发展水平,其变化也会带来政治心理的变化。由此可见,社会政治制度是造就社会成员、规范个体政治行为的重要手段。

4. 政治文化模式。一定社会所特有的政治文化包括政治观念、政治思想、政治道德等等,将会制约和影响该社会政治主体的政治行为的形成。政治文化能在一定时期内保持某种具有巨大惯性的固置状态,即形成某种政治文化模式。首先,政治文化模式能够规范政治行为。政治文化模式通过政治社会化保持和传递,这一模式内的每一个成员的行为都须大致与该模式的要求相吻合。这种政治文化模式的规范作用虽不如制度和法律规范那样清晰确切,但却比之更为深刻和持久。其次,政治文化模式可以引导政治行为。政治文化模式所确立和倡导的政治价值、政治信仰和政治态度,能够引导政治行为主体的活动。政治文化可以培养人们的政治态度和情感,从而促使政治个体在政治生活中做出某种政治行为。政治文化模式能够调整政治行为。当个体行为不符合他所隶属的团体取向时,团体的共同取向将对该个体形成压力,要求其适当调整其行为。政治文化模式的惯性是相对的,随着社会经济生活的不断发展变化和政治实践的进步,政治文化也会不断发生改变,这种变化会通过各种方式作用于政治主体的行为,使政治行为不断调整从而适应不断变化的政治环境。

四、政治行为的基本形式

在现代社会条件下,我们基本上可以把政治行为分为政治斗争、政治统治、政治管理、政治领导和政治参与五种基本形式。随着经济全球化趋势的加强和政治民主化进程的加快,政治管理和政治参与更是日益成为政治行为的主要形式。

1. 政治斗争,在广义上是指利益对立的政治主体之间的相互作用,在狭义上是指阶级斗争的高级形式和尖锐表现,即对立的阶级、政党和社会集团等政治主体围绕着夺取和维持国家政权而展开的斗争。“当我们把一切权力行为的目的、性质和主体在行为过程中的地位等等都暂时地舍弃掉,而仅仅将其相互之间的作用抽象出来加以考察时,就是政治斗争。”[①]广义上的政治斗争一般以维护现存政治制度为前提,以和平的、合法的手段为主要形式,是各种政治主体之间在根本利益一致的基础上,为实现本阶级、本集团的局部利益而进行的斗争。狭义上的政治斗争在各个不同的历史时期和社会条件下有不同的特点和内容,如在无产阶级革命时期政治斗争意味着以政治罢工、游行示威、议会斗争和革命战争等打碎旧的国家机器并建立无产阶级和广大劳动人民当家作主的政权,而在社会主义制度确立后政治斗争主要作为残余的形态而存在,主要表现为广大人民群众对少数敌视以及破坏社会主义的敌对分子的斗争。

2. 政治统治,是指经济上占统治地位的阶级,依靠国家强制力,把占统治地位的政治经济关系、意识形态强加于整个社会从而维护、巩固和加强其经济利益和统治地位而采取的行为。“政治统治不是单纯的阶级行为,而是国家行为;不是单纯的阶级压迫,更不是单纯的暴力镇压,而是维护统治秩序。”[②]政治统治以人类社会分裂为不同阶级为基础,以阶级对立为中心内容,并体现了相互对立的阶级之间的相互依存的关系。国家则是一定阶级实行政治统治的工具。政治统治是统治阶级的集体行为,是统治阶级的集体意志和力量的表现。统治阶级将本阶级的意志上升为国家意志,制定符合本阶级利益的法律、政策、命令,并依靠国家政权的强制力量强迫被统治阶级接受与遵守,同时也不允许统治阶级内部的个人、集团随意违犯。政治统治不是统治者与被统治者的个人关系,被统治者服从的不是统治阶级的个人,而是服从统治阶级整体的意志和力量。统治阶级实现政治统治的最主要和最根本手段是国家权力,政治统治的过程就是统治阶级运用国家权力的过程。社会主义政治统治是多数人统治少数人的政治行为,是具有由政治统治向无政治统治过渡性质的特殊形态的政治统治。

3. 政治管理,是指政治主体为了协调利益关系和实现共同的利益要求,按照一定的秩序和目标,对政治生活所进行的有计划的约束和制约。“政治管理并不等同于政治统治,这不仅因为政治管理总是同(与政治统治不同的)特定的手段和行为方式相联系,而且因为政治管理从内容上说,还包括统治阶级自身和各种统治机构内部的管理;此外还因为政治管理的某些内容与一般社会管理是

---

① 李景鹏:《权力政治学》,北京大学出版社 2008 年版,第 88 页。

② 李景鹏:《权力政治学》,北京大学出版社 2008 年版,第 103 页。

交错的,因而和政治统治具有相对的独立性。"[①]政治管理本质是政治主体以实现公共利益和协调不同利益矛盾的方式实现政治主体的利益和要求;政治管理的重要功能是解决权力制约关系的内在矛盾;政治管理的行为内容是承担社会公共职能和公共事务。政治管理存在于有政治存在的各种社会形态之中,并随着人类社会的不断发展而逐渐成为越来越重要的一种政治行为方式。政治管理具有公共性、组织性、责任性、服务性等特征,并以实现公共生活的效率和公平为基本价值取向。

4. 政治领导,是指政府、政党、政治集团以及政治领袖等政治领导主体运用权力和权威,通过对政治领导客体施加政治影响力,确立社会政治生活的性质和目的,实现与政治统治相关的原则和方向的过程。政治领导的"实质就是依靠政治权力或政治权威最终形成的一种政治支配和政治服从的关系。"[②]政治领导在政治过程中起着主导作用,在形式上表现为政治领导人的活动。从政治领导行为的角度讲,政治领导可以被看做是国家政权对社会公众政治生活的根本性问题的权威指导过程。社会主义国家的政治领导主要是指共产党对国家、对无产阶级和广大人民群众及其社会组织实施的政治路线、方针、政策上的领导。

5. 政治参与,是指政治主体通过一定的方式去直接或间接地影响政府的决定与政府活动相关的公共政治生活的政治行为。"这一宽泛的定义适用于从事这些行为的任何人,无论他是当选的政治家、政府官员或是普通公民,只要他在政治制度内以任何方式参加政策的形成过程。"[③]政治参与是公民沟通政治意愿、制约政府行为,从而实现公民政治权利的重要手段。随着现代国家在社会生活中的影响不断增强,民众通过政治参与表达自己的政治意愿,使直接或间接影响自身利益的政府政策更多的以民意为基础,日益成为一个政治系统稳定运行的重要保证。在现代政治系统中,政治参与的功能和意义主要表现在以下几个方面:首先,对作为政治参与主体的公民来说,政治参与发挥着重要的政治学习功能;其次,平等的政治参与是政治系统汲取合法性的重要途径;最后,政治参与是在国家与社会之间建立权力平衡机制的"杠杆"。在不同社会制度下,由于人民享有的民主权利大小不同,所以政治参与的程度也有高低之分。在我国社会主义民主制度下,人民群众能够以国家主人翁的积极姿态自主参与国家政治生活,监督党和国家政策的制定和实施过程,从而能够保证各种政治行为的社会主义民主性质。

---

① 李景鹏:《权力政治学》,北京大学出版社 2008 年版,第 116 页。

② 施雪华主编:《政治科学原理》,中山大学出版社 2001 年版,第 726 页。

③ 《布莱克维尔政治学百科全书》,中国政法大学出版社 2002 年版,第 608 ~ 609 页。

五、政治行为的现代化

二战以后,随着新兴国家的出现,政治学开始关注传统社会向现代社会的转变,形成了“现代化理论”(modernization theory)。现代化理论认为,传统社会与现代社会的差别主要体现为价值观念、社会态度、社会规范和政治制度等方面的差异,这可以从广义上归结为行为模式的差异。所谓行为模式是指一个社会组织中人们在处理社会关系的过程中所采用的比较稳定和持久的习惯性方式,它是人们价值观念、社会定位、行动取向和行为方式的总称。传统社会与现代社会人们行为模式的差别主要体现在以下五组变量上:[①]

情感倾向性/情感中立性
自我倾向性/集体倾向性
特殊倾向性/普遍倾向性
社会归属倾向性/社会成就倾向性
扩散性/精确性

“情感倾向性/情感中立性”变量主要考察一个社会及其成员对待事物的态度是出于一种个人主观情感还是出于一种客观中立的认识。传统社会中的人们在看待事物和对待他人时往往带有浓重的个人价值偏好,政治行为带有明显的个人情感倾向性;在现代社会中,人们倾向于从情感中立的事实立场出发来看待事物、对待他人,各种制度设计也努力从利益和价值中立的立场来实现,政治行为带有情感中立性的倾向。

“自我倾向性/集体倾向性”变量主要考察社会成员的政治行为是个人导向还是集体导向。传统社会中的人们对于传统规则的遵守往往是出于对惩罚和耻辱的恐惧,政治行为带有明显的自我价值倾向,缺乏公益性和现代公民意识,缺乏足够理性的集体认同;在现代社会中,人们对现代社会公共规则的遵守往往是出于冷静的判断和理性的考虑,政治行为带有集体价值倾向,能够形成自觉的公共价值观和现代公共责任意识,具有强调他者维度的集体认同。

“特殊倾向性/普遍倾向性”变量主要考察各种行为规则是普遍的还是特殊的,广大社会成员倾向于期待公平还是倾向于期待特殊照顾。传统社会中的人们根据自然属性(如家庭出身、族群血统、性别等)而具有特定的社会认同,容易

① Monte Palmer, Dilemmas of Political Development, Itasca, Illinois: F. E. Peacock Publishers, INC. 1980, p. 39.

在社会等级差别中体现出个体的价值所在,在社会交往的过程中总是倾向于得到个别对待和特殊关照;在现代社会中,人们的社会认同感来自于理性他者的平等承认,所有个体都适用于一致的游戏规则,社会倡导实现法律面前的人人平等。

"社会归属倾向性/社会成就倾向性"变量主要考察一个社会对其成员的评价是建立在先天的社会属性基础上,还是建立在他所体现出来的个人能力和成就的基础上。传统社会一般倾向于根据一个人的身份特征和社会归属性等先天因素来对之进行评价,年龄、性别、血统等因素而非个体才能往往成为一个人获得信赖和赢得尊重的决定性因素;在现代社会中,人们要赢得某种身份,获取某种威望,必须以对个人才能的充分展示作为基础,社会评价的重要指标是个人后天的努力和才能的实现。

"扩散性/精确性"变量用来衡量一个社会中人们的交互行为上以习惯和常规来约束还是以精确的规则来管制。传统社会中的人们由于受到血统和习俗的影响,行为规则意识模糊笼统,个人权利和义务关系没有得到明确界定,过往的风俗习惯往往成为人们的行为规范,在这种情况下的政治行为缺乏对政治事务的精确判断和具体细致的准确把握;在现代社会中,人们具有明确的现代法权意识,现代法律体系和契约伦理要求人们在交互行为中凡事要认真具体精确,个体彼此之间的权利义务关系能够得到准确界定,并通过法律而逐渐融入个体日常的政治行为中。

通过对以上各种影响政治行为的变量的分析,结合我国经济社会发展的实际,可以看出目前我国正处于从传统伦理社会向现代市民社会过渡的社会转型时期:传统伦理社会是立足于自给自足的自然经济基础上的社会形式,主要依靠以亲缘伦理为基础的家族关系来维系社会成员之间的交往和关系;公民社会是一种具有全新价值理念的社会结构性共同体,是指"社会成员按照契约性规则,以自愿为前提和自治为基础进行经济活动、社会活动的私领域,以及进行议政参政活动的非官方公域。"[①]在这一进程中,政治制度的变革、经济体系和社会结构的变化以及文化的变迁都将直接影响人们政治行为模式的改变。现代政治发展的基本理念是,一个"善治"的社会能够通过理性制度化的途径来实现对各种政治行为的合理规范。

六、政治行为主义

政治行为主义的出现是西方政治学家努力使政治学科学化的结果,这一努

① 邓正来:《国家与社会——中国市民社会研究》,四川人民出版社 1997 年版,第 7 页。

力肇始于19世纪30—40年代孔德和斯宾塞的实证主义哲学和方法论。实证主义与逻辑实证主义,成为政治行为主义的哲学基础。第一次世界大战前后,美国政治学家主张采用社会学、心理学和统计学方法来研究政治,发起了"新政治科学运动",为政治行为主义迅速发展奠定了基础。第二次世界大战后,政治行为主义在美国得到了迅速发展,并逐步成为20世纪50—60年代西方政治学的主流。20世纪70年代以后,随着新方法论中的那些基本正确的内容得到人们的普遍接受,以及政治行为主义中的某些极端的和夸张的因素遭到人们的反对,政治行为主义的发展逐渐消退。

政治行为主义的基本假定是:分析社会政治价值和人们日常的政治动机与行为是理解政治的有效途径;只有从分析人们的实际政治行为入手,甚至从分析人们日常行为(如度假、幽默笑话、观看体育比赛、出席宴会和演出等)和大众文化出发,才能真正了解政治的实际运作过程;只有通过对选举、投票、政治辩论等日常政治行为的科学观察、试验和分析,才能获得关于政治生活的可靠结论和基本识见。政治行为主义本质上是政治学研究对象和方法的革新,"行为主义从根本上说主要是一种具有内在联系的政治科学方法论,它包含了最尖端的科学方法",①其主要特点体现在:其一,主张以政治行为和行为互动作为政治学的研究对象。传统政治学主要研究政治制度以及首脑、议会、法院等政治机构,注重团体与制度;政治行为主义更关注人的政治行为本身,注重个人与行为。其二,注重政治研究形式和手段的精确化、数量化,注重定量研究而抛弃定性研究。传统政治学重在历史叙述、思辨与推论,注重定性分析;政治行为主义与之相反,重视客观事实、技术手段和技术方法,注重定量分析。其三,强调以经验分析为核心内容的实证性研究,主张政治研究应该是经验性和描述性的。政治行为主义坚持事实与价值的分离,倡导政治学的价值中立,并努力使政治科学研究从充满价值的意识形态中独立出来。其四,吸收了大量的社会科学和自然科学研究方法,对政治现象展开多种方式、多种角度、多个层次的研究,构成了形形色色的政治学说,大大拓宽了政治学研究的领域。其五,规定自己的分析任务不在于政治的"应然",而在于政治的"实然",因此在政治现实性上,它表现为从技术角度看,怎样进行统治和权力分配,而不是阐明统治为何是合理的。

政治行为主义作为当代西方政治学领域流行的一种思潮,既是政治学发展的内在逻辑的产物,又是当代西方特定历史条件的产物;既在一定程度上反映了社会科学的发展趋势,又在各方面体现出西方学者特定的价值观。因此,政治行为主义既有合理性的一面,又有局限性的一面。我们必须看到,政治行为主义对西方政治学的创新与发展是起了积极作用的:第一,政治行为主义加深了政治学

---

① 《布莱克维尔政治学百科全书》,中国政法大学出版社2002年版,第56页。

对实际政治过程的了解。传统政治学由于受人类知识水平、科学技术和阶级斗争状况的限制,一般只是采用历史的、法律的和制度的方法,分析宏观的、抽象的、形式的问题,缺乏对具体的、实际的政治过程的了解。政治行为主义把人们实际的政治行为作为政治分析的基本单元,强调对影响人们政治行为的各方面因素作具体的分析,从而在一定程度上加深了人们对实际政治过程的了解。第二,政治行为主义拓宽了政治学研究的领域。政治行为主义提出了许多新的研究课题,如政治心理、政治社会化、政治沟通、政治发展、政治现代化等,使政治学的触角广泛延伸到人类政治生活的各个领域。第三,政治行为主义增加了政治学的研究方法和技术。政治行为主义从自然科学和其他社会科学中引进了许多新的研究方法和技术,如系统分析法、结构功能分析法、心理分析法、决策分析法、个案分析法、统计分析法等。这些新方法和新技术为人们探索政治发展的规律提供了新的工具。

当然,我们也不能忽视政治行为主义的局限和缺陷:第一,总的说来,政治行为主义仍然是以西方资本主义国家政治生活的原则为标准,来建构政治理论模式和评价实际政治体制的,并没有超出传统资产阶级政治学固有的局限性。第二,政治行为主义存在着经验主义的危险,可能会搜集到大量的经验性数据资料,但却无法把握明确的理论重心;政治行为主义专注于政治现象本身而漠视政治现象的本质,因而不能真正地把握政治生活的内在规律;政治行为主义只研究具体的政治行为而回避研究政治制度,只求解释政治现实不求变革政治现实,因而带有明显的保守倾向,自觉或不自觉地成了维护资本主义制度的工具。第三,政治行为主义在引用自然科学的方法和技术时,常常生搬硬套,忽视了自然科学与社会科学研究对象本质的区别,结果往往是形式复杂而内容空泛,于是出现了"政治行为研究充斥着武断的决定论倾向以及试图使政治学研究'科学化'这一不切实际的企图"。[①] 第四,政治行为主义存在对道德问题的忽视,可能会把有关价值、伦理等的关键性问题简单地归于某些非理性、非科学的领域之中而加以抛弃;而政治学永远不可能是完全价值中立的,若忽视了价值、规范、是非问题则政治学就失去了其存在的意义。

① 《布莱克维尔政治学百科全书》,中国政法大学出版社 2002 年版,第 590 页。

第四章

政治社会化

人们的政治知识、政治态度、政治价值观以及由此决定的政治行为模式，并不是与生俱来的，一个社会的政治文化传统也只有通过教育、传播、训练等方式才能得以维持和传承。政治社会化正是个人获得政治自我和政治人格的一般途径，也是一个社会实现政治文化代际传播的基本过程。自20世纪50年代以来，随着政治文化研究的兴起，政治社会化问题也逐渐引起了学者们的广泛重视，进入了人们的研究视野。到现在，政治社会化已经成为一门相对独立的学科，受到了政治学、社会学、文化人类学、心理学等多个人文学科的共同关注，大有成为显学的趋势。

第一节　政治社会化的含义和特征

政治社会化与社会化之间存在着密切联系，政治社会化也就是政治领域中的社会化过程。由于研究角度不同，政治社会化的含义也有多种。大致而言，政治社会化是个体与社会互动的过程，它通过个人的主动学习和社会的积极教化得以实现。政治社会化的含义规定了政治社会化的一系列特征。

一、*政治社会化的含义*

社会化本来是社会学理论体系中的一个基本概念，最早开始流行于20世纪30年代。在社会学理论中，社会化包括多项内容，而政治社会化是其中的一个方面。所以，社会化与政治社会化二者之间有着非常密切的关系，从一定意义上讲，政治社会化实际上就是具有政治性质的社会化。

"社会化"一词的基本含义是指一个人从"生物人"发展成为"社会人"的过程，即个人通过与社会的互动，获得了某种价值、态度、知识、技能，发展出自己的社会性,取得社会成员资格的过程。它一方面是一个个人主动学习的过程,另一方面也是社会进行教化、培养、塑造社会成员的过程。这一过程一旦涉及政治内容,就进入了政治社会化的领域。

1958 年,美国学者戴维·伊斯顿首次发表了研究政治社会化的论文,揭开了政治社会化研究的序幕。次年,赫伯特·海曼出版了第一部系统研究政治社会化理论的专著——《政治社会化:政治行为心理研究》。在这以后的几十年里,学术界对该领域的研究予以了巨大的关注,研究成果层出不穷。

研究政治社会化,必须首先澄清它的含义。在这个问题上,国内外学者从不同的角度出发,提出了种种不同的解释。国内学者李元书先生将各种不同的政治社会化定义归纳为以下五种观点:①

1. 社会教化论。持这种观点的人,将政治社会化视为社会组织、群体对该社会的个体成员进行政治教育和灌输的过程。它的贡献在于,明确提出了政治社会化是一个动态连续的过程,并强调社会组织和群体在这一过程中的主体地位和主导作用。如格林斯坦认为,“政治社会化是正式承担这方面责任的制度化机构有意识灌输政治信息、政治价值、政治习惯的过程”。②

2. 个体学习论。持这种观点的人,强调政治社会化是一个人通过学习获得政治取向和行为模式的过程。它是从个体角度出发来观察政治社会化,充分认识到个体的重要性,突出强调个体在政治社会化过程中的主观能动作用。如罗伯特·道斯认为,“人们关于政治传统或政治角色以及与之相关的行为的知识不是与生俱来的,政治社会化就是获取这些知识的一种或多种过程”。③

3. 文化传承论。这种观点将政治社会化的内容和结果置于视线的中心,强调政治文化与政治社会化的关系,把政治文化看做是政治社会化的核心内容,把传递政治文化看做是政治社会化的基本目标。如阿尔蒙德认为,“政治社会化是政治文化的形成、维持和改变的过程”。④

4. 政治传播论。持这种观点的人,将政治社会化理解为政治信息的传播和交流过程运用传播理论的模式来解释政治社会化过程。

5. 社会环境论。这种观点将政治社会化置于广阔的社会、政治背景下加以考察,认为政治社会化是社会的政治、经济、文化和历史传统等因素共同作用的结果,强调环境因素与政治社会化的关系。

上述几种观点从不同的侧面揭示了政治社会化的内涵,为我们全面、准确地

---

① 李元书:《政治社会化:含义、特征、功能》,《政治学研究》1998 年第 2 期。

② 参见《国际社会科学百科全书》英文版,第 14 卷,第 551 页。

③ 《布莱克维尔政治学百科全书》,中国政法大学出版社 2002 年版,第 616 页。

④ 阿尔蒙德等:《比较政治学:体系、过程和政策》,东方出版社 2007 年版,第 83 页。

认识政治社会化提供了多种有价值的思路。总的说来,政治社会化实际上是一个包括个体主动学习和社会教化两方面内容的统一过程。具体讲,它是社会个体通过学习和接受政治知识、政治价值、政治规范而逐渐形成一定的政治态度、情感、信念、能力的过程。

首先,从个人方面讲,政治社会化是个体通过学习和接受教育,了解政治信息、获得政治知识、产生政治情感和态度,从而形成政治人格,成为政治人的过程。个体学习的过程是一个由简单到复杂、循序渐进的过程,从最初对政治的一般了解,到形成抽象的关于政治生活的概念。人在政治社会化进程中所获得的政治知识,是他们政治价值观形成的基础,而政治价值观又影响和决定着他们的政治态度和政治取向。

其次,从社会方面讲,政治社会化又是社会通过各种途径,采取多种方式传播政治文化,使其成员接受特定的政治信息、政治观念、政治价值和政治行为规范,教育、塑造其成员成为社会所希望的政治人的过程。这一过程包含了以下几个内容:维持和传播政治共同体的主导政治文化;规范和引导政治文化;继承和发展政治文化。

上述两方面的内容实际上是一个统一的过程。个体的学习以社会提供的政治文化内容为基础,而社会的教化又必须通过个人的学习和内化得以实现,并在个体的政治态度和政治行为中体现出来。随着时空条件的变化,政治社会化的具体内容和形式也会不尽相同,但作为一个社会政治文化得以维持和实现的基本途径,政治社会化贯穿于人类社会政治史的始终。

二、政治社会化的特征

政治社会化是个体与社会互动的过程,它通过个人的主动学习和社会的积极教化得以实现,这一点决定了政治社会化的一系列特征。

1. 政治社会化是主动性与受动性的统一

对个体而言,政治社会化首先是一个接受社会教化、接受政治文化的熏陶与洗礼的过程。在这一过程中,个体始终处于强大的社会力量的影响之下,社会既定的经济、政治和文化背景,是个体无法拒绝也无法选择的,个人只能适应社会而不能指望社会适应自己。所以,一个社会政治体系的发展水平、性质、类型,已经规定了政治社会化的内容、方式和途径。这种外在的客观规定性,决定了个体在政治社会化过程中受动的一面。但是,个体的政治社会化又不仅仅是一个简单地、被动地接受教化的过程,人们对政治文化的反应是主动的、自由的和有选择的,他们会根据自身的认识和需要对社会传播的政治信息、政治观点和政治意识形态进行分析、评价,并在此基础上有选择地予以吸收。这就是为什么在相同的社会历史背景下，不同的人会形成不同的政治态度和取向。

对政治体系而言，它总是根据自身的政治需要有计划、有目的、有组织地传播自己所选择、认同和支持的政治文化。社会的统治阶级支持兴办教育事业，千方百计控制文化传播媒介，其目的就是为了影响人们的政治社会化过程，实现自己的政治意图。然而，其对政治文化的传播与教育，又不可能不受到历史与现实规定性的制约，社会的经济、政治、文化条件，既规定了其政治文化传播的内容，也规定了传播、教育的手段与形式。而且，政治体系对政治文化的传播与教育又会受到社会成员个体认知能力、心理结构和社会交往水平等方面因素的制约。

2. 政治社会化是政治性与社会性的统一

政治社会化是阶级社会中统治者维持和巩固其统治的重要手段。要维持统治，统治者首先需要获得合法的政治权威，建立自己政治统治的文化和心理基础，而政治社会化正是达到这一目的的基本途径。通过政治社会化，统治阶级传播具有明显政治倾向的政治信息、政治知识、政治理想和政治价值观，推行有利于维持自身统治的政治行为准则，引导社会成员成长的方向。所以，政治文化的阶级性特征，决定了一个具体社会的政治社会化过程必然具有明显的政治倾向性。

另一方面，政治社会化又具有社会性。这主要表现在两个方面：其一，政治社会化是在一定的社会化基础上进行的。在个体生命的早期阶段，没有也不可能进行政治社会化，只有当一个人经历了最初的社会化，形成一般态度和基本人格以后，才开始接触到政治现象，从而才开始了真正的政治社会化过程。其二，政治社会化是在全社会范围内进行的。社会共同体内的所有成员无一例外地都要经历政治社会化的过程，自觉或不自觉地、主动或被迫地接受社会的政治教化。

3. 政治社会化是连续性与阶段性的统一

政治社会化是一个持续不断的过程，贯穿于人的整个生命历程，一个人只要生活在社会中，就不可能中断自身的政治社会化过程。其原因在于，一方面，社会总是在不断地发展变化，政治生活的内容和性质也会随之发生变化。一个人要适应变化着的社会政治环境和要求，就需要不断地补充政治知识、提高政治认知水平、完善自身的政治素质、改进政治行动能力。另一方面，个体自身的情况也会不断发生变化。随着社会处境、社会角色、实践地位的变化，个体的自我意识也会发生变化，因而会面临更新政治观点与态度的继续社会化问题。

同时，由于人在不同的人生阶段认识能力和知识积累程度的不同，生活空间、范围的变化，连续不断的政治社会化过程又会呈现出阶段性发展的特点。但是，不同的阶段之间又有着内在的、必然的联系。一个阶段的政治社会化结果，不可能不直接影响到下一个阶段的政治社会化过程。

4. 政治社会化是普遍性与特殊性的统一

共同的社会文化背景及社会对教育传播政治文化的统一导向与个体生理、心理结构的差异性,决定了政治社会化必然是一个普遍性与特殊性相统一的过程。生活在同一个社会共同体中的社会成员,面对的是相同的社会政治环境和历史条件,接受的是相同的政治文化教育与熏陶,在同样的政治制度框架内活动,因而能够形成大致相同的政治取向、政治价值观念和政治行为方式。这样,不同个体的政治社会化会表现出某种程度的共同性和一致性。

另一方面,生活中的个人在社会属性、心理结构和生理特征等各个方面又存在着巨大的差异,这种差异使得个体在接受和吸收政治文化时,体现出不同的个性倾向和特征,因而,政治社会化又具有了特殊性的一面。何况,从政治体系的角度看,培养和造就不同的政治角色是统治的需要,统治者常常有意识地利用人们之间的个性差异来塑造不同的政治人和角色。

5. 政治社会化是继承性与创新性的统一

从文化转移的角度看,政治社会化实际上也就是政治文化的传递和内化的过程。与文化的绵延持久相比,个体的生命是极其短暂的,这意味着社会成员的世代交替并没有中断文化的延续过程。政治社会化架起了代际之间政治文化遗产世代传承的桥梁,它使得政治文化一代一代传递下去。这就是为什么一个社会相隔数百年甚至数千年的不同时代之间,仍然能够在它的政治文化中找到某种共同的特征。

但是,由政治社会化实现的政治文化的延续,并不是一个简单机械的传递过程,不是历史的复制,而是通过教化和生活实践不断实现的创造发展过程。每一代人都会将自己所获得的新的政治知识和信念补充到既有的政治文化体系中,从而不断地丰富着它的内涵。同时,政治体系也总是适时地抛弃一些不合时宜的、陈旧过时的政治文化内容,以适应社会政治生活发展变化的需要,政治社会化由此而成为一个不断创新的过程。

第二节 政治社会化的媒介和方式

承担着政治社会化功能的各种结构以什么样的方式完成社会化的任务,关系到政治社会化的后果和质量。因此,政治社会化的媒介和方式问题是政治社会化理论研究中的重要内容。政治社会化的各种媒介和方式交互起作用,构成了政治社会化过程的合力。

一、政治社会化的媒介

所谓政治社会化的媒介,是指各种承担和执行政治社会化功能的正式或非正式的结构。在一个社会共同体中,无论是政治信息的传播、政治知识的教育,还是政治态度的培养及政治价值的灌输,都需要借助于一定的渠道和媒介物进行。在一定意义上,执行政治社会化功能的这些媒介,构成了一个人政治社会化的环境条件和动力因素,它们在很大程度上影响和决定着一个人政治社会化的过程和结果。在政治社会化过程中,各种结构的作用是相互渗透的,但它们仍有各自独特的功能。

1. 家庭

在所有的社会化因素中,家庭无疑是最为重要的,这是最早、最直接,也是最为持久和传统的社会化场所。家庭是个人生命的起点站,也是政治社会化的最初执行单位,它在政治常识的启蒙、儿童人格的塑造、人生观的形成、基本政治生活规范的获得方面,发挥着无以替代的关键作用。阿尔蒙德在谈到家庭的政治社会化作用时指出,家庭"常常是态度形成的第一个来源,然后再转向其他类型的结构。"①

心理学的研究表明,早期的环境和教育,影响着人们的整个人生历程。在他们成人以后,他们的父母仍然对他们,包括他们的政治行为产生着深远的影响。在儿童的世界里,父母是最重要和最有权威的人物,从父母那里,儿童获得了许多的规范、价值和态度。一些专家的研究证实:父母和子女之间在党派倾向方面,以及在某些具有高度感情色彩的和涉及他们个人的具体政策问题上,看法相当一致。比较研究表明,"这很大程度上取决于政党结构的清晰性和家长传递信息的一贯性。"②伊斯顿等人在研究政治态度的形成时发现,人的大部分重要的态度形成于 3 ~ 13 岁期间。在这个阶段中,尤其是 3 ~ 6 岁期间,家庭的作用是独一无二的。③ 父母在日常生活中,以直接或间接的方式有意无意地将他们对世界和社会的看法、对政治生活的态度,对政治人物和政治事件的评价以及他们的政治价值观念传递给了他们的后代。同时,家庭内部的关系、家庭生活模式及家庭的社会交往也都会在儿童的心理上留下深刻的烙印,对他们以后的政治态度和政治行为模式产生持久的影响。阿尔蒙德和维巴的一项研究表明:记忆

---

① 阿尔蒙德等:《比较政治学:体系、过程和政策》,东方出版社 2007 年版,第 92 页。

② 阿尔蒙德等:《比较政治学:体系、过程和政策》,东方出版社 2007 年版,第 92 页。

③ David Easton and Stephen Hess,"The Child's Political World","Journal of Political Science",August 1961,pp. 229-246.

中的家庭参与同成人以后的政治功效感之间有着明显的联系。那些小的时候参与家庭决策的人,在长大以后更倾向于相信:政治信念的表达能够影响政府。①

当然,家庭中的政治社会化是非正式的、不系统的,有时是无意识的。随着人的年龄的增长,尤其在进入成年以后,开始有了自己独立的判断,小时候在家庭中形成的价值观念或倾向也有可能会发生改变。但无论如何,在一个人成年以后的政治意识和政治态度中,我们总能找到他早年在家庭中所受影响的痕迹。

2. 学校

与家庭不同,学校是一种正式的结构。在政治社会化中,学校显然是最系统化的强有力的影响因素之一。在现代社会,人们一般都要接受较长时间的学校教育。学校教育的特点是系统、正规和制度化,它实际上是一种有意识、有目的、有计划地向学生传输政治文化、培养学生的政治态度和价值取向、训练学生参与社会政治生活能力的过程。学校作为政治社会化的重要媒介,它的作用和影响主要体现在两个方面:第一,通过课程内容的精心设计和安排,向学生灌输特定的政治知识和信念,培养他们对政治共同体和现行政治制度的认同意识,强化他们的民族感情和国家观念,造就适合社会需要的合格公民,这是国家兴办和控制教育事业的主要目的之一。对新成立的国家,"政府必须采取的最重要的步骤之一,就是对它的公民进行教育:他们属于同一个民族共同体。"②在学校里,我们几乎都可以看到相同的情景:孩子们向国旗庄严地行礼致敬。这样的仪式本身就是学校进行爱国主义教育、培养公民对民族国家的责任感和忠诚意识的重要方式。第二,学校是一种正规的制度化的组织结构,它为人们的政治社会化创造了更为复杂的环境条件。从家庭到学校,意味着一个人首次把自己置于一种正式的团体之中,开始了有组织的团体生活。在团体生活中,学生们开始了解到了团体的价值和个人与团体的关系,意识到了纪律、规则和权威的存在。这些经验的获得,对于他们以后参与政治生活具有十分重要的意义。

学校教育在政治社会化中的作用是非常明显的,经验研究证实了这一点。阿尔蒙德和维巴通过对五个国家公民政治认知的调查发现,受过教育的人能更好地认识到政府对他们生活的影响,他们对政治更为关心,对政治领导人的情况有更多的了解,并表现出更强的政治能力。③

3. 同辈团体

同辈团体是指由年龄、职业、兴趣大致相同,社会地位和背景大体相似的人

① G. A. Almond and S. Verba, "The Civic Culture: Political Attitudes and Democracy in Five Nations", Boston, 1965, pp. 274-279.

② Michael Roskin, "Political Science", Prentice-Hall, 1997, p. 138.

③ 参见阿尔蒙德等:《比较政治学:体系、过程和政策》,东方出版社2007年版,第98页。

们所组成的非正式群体。同辈团体作为一种特殊的群体，对人们的政治社会化的影响也具有特殊性。首先，在同辈团体中，社会化过程的限制和陈规最少，选择余地较大。这里不存在太多的“禁忌”，人们在日常交往中充分社会化。其次，同辈团体中的社会化过程常常不是经过认真规划、反复思考和有目的有计划进行的，而是在不知不觉中进行的。第三，同辈团体的构成基础，决定了他们的社会化过程带有鲜明的年龄、职业和文化特征。

研究表明，在人生的大多数阶段，同辈团体都起着影响人们的价值观和态度的重要作用。尤其是在一个工业社会中，家庭关系松散，家庭中长者的影响和权威相对较弱，同辈团体的政治社会化作用就显得更加重要和突出。在现代社会中，随着经济的迅速发展和分工及专业化水平的提高，父母难以给子女提供他们在社会上立足和生存所需要的大量的知识、技能和观念，而同辈团体在一定程度上弥补了家庭社会化的不足，尤其在青少年时期，作为价值的重要来源，同辈团体中的伙伴的重要性丝毫不亚于父母和老师。[①]

4. 大众传播媒介

大众传播媒介是现代社会中具有重要意义的社会化力量。在大众传媒出现之前，社会上只有很少的人能够通过某种传播工具获取和交流知识，信息情报只能通过人与人之间的直接接触缓慢地传播。而在现代社会，科技的进步使得大众传媒日益成为影响巨大的社会化动力因素。它们在传播大量信息的同时，还在知识、技能、价值观和角色能力的学习培养方面发挥着重要的作用。

大众传播媒介的政治社会化作用，首先表现在它促进了政治信息的普及化程度。在现代社会，大众传媒是人们获得政治信息的主要来源，也是人们了解政府活动和政策的重要途径。其次，大众传媒影响着人们政治认知和政治态度的形成。传媒所形成的舆论“霸权”，主导着一个社会的舆论走向，从而对人们的政治态度和取向产生着潜移默化的影响。英克尔斯和史密斯在研究中发现，“人们受传播工具的影响确实是各种现代态度的一个重要来源”。[②] 第三，大众传媒通过广泛的信息传播，激发了人们对政治的兴趣。“大众传播工具最明显和最重要的影响之一，就是使得政治事迹引人注目。”[③]传媒对一些社会和政治问题的传播，增加了人们对这些问题的关心，使得社会成员之间经常进行政治问题的讨论，从而产生政治社会化的直接后果。大众传播媒介在现代社会中的重要地位和作用，使它成了政治体系运作的必不可少的要素之一。掌握大众传播媒介，操纵公共舆论，是统治者传播社会主导政治文化，强化社会成员政治认同

---

① James Coleman, “The Adolescent Society”, Free Press, 1961.

② 参见阿尔蒙德等：《比较政治学：体系、过程和政策》，东方出版社 2007 年版，第 102 页。

③ 参见阿尔蒙德等：《比较政治学：体系、过程和政策》，东方出版社 2007 年版，第 101 页。

意识的最基本的手段。

5. 政府

政府本身无可争议地属于政治社会化的重要力量。政府所做的一切都会影响到它的公民,并最终影响他们的态度。由政府提供的信息、教育和宣传,从来都具有增加公众对政府的支持和效忠的明显意图。在现代社会中,由于政府活动范围广泛,公民与各种各样的政府机构进行着接触,这些接触影响着人们对政府及政治事务的评价。阿尔蒙德曾谈道:“无论一个公民在学校里受到了多么积极的有关政治体系看法的教育,只要遭到了警察的骚扰、福利机构的冷漠或者是被不公正地征了税,他就不可能对政府当局表现出很大的热情。”①

需要指出的是,政府控制人们政治态度的力量是有限的,毕竟人们对政治生活持何种看法和态度,要受多种复杂因素的影响,并不单方面取决于政府的一相情愿。人们对政府提供的信息和宣传,也并不是一味地无条件地全部接受,而是要经过鉴别和筛选。

二、政治社会化的方式

承担着政治社会化功能的各种结构和媒介以什么样的方式完成社会化的任务,关系到政治社会化的后果和质量。所以,方式问题同样是政治社会化理论研究中的重要内容。所谓社会化的方式,“指的是结构执行社会化功能的方式。”②在社会化分析中,人们强调最多的社会化方式主要有两种:直接的明示的方式和间接的暗示的方式。

直接的明示的方式是公开交流有关政治对象的信息、价值观和感情,直接以政治教育为目的的一种政治社会化方法,它包括象征、连续与强化、政治参与等。

象征方法主要是指以某种物体为政治共同体或政治组织的符号象征,通过人们对该象征符号的崇拜、敬仰和礼遇等形式,来培养他们对符号所代表的政治内容的感情,诱导人们的支持。常见的象征符号有国旗、国徽、纪念章等。象征方法一般较适用于青少年的早期社会化,需要相对较长的时间才能看到政治社会化的效果。

连续与强化是指社会化结构和媒介采取始终如一的强化模式,传播和灌输前后一致的连贯信息,以推动社会化对象建立相对稳定的态度、价值和政治行为模式。实证研究表明,如果一个人从不同的社会化媒介那里得到的是同样的信息,那么,他的态度极有可能按照某一特定的方向发展。与此相同的是,政治文

① 参见阿尔蒙德等:《比较政治学:体系、过程和政策》,东方出版社 2007 年版,第 106 页。

② 参见阿尔蒙德等:《比较政治学:体系、过程和政策》,东方出版社 2007 年版,第 87 页。

化的长期稳定,也是受政治社会化过程中连续与强化影响的结果。社会化中连续性所产生的影响,也有助于解释政治次文化的维持。

政治参与是最普通,也是最有效的明示方式。它是通过刺激、动员、诱导人们参加社会政治生活实践,亲身体验政治生活的意义,来激发人们的政治热情,了解和感受作为一个政治共同体的公民的权利、义务和责任。

间接的暗示的社会化方式指的是非政治态度的传递。而这些非政治态度也影响着人们对政治体系中这些角色和对象的态度,它通过教育、期望、理想、习俗、礼仪、娱乐等形式和手段,不以直接的政治教育为目的,同时又能实现政治社会化的结果。这种社会化可能在人们早年的经历中就已发生。例如,儿童可能获得某种一般的与人为善或与人为敌的态度,这种态度可能在以后的生活中影响他们对政治领导人或其他公民的态度。又如,儿童早年参与家庭决策,而不是严格遵循家长的决定,可能间接地形成参与各种类型社会活动的倾向,以及形成评价这类参与的倾向。

第三节 政治社会化的功能

政治社会化具有重要的功能,无论是个体政治素质的获得,还是共同体政治文化的传播、维持和延续,都离不开政治社会化这一基本途径。更重要的是,对于社会政治体系而言,政治社会化是维持统治、增强公民对国家和政权的认同感,扩大政治统治合法性基础的基本手段。正因为政治社会化能够实现某些重要的社会价值,它获得了各种不同类型国家的一致重视。对政治社会化的功能可以从不同的角度进行总结。从社会成员个体的角度看,政治社会化使人们了解了政治信息,获得了政治知识,形成了一定的政治态度和价值观,掌握了参与社会政治生活的基本技能;从社会的角度看,它又是传播政治信息、宣传政治知识、实施政治教育、培养政治人的过程。实际上,正如我们在前面谈到的,这两个方面的内容是统一在同一个过程中的。

一、*政治信息的传播功能*

政治社会化首先是一个政治信息的传播过程。在这一过程中,政治社会化的主体,即各种社会化的结构和媒介通过各种途径,以各种方式向社会成员传播政治知识、政治观念、政治价值规范和政治行为模式等政治文化信息。政治信息的传播,可以被看做是政治社会化流程的起点,政治社会化一切功能的实现,都是以政治文化信息的传播为前提的。

研究政治信息的传播,需要特别注意以下几方面的内容:

1. 社会化的结构和媒介决定着政治信息传播的内容。在阶级社会中,政府这类的统治机构或政党一类的政治组织,总是一定阶级或集团利益的代表。它们的政治传播活动,在内容和手段的选择上,不可能不体现出强烈的阶级色彩和政治倾向。学校、大众传媒、教会等政治社会化媒介,也很难完全独立于政治体系的控制之外,往往会受到统治者一定程度的利用和控制。以上情况决定了一个社会的政治信息传播,在内容上必然是有选择的。一般说来,各种政治共同体总是根据自身的政治需要,有意识地传播符合统治阶级利益的政治文化信息,而对那些不利于政治统治的政治信息则采取各种方式和手段限制其流通。在一些国家,传递反对现政府的政治信息,要冒很大的风险。

2. 政治信息的传播过程受传播主体的控制和主导。政治社会化的结构和媒介是政治信息传播的主体,它们在信息传播的全过程中,始终处于主导地位,支配和控制着信息流通的各个环节。从结构上看,政治社会化的组织和群体,是政治信息传播过程中的信息发出者,信息从这里流向传播对象。从功能上看,传播主体决定着传播过程的方式、手段和途径。政治社会化之所以能够发挥维持和巩固政治统治的功能,与它的这一特点有着密切的关系。由于传播主体控制和主导着政治信息的流通过程,它可以选择在什么情况下,以何种方式、在多大范围内传播政治信息,再加上前面谈到的对政治文化信息内容的有意识选择,这一系列条件都有助于保证政治社会化过程预期结果的实现。

3. 政治信息的传播具有针对性。政治共同体是一个复杂的结构体系,内部有不同的角色分工,每一种角色又有不同的角色期望和素质要求。政治社会化的一个重要方面就是影响政治体系中各种角色的态度的形成。为此,不同类型的政治社会化结构和媒介在政治信息传播过程中所实现的政治教化,必然具有一定的针对性,培养相应的社会个体,以适应共同体内不同角色的要求。"对公民来说,这可能包括对他自己作为选民、权威人物的接触者、示威者,或作为纳税人、守法者等的态度的形成。对精英人物来说,角色社会化意味着懂得各种期待的组合,懂得他人对自己这一角色所期望的经常和合适的行为模式。"①

4. 政治信息传播的客体有选择地吸收信息。政治信息的传播过程虽然受传播主体的控制和主导,但客体也并非完全处于被动地位。由于人们的政治利益、政治动机和政治兴趣等方面的不同,他们对各种社会化组织和群体所发出的政治文化信息,要根据自己的认识和需求进行一定的取舍、加工。也就是说,同样的政治文化信息,在不同的人那里,可能会产生不同的效果。另外,不同的个体对不同的政治信息,有着不同的敏感度和评价标准。阿尔蒙德在谈到这一现

---

① 阿尔蒙德等:《比较政治学:体系、过程和政策》,东方出版社 2007 年版,第 87 页。

象时曾经形象地指出:“要想让亨利·基辛格,或任何一位国务卿,或者事实上任何一位外交政策精英集团中的成员,按照普通公民一样的方式来看待外交事务,这既是不合理的,也是不现实的。”①

二、政治教育功能

政治社会化与其他形式的社会化一样,实质上也是一种培养人的社会活动,具有明显的教育功能。政治社会化的各种媒介通过不同的方式和途径,对社会成员进行政治教化,以适应政治生活的需要。政治社会化的教育功能主要体现在以下几个方面:

1. 灌输政治知识

政治知识是社会政治生活的经验总结,也是有关政治活动的相关信息。对于个体而言,必要的政治知识是他们参与社会政治生活的基本前提,也是完善政治人格的重要条件。所以,掌握一定的政治知识是社会个体的内在要求。政治知识不可能得自父母的遗传,只能在后天的学习中获得。对社会而言,向社会成员宣传和灌输政治知识,是维持政治体系正常运行并有效实现其统治功能的要求。

政治知识是个体形成一定的政治态度和政治技能的基础,它有助于人们提高自己的政治认知能力,形成对政治现象一般规律的认识,培养人们分析政治现象复杂性的独特的政治思维能力,并在此基础上形成自己的政治态度。同时,在政治实践过程中,人们通过政治知识的运用,积累政治经验,提高自身参与政治生活的操作技能。

2. 影响政治态度

就社会方面而言,政治社会化的主要目的之一,就是通过各种方式的宣传教育,引导人们政治态度发展的方向,使之能够同社会发展的需要和统治阶级的利益相吻合。政治态度一般被认为是指主体对一定的政治对象所持有的评价和行为倾向,它由三个方面的因素构成:其一,政治认知,即主体对政治现象的感知、思维、理解和看法。其二,政治情感,即主体对态度对象的情感体验。认知规定了态度对象,对它加以评价,并使主体表现出相应的行为,从中获得情感体验。其三,政治意向。态度并非行为,但人们的政治行为是以政治态度为内在的心理动力,在态度的激励下,主体采取一定的政治行为。也可以说,一个人的政治行为,是他的政治态度的外在表现。政治态度对象的范围是非常广泛的,包括政治人物和各种政治现象。

① 阿尔蒙德等:《比较政治学:体系、过程和政策》,东方出版社 2007 年版,第 110 页。

政治态度的形成是一个复杂的过程。赫伯特·海曼对以往由各个不同学科分别研究的政治社会化进行了综合研究,他发现,“个人在亲身生活中,早就全面了解了各种政治态度,接着不断表现出各自的政治态度。”①在政治社会化过程中,各种社会化媒介在与社会个体的互动中,不断地以明示或暗示的方式传递着有关政治理想、政治信仰、政治价值观等政治文化信息,而个体在这些观念和信息的反复刺激下,逐渐形成自己的政治认知、政治情感和政治意向,从而最终形成自己的政治态度。一个人的政治态度一经形成,便具有了相对稳定的特点,除个别情况外,成年人的政治态度一般不会一变再变。

3. 塑造政治人格

所谓人格是指一个人通过社会化而形成的观念、态度、性格与习惯等,是一个人比较稳定的生理、心理素质和行为特征的总和。政治人格一般是指一个人相对稳定的价值心理结构和政治行为特征。政治人格不可能先天就有,它只能是政治社会化的结果。

在政治社会化过程中,通过社会的教化和个人的学习,使社会的政治文化逐渐内化为个体的政治文化,个体形成了对政治世界和各种政治现象的独特观念,对自我与他人、与政治生活世界关系的认识,以及对政治生活的独特的参与方式。一个人对政治世界的全部看法和观念的综合,就是他的“政治自我”,亦即“政治人格”。“政治自我”的形成,是个体在政治上成熟的表现,它表明一个人最基本的态度和信仰初步形成,对政治关系的认识加深,政治思维方式和个人权利义务观念等趋于稳定,它使个人能通过调节自身与社会化主体的关系,影响政治社会化的向度、频度和深度。

4. 训练政治技能

政治技能是指社会成员参与政治生活的能力和技巧。对社会成员进行政治技能方面的训练,也是政治社会化的重要内容。政治社会化训练个体的政治技能通常有两种方式:首先是专门的政治技能教导,如宣传政治体系的结构和运行方式、运行程度和接近途径,使个体获得参与政治生活的一般知识,掌握常规的参与技术和技巧。其次是通过各种直接或间接的政治活动,使个体在实际的参与中体会和熟悉政治参与的技能要求。

三、政治文化的转移功能

无论何种类型的社会化过程,都是某种文化的传递和内化过程。因此,个体社会化的结果之一,是实现了人类文化的转移,它包括前人的文化向后人的转

① 转引自莫里斯·迪韦尔热:《政治社会学——政治学要素》,华夏出版社 1987 年版,第 89 页。

移,社区文化的横向渗透,以及新文化的创造和发展。从这个角度看,政治社会化也就是政治文化的转移过程,它至少包含了以下三个方面的内容:

1. 政治文化的传承和延续。文化不能通过自然遗传的方式获得,前人所创造的政治文化只有通过政治社会化的过程,才能被后人所接受和继承。政治共同体借助各种手段和途径,传播自身的政治文化,使之内化到个体的态度和人格结构之中,从而实现政治文化的世代延续。假如没有政治社会化的过程,前人留下的政治文化遗传就无法转化为后人的财富,社会政治的发展也就无从谈起。

2. 政治文化的维持。在一个社会中,占主导地位的政治文化必然是统治阶级政治思想的集中反映,是现行政治体系所认可和支持的文化,它能否得到社会成员的认同和接受,在很大程度上关系到政治共同体的稳定。为了维持一定的政治文化,最有效的途径就是政治社会化。于是,我们看到,每一个社会的统治者都会采取各种有力的政治社会化措施来维持有利于它的统治的政治文化。中国古代的封建政治文化之所以能够长期延续,成为封建政治体系和政治生活牢固的精神支柱和心理基础,其中的一个重要原因就在于它有一套相当成熟而有效的传递封建正统政治文化的机制。

3. 政治文化的创新和发展。社会化所实现的文化转移不是一个简单的机械的传递过程,而是通过社会的教化和个人的生活实践不断实现的创造发展过程。当社会生活发生重大变革时,政治体系也会通过政治社会化过程来改变社会的政治文化,促使其朝着有利于新的政治形式的方向发展。同时,社会生活的发展变化,也会在政治文化中得到反映。尤其在社会发展日益迅速的今天,政治文化同其他类型的文化一样,更新和发展的速度越来越快。而统治者总是适时地赋予政治文化以新的内涵,并通过各种社会化机制灌输给社会成员,以此来改变社会成员的政治取向,形成与政治体系发展相适应的个体与社会的政治文化。

四、维持政治统治的功能

强化现行政治体系的合法性基础,维持其政治统治的正常运行,是政治社会化的又一项重要功能。“任何社会,为了能存在下去,必须紧密地围绕保持其制度完整这个中心,成功地把思想方式灌输进每个成员的脑子里。”①从社会方面看,政治社会化的主要目的就是为了维护现有的合法制度。

一个社会政治统治的维持,固然离不开暴力的强制,但思想观念方面的引导和控制也是一项十分重要的,或者说更为有效的条件。所以,任何阶级社会的统治者通常都会运用各种手段和方法,向社会成员传播和灌输有利于其阶级统治

---

① 安东尼·奥罗姆:《政治社会学》,上海人民出版社 1989 年版,第 317 页。

的政治理想、政治观念、政治信仰等政治文化内容，使统治者的政治取向得到全社会的认同，成为人们的普遍取向。这样，现行政治统治便可能得到社会多数成员的接受和自觉服从，因而也就具有和广泛的合法性基础。迪韦尔热在谈到儿童的政治社会化时指出："儿童社会化的目标，就是把现有文化特别是权威、权力和等级制度赖以存在的价值观传授给他们。合法性指的是一个集体的大多数人认为一种权力、一种权威和一种等级制度是合情合理的，即符合价值体系的。譬如，假若多数臣民认为君主制是合理的制度，持有王冠的人根据集体公认的标准理应戴上王冠。"①

政治社会化教育和训练人们承认和接受公共权威，养成自觉服从法律的习惯，从而有效地维持着社会的政治秩序。"在某种程度上，我们服从法律是因为害怕受到惩罚，但是，或许在更多的情况下，服从是因为我们受过接受政府权威统治的训练。"②同时，在政治社会化过程中，统治者往往要有意识地向社会成员灌输现行政治制度的规范和政治行为准则，把人们的政治活动和政治参与行为纳入到既定的规范之中，并进行有效的调节和控制，以保持政治秩序、维护它的政治统治。

① 莫里斯·迪韦尔热：《政治社会学——政治学要素》，华夏出版社 1987 年版，第 92 页。

② Michael Roskin 等，"Political Science"，Prentice-Hall，1997，p. 136.

第五章

公众舆论和意识形态

公众舆论和意识形态与政治文化之间有着非常密切的关系，它们都属于一个社会精神领域中的现象，都对社会的政治生活产生着至关重要的影响。但是，它们又属于不同的范畴，具有不同的功能，对政治体系的运行发挥着不同的作用。所以，仅仅研究政治文化还不足以使我们全面把握社会的观念意识与政治生活的关系。

第一节　公众舆论

舆论是社会意识形态的特殊表现形式，是伴随着人群出现后所产生的一种社会现象。舆论有多种形式，公众舆论所强调的是，它属于不同于政府的、来自民间的舆论。公众舆论作为一种政治力量，虽然不能对政治起控制作用，但它可以对政府的施政行为施加限制。因此，公众舆论便成了政治社会学研究中的一项重要内容。

一、公众舆论概述

公众舆论(Public Opinion)是一个人们经常使用，但含义并不十分精确和明晰的概念。首先，对公众一词如何理解，人们就有不同的看法。有些人倾向于把它局限于社会成员中有知识的或参与公共事务的那部分人，也有的人主张把它定义为一个社会的全体国民。我们认为，公众是与政府相对应的一个概念，不能仅仅从人数或范围上加以界定。而且，事实上我们也很难给出一个具体、明确的公众界标，来划定它的范围。如果把公众仅仅看做是有知识或参与公共事务的那部分人，姑且不论其人数多少，他们是否就能代表公众也值得怀疑；如果把公众定义为全体国民，那么公众舆论就成了全体国民的看法。这一观点成立的前提是:每个人对任何事物都有自己的看法。但事实是,“很可能存在那么一些没有观点的人,他们或者出于无知,或者出于冷漠,抑或是不愿意作出判定。”[①]所以,公众是一个模糊概念,它指的是一定数量的社会成员。

按照T.H.考尔特的观点,舆论这个概念包含两个方面的要素:其一,舆论与受到争议的或可引发争论的问题有关。这是因为,对于真理昭然或公众意见一致的事情不会有什么舆论。其二,舆论在理性上应当是可以被辩护的。这并不需要每个人都从理性出发来阐述各自的看法。舆论的形成可以是从客观前提出发所进行的逻辑推论,或者是产生于某种复杂的成见或心理积淀。所以,考尔特给公众舆论下的定义是:由人口的某些重要部分所持有的对某些有争议的问题的一系列看法。[②]

我们认为,舆论所涉及的对象未必全都是存在争议的问题。在有些情况下,仅仅因为问题本身的重要性或严重程度,也会引起舆论的关注。因此,把公众舆论局限于对有争议的问题的看法,未免失之偏颇。据此,在最简单的意义上,公众舆论是指一个社会中人们对某些具体的社会或政治现象、问题或事件的看法、意见和观点的总和。这一定义包含了以下几层意思:

1. 公众舆论是人们对某些具体事件、现象或某个具体的政策、问题的反应。公众舆论与政治文化有密切的联系,它们常常纠缠在一起,以致有时我们很难区分二者的界限。但政治文化与公众舆论还是有区别的,二者的不同之处就在于前者是人们在政治社会化过程中所形成的有关社会政治生活的一般态度、价值观和政治取向,而后者则是对具体问题的具体看法和观点;前者具有稳定性、持久性的特点,而后者则是相对不固定的、易变的。

政治文化与公众舆论之间的联系主要表现在,人们对某个具体问题的看法,往往与他们所持有的一般政治态度和价值观有关。比如大部分美国人对政府权力的基本态度是:政府权力是危险的,因而必须受到限制,这一观念已经渗透进美国政治文化的深层价值结构之中了。因而,当“水门事件”发生后,美国公众的强烈反应不能不说是与此有关。

2. 公众舆论所针对的,不是个别人的私人事务,而是社会的和政治的问题。“一位妇女对其邻居的宗教信仰的看法,不属于公众舆论。但她认为公立学校的青少年应当祈祷的观点,则是公众舆论的一部分。”[③]个别人的个别问题,如果不具有社会影响或社会意义,就不会成为舆论关注的对象。美国前总统克林顿与莱温斯基的绯闻案如果是发生在普通公民的身上,则纯属个人私生活,根本不

---

① 《布莱克维尔政治学百科全书》,中国政法大学出版社2002年版,第663页。

② 《布莱克维尔政治学百科全书》,中国政法大学出版社2002年版,第663页。

③ Michael Roskin 等,“Political Science”, Prentice-Hall, 1997, p.144.

可能形成公众舆论。然而，克林顿的总统职位和国家领导人的地位使这一事件具有了政治意义。在一些美国人看来，克林顿的行为损害了国家的形象，也违背了国民对总统作为国家代表的道德期望。正因为如此，克林顿绯闻事件在美国舆论界激起轩然大波就不足为奇了。

3. 公众舆论并不意味着它必然是来自群众的强烈、明确和一致的意见。的确，在某些问题上，公众的意见或许表现出空前的一致性，这时的公众舆论具有强大的力量。然而，在大多数情况下，公众的舆论总是不统一的。对待同一种问题或同一项政策，由于人们的社会地位、利益要求、受教育程度、对事实的了解情况均不相同，因而不可能形成完全一致的看法。更何况，还有一些人由于种种原因对问题根本不感兴趣，因而不会形成什么看法。“在一般情况下，公众舆论对任何问题都表现出一致性，那就值得怀疑了。”①

通过上面的分析，可以对公众舆论的特征做一个简单的总结。

首先，公众舆论反映着人们的利益倾向。公众舆论中各种意见的背后，隐藏着更为深刻的原因。政治文化是其中的一个重要的影响因素，对同一种现象，不同的政治文化有着不同的价值取向、态度和立场，因而会导致人们产生不同的看法。但是，决定公众舆论倾向的更重要的因素是利益方面的差别，尤其是人们社会经济地位的差别。不同的阶级、阶层或集团有不同的利益和要求，因而对同一个问题必然会形成不同的看法。公众舆论之所以难以形成统一意见，关键就在于社会中存在着不同的阶级或集团。

其次，公众舆论一般属于非理性的认识。来自公众的舆论，并不需要每个人都从理性出发来阐述自己的看法。对一些具体事件或政策，人们往往是就事论事，依靠自己所掌握的信息、凭直觉和一般印象形成看法。这些看法不是理性思考的结论，因而，一般不具有理论性、系统性和深刻性。

再次，公众舆论通常是不定型的，具有易变性的特点。这是公众舆论与政治文化的区别所在。作为政治文化核心内容的政治态度和价值观一旦形成，一般不会轻易发生变化。而人们对某些问题的看法却常常会因为内在的或外在的因素的变化而改变。例如，一项有关英国前首相撒切尔夫人的舆论调查显示，在1975年2月当撒切尔夫人刚刚当选为保守党领袖时，被调查者中有41%的人不能说出对她作为领袖是否满意。而在同年11月所作的同样调查中，这一比例下降到了19%。另一项有关英国议会议员报酬的调查，也证明了公众舆论的易变性。在调查中最初有三分之一以上的人认为议员的薪水过高，只有14%的人认为偏低。问题在于大约有三分之一的被调查者认为议员的年薪超过4 000英镑，而实际数字是3 250英镑。当事实真相被披露以后，认为薪水过高的人数比

① Michael Rush, “Politics and Society”, Prentice-Hall, 1992, p. 169.

例下降到15%，认为薪水偏低的人数比例则上升到了33%。[①]

最后，公众舆论具有现实性强的特点。舆论都是针对当时的社会问题发出的，它反映现实生活中与公众利益密切相关的现象和问题。一种社会现象一旦成为舆论关注的焦点，那么，它一定是相对比较严重、突出和敏感的问题。当然，舆论本身也存在强烈程度不同的差异，也就是说，对同样的问题一些人的反应可能比别人更为强烈。这是因为，同样的问题对不同人群的相对重要性是不同的。

二、公众舆论的类型划分

由于公众舆论并非总是能够保持一致，这就产生了舆论划分的必要。国外学者有关公众舆论的类型划分有以下几种不同的说法：

拉什认为，公众舆论可以被分为以下四类：专家意见、业内人士意见、相关人士意见和一般民众意见。专家意见是指那些在相关领域中有学识的专家的看法；业内人士是指在相关领域中有足够知识或对情况比较了解的那些人；相关人士则是指直接受所涉及的问题或事务影响的人；一般民众是指不属于以上三类人士的任何人。[②] 同时，拉什也强调，上述四种类别的划分并不是绝对的，它们的重要性会随以下一些因素的变化而改变：具体问题、涉及的人、对问题的普遍觉悟、政党或压力集团对公众意见的整合程度等。而且，即使在这些类别内部，人们的看法也当然会有分歧。于是，就可能出现这种情形：对某项政策或某个问题持同样观点的人可能分属于各个不同的类别。所以，我们不能断言，专家的看法一定会不同于普通民众。

詹姆斯·W.西瑟根据公众舆论形成的来源，将其划分为两大类：一种是由向公众灌输其思想的知识分子形成的舆论；另一种是由人民的利益和感情形成的舆论。[③] 他分析了这两种来源不同的舆论之间的区别，认为它们之间的差异显然要多于共同点。"知识分子形成的舆论要求平等和统一。他们以系统的语言提出这些要求并为行动制定了明确的计划。知识分子产生的思想使人民以有悖常识的方式来考虑其利益，并乞灵于一些令人激动但却缥缈虚幻的看法；而来自人民的舆论不免粗俗，但它反映了对物质满足和某些平等的毫不做作的愿望。"[④]

在公众舆论的划分上，阿尔蒙德的观点颇具代表性。他在《美国人民和外交政策》一书中指出，美国的公众舆论并非只有一种，而是三种。也就是说，公

---

① Michael Rush, "Politics and Society", Prentice-Hall, 1992, pp. 167-168.

② Michael Rush, "Politics and Society", Prentice-Hall, 1992, p. 168.

③ 詹姆斯·W.西瑟：《自由民主与政治学》，上海人民出版社1998年版，第190页。

④ 詹姆斯·W.西瑟：《自由民主与政治学》，上海人民出版社1998年版，第190页。

众舆论并不是一个单一的整体,而是分裂为不同的部分。这三种公众舆论的主体分别是:(1) 一般公众。这部分人构成了美国人口的大部,他们不了解或不关心与自己没有直接关系的事情。例如,大多数美国人很少关心外交政策,除非国家发生战争或陷入国际危机。(2) 热心公众。这部分人构成了美国人口的少数,他们通常是一些受过良好教育的、并对一些较为抽象的政治事务如外交等感兴趣的公众。(3) 政策和舆论精英。这部分人人数虽然很少但影响却极大,他们通常是由一些负责设计内政外交政策的职业政治活动家组成的,如国会议员、政府官员、高级记者等。①

调查发现,美国公众对世界事务的无知令人吃惊。某些公民甚至包括大学生要求对利比亚和伊拉克采取强硬行动,但他们却不能在地图上找到这两个国家的准确位置。在国内事务方面,一般公众都具有相当的知识和较为明确的观点。他们特别关注经济状况,对过高的通货膨胀和失业率反应强烈,因为它与每个人的利益有关。相比之下,对一些较为抽象的经济问题,如货币供应的增长率等,一般公众通常没多大兴趣。

一般公众是一个笼统的概念,由于人们总是分属于不同的社会集团,他们的利益所在和兴趣焦点也必然各不相同。以美国为例,农民关心生产价格、钢铁工人和汽车工人关心出口、妇女关心工资平等、少数族群关心工作机会。所以,一般公众很难用一个声音说话。某些集团感到满意的时期,或许正是另外一些集团不满的时期。黑人和穷人普遍支持克林顿的福利政策,而感到税务负担沉重的更多的白人则持反对意见。

热心公众虽然人数较少,但他们的政治地位和政治影响更为重要。这是因为,他们有自己明确表达的观点和更强的政治能力。在某些时候,他们能够唤起一般公众对问题的关注,在反应较慢的普通公众中发挥"火花塞"的作用。所以政府当局往往要用更多的时间和精力争取这部分公众的支持,并通过他们的影响去争取一般公众。

政策和舆论精英的意见在国家政治生活中具有举足轻重的影响,发挥着关键性的作用。他们通常把自己打扮成一般公众的代表,把自己的意见说成是普通民众的意见。而实际上,他们的主张和观点往往反映的是一般公众中某个集团的舆论倾向。

三、公众舆论的调查

公众舆论调查也被称作"民意测验",是现代国家了解公众对某些事件、人

① Gabriel A. Almond, "The American people and Foreign Policy", Praeger, 1960, p. 138.

物、政策的态度和看法的一项重要方法和技术。在一些国家尤其是西方国家，民意调查可以说无所不在，大到国家政策，小到日常生活，凡是人们想要了解的任何东西，都会被列入调查的范围。在政治生活中，公众舆论的调查数据常常会影响政府的政策选择和公众的态度走向。

1824 年，一份叫做“哈里斯堡宾夕法尼亚”(Harrisburg Pennsylvanian)的报纸派出记者到街头向路人调查，了解公众对总统候选人约翰·亚当斯和安得鲁·杰克逊的投票倾向。这一行动被看做是最早的民意调查，其理论依据是：风中的稻草可以显示政治的风向。其后，在每次大选期间，许多报纸都开始采用各种方式进行类似的“稻草调查”(straw polls)。最早在舆论调查方面取得卓越成就的是流行杂志《文学摘要》(Literary Digest)，它曾经准确地预测出 1916 年至 1932 年历次总统选举的结果。其成功的秘诀是采用大规模取样的办法，理由是访问的人越多，结果越可靠。1936 年，一种新的从市场研究发展而来的舆论调查技术被盖洛普首先应用到政治领域。这种新的科学的调查方式克服了过去那种以量大取胜的做法，而更注重调查对象的代表性。从此以后，科学取样的调查方法开始居于统治地位，一些职业性、专业化的舆论调查组织纷纷出现。

公众舆论调查的广泛运用表明，它的结论能够得到公众的认可。仅以美国为例，舆论研究公司每年提供的调查服务，价值高达 2 亿美元。但是，舆论调查并不能始终做到准确无误。其中的一个原因是，公众舆论总是在变化的，没有什么永恒的舆论存在，易变性是它的特点之一。同时，任何形式的舆论调查都只能是以取样进行，这也在一定程度上影响了它的可靠性。

事实上，在西方国家，关于舆论调查的争论始终未曾停歇。批评家们指出，民意测验机构发表和公布的调查结果有可能扭曲选举过程。例如，新闻媒介可能会大肆报道一位候选人遥遥领先于另一位候选人的调查结果，这势必对选民的投票心理产生影响，从而使处于劣势的一方有可能遭受毁灭性的打击。竞选初期民意调查中处于领先地位的候选人则有可能争取到更多的竞选资金，赢得新闻媒介更多的关注，从而获得更多的支持者。即使是所谓的“出口调查”(exit polls)，人们对它的影响也存在争议。“出口调查”是指对那些刚刚结束投票走出投票站的人进行的调查。由于美国东西部 3 ~4 个小时的时差及现代传媒的快捷，东部投票结束后公布的调查结论，很可能影响尚未走向投票站的西部选民。“舆论调查的影响不会是中性的，当它的调查结果能够快速传播时尤其如此。”①

总的说来，公众舆论调查是现代社会中人们了解民意、把握大众心理走向的重要的和基本的手段。在一些国家，它已经成为社会政治系统运作中不可或缺

① Michael Roskin 等，“Political Science”, Prentice-Hall, 1997, p. 162.

的因素，对国家政权机关的决策及各种组织和团体的行动选择提供了重要的参考依据。但是，我们也不应当对舆论调查过分迷信。这是因为：首先，公众的注意力和关注的问题有着很大的不同，在许多问题上，一般公众或者不知情，或者没看法。这样，强烈关注某项问题的少数公众就有可能决定舆论调查的结果。其次，一些政治人物有可能利用现代传播媒介，有意识地引导舆论，力图创造他们希望听到的某种舆论反馈。因此，常常会出现公众舆论跟着政府的决策走，而不是指导政府决策的现象。再次，公众舆论总是在变化的，他们此时所赞同的，不一定永远赞同。如果决策者总是跟着舆论调查走，就有可能掉入陷阱。民意调查至多只能给我们提供某一时刻公众舆论的"即时快照"。在任何时候，舆论调查的结论都不能取代对问题的认真分析和对未来发展的理性思考。

第二节　意识形态

意识形态是学术界经常使用的一个重要的分析概念。在现实政治生活中，意识形态是一种无形的力量，对政治过程产生着巨大的影响。意识形态涉及人们对当前世界的信念和对未来的期望和设想，它为社会及其成员提供生存方式合理性的观念基础。不管人们是否愿意承认，一个社会的政治统治往往都需要一种相应的意识形态作为其精神支柱和行动指导。由此，意识形态与政治产生了密不可分的联系。

一、意识形态概念分析

"意识形态"一词最早是由法国哲学家特拉西(Destutt de Tracy)于19世纪初提出的，用来指"观念的科学"。在特拉西看来，作为观念学的意识形态，主要任务是研究认识的起源、界限和认识的可靠性的程度。除了理论上的、哲学认识论上的意义之外，特拉西还赋予了意识形态学说以实践的意义，即作为一切科学的基础，意识形态是负有社会使命的，它的目标在于为人类服务，甚至拯救人类。基于这一主旨，特拉西和他的信徒们曾设计了一种国民教育制度，以期把法国改造成一个理性的、科学的社会。

自特拉西以后，意识形态概念逐渐流行开来，并越来越受到人们的重视，其含义也与原来的"观念科学"逐渐有所不同，变得日益复杂起来。意识形态的确切含义究竟是什么？国内外学术界一直争论不休。早在20世纪50年代，就有人对意识形态一词的定义进行过统计，据说当时已达150种之多。在此后的数十年间，有关的研究著述大量涌现，这一数字必然有增无减。

按照莱蒙德·格斯的看法，形形色色的意识形态概念，大体上可以分为三类：

1. 否定意义上的意识形态，即对意识形态的内容和价值持否定的态度，认定它不能真实地反映社会存在，而只能曲解事实，掩盖社会存在的本质。马克思在其早期的意识形态批判中也主要是从否定的意义上使用这一概念的。当代也有许多学者对意识形态的含义持否定的意见。如韦伯和曼海姆都认为，各种意识形态都是一定政治集团利益的反映，具有虚假性。曼海姆指出，意识形态只是由一定的社会集团、阶级支持的具有社会意义的思想体系，这种思想体系是"被维护现存社会制度或复辟过去社会制度的愿望所曲解了的一切思想；思想体系是既得利益或反动纲领的体现。"[①]西方马克思主义学派的一些学者，如法国的勒斐伏尔和阿尔都塞都认为意识形态是与科学完全对立的，是一种虚假的信仰和偏见。法兰克福学派的思想家如马尔库塞、哈贝马斯等人都对意识形态展开了激烈的批判，认为它是统治阶级的工具，是现代资本主义一切异化和病态现象的根源。即使从纯学术的角度看，意识形态不但是一个"并非由理论论证支撑的规定性学说，而且也是一个可以破坏理性论证可能性的规定性方法。"[②]

2. 肯定意义上的意识形态，即不仅承认意识形态的存在，而且对它的内容和价值持肯定的态度，认为它能客观地反映社会存在的本质。对意识形态持肯定态度的人首先承认它的功能价值的存在。托马斯·戴伊认为，"意识形态是一套综合的观念体系，它能够为社会及其成员提供生存方式的理性基础，指导人们如何评价对与错、是与非，并为人们的行为提供情感刺激"。[③] 戴维·凯特勒也持类似的观点：意识形态是具有符号意义的信仰和观点的表达形式，它以表现、解释和评价现实世界的方法来形成、动员、指导、组织和证明一定的行为模式或方式，并否定其他一些行为模式和方式。[④] 同时，还需要指出的是，意识形态不仅仅属于社会政治范畴，它还是一个重要的哲学范畴。作为哲学范畴，意识形态还具有认识论方面的价值。

3. 描述意义上的意识形态，即仅仅把它当做一种分析工具，而不引入价值判断，只是描述意识形态的含义和内容，而不对它进行肯定或否定的评价。描述意义上的意识形态概念多种多样、五花八门。塔尔科特·帕森斯把意识形态看做是"一个集体的成员所共有的信念体系"，是社会集团用来理解世界的解释性

---

① 《新社会学词典》，上海译文出版社 1987 年版，第 169 页。

② 《布莱克维尔政治学百科全书》，中国政法大学出版社 2002 年版，第 368 页。

③ Thomas R. Dye, "Power and Society", Harcourt Brace & Company, 1996, p. 224.

④ 《布莱克维尔政治学百科全书》，中国政法大学出版社 2002 年版，第 368 页。

方案。[①] 安东尼·达温斯则认为,意识形态是“有关理想社会以及构建这一社会的主要手段的语言描述。”[②]社会人类学家克里伏特·吉尔茨把意识形态定义为“一系列文化符号系统之一”,并认为它的作用基本上是中性的。[③] 马克思本人在其早期的著作中基本上是在否定意义上使用意识形态概念的,恩格斯晚年也经常这样使用。而在这同时,尤其在历史唯物主义创立以后,他们更多的是在描述意义上运用这一概念。在马克思和恩格斯看来,意识形态是社会存在的反映,是阶级社会中一个阶级的社会观念的总体,从而揭示了意识形态的本质特征。

马克思主义意识形态理论的基本观点主要有以下内容:第一,意识形态属于观念的上层建筑。在《德意志意识形态》一书中,马克思和恩格斯使用了“观念的上层建筑”和“整个意识形态的上层建筑”的不同提法,[④]指出意识形态就是观念的上层建筑,从而正确地说明了意识形态在整个社会结构中所处的位置。第二,意识形态是社会生活过程在人们头脑中反映的产物。马克思、恩格斯从社会的生产方式出发,论述了物质资料的生产方式支配着社会的政治和精神生活的过程,不是人们的意识决定他们的存在,而是他们的社会存在决定他们的意识。第三,根据社会存在决定社会意识的原理,马克思和恩格斯证明了在阶级社会中意识形态具有鲜明的阶级倾向性。第四,意识形态没有自己绝对独立的历史,而是随着人们的生活条件、人们的社会关系、人们的社会存在的改变而改变。

由此可见,意识形态是特定阶级的社会意识的总体,是一个社会上层建筑的观念形式,是代表统治阶级根本利益的情感、表象和观念的总和。

在这里,我们必须把意识形态与政治文化区别开来。首先,政治文化通常比意识形态涵盖的内容更为广泛,尽管一个社会的政治文化在很大程度上反映了该社会的意识形态,但它也常常包含一些从别的意识形态中吸取的观念和价值,政治文化的要素结构中,包容着多种意识形态的成分。其次,意识形态是一个清晰、连贯、一致的观念体系,具有逻辑上的严密性和完整性,而政治文化体系内部则包含着不同的、甚至是相互矛盾和对立的因素。同时,意识形态也不同于政治心理,政治心理是社会成员对政治生活的自发的心理反应,表现为人们的政治认知、情感和评价。而意识形态,尤其是作为它的具体形式之一的政治思想,是人们对政治现象进行理性思维的产物,是系统化的理论,二者处于政治认识过程的不同层次。

---

① Talcott Parsons, “The Social System”, Free Press, 1951, p.331.

② Anthony Downs, “An Economic Theory of Democracy”, Harper & Row, 1957, p.96.

③ 参见 D. E. Apter(ed.), “Ideology and Discontent”, Free Press, 1964, pp.47-76.

④ 参见俞吾金:《意识形态论》,人民出版社 2009 年版,第 68 页。

二、意识形态的特点

意识形态具有以下一些特点：

1. 阶级性

阶级性是意识形态最突出的特征。马克思和恩格斯指出，“统治阶级的思想在每一时代都是占统治地位的思想。这就是说，一个阶级是社会上占统治地位的物质力量，同时也是社会上占统治地位的精神力量。支配着物质生产资料的阶级，同时也支配着精神生产的资料……占统治地位的思想不过是占统治地位的物质关系在观念上的表现，不过是以思想的形式表现出来的占统治地位的物质关系”①。在阶级社会中，统治阶级要在物质生产中进行物质统治并决定整个社会的面貌，就必定要把这种统治扩展到思想领域，以便调节自己时代的精神生产与分配。统治阶级总是力图使自己的统治具有“合法性”的基础，得到意识形态的支持。为此，他们总是把自己的利益说成是整个社会的利益，赋予他们的思想以普遍性的形式，将其描绘成唯一合理的、具有普遍意义的思想。

意识形态的阶级性特点表现为它反映了一定阶级的利益要求和价值取向，它是社会中存在着不同阶级和利益的观念反映。“各个世纪的社会意识，尽管形形色色、千差万别，总是在某种共同的形式中运动的，这些形式，这些意识形式，只有当阶级对立完全消失的时候才会完全消失。”②因此，在阶级社会中，根本不存在超阶级的意识形态。只有深入探究统治阶级的根本利益所在，才能把握意识形态的本质。

2. 相对独立性

意识形态虽然是社会存在的观念反映，是由社会的物质生活条件决定的，但它又有自己的内在规律和发展逻辑，具有相对独立性。意识形态的相对独立性主要表现在：

（1）意识形态具有历史继承性和按照自己特有的规律发展的内在逻辑。意识形态总是在一定的经济基础上产生的，同时，又与以前的意识形态保持着逻辑上的联系。恩格斯曾以哲学为例，证明每一时代的哲学作为分工的一个特殊领域，都具有由它的先驱者传给它而它便由此出发的特定的思想资料作为前提。后人对前人思想材料的继承，并非无条件的全盘接受，而是一个扬弃的过程。

（2）意识形态的发展变化与社会存在的发展变化往往是不同步的。在有些情况下，意识形态的发展落后于社会的发展，社会的物质生活条件发生了变化，

---

① 《马克思恩格斯选集》第1卷，人民出版社1995年版，第98页。

② 《马克思恩格斯选集》第1卷，人民出版社1995年版，第292～293页。

原先以此为基础形成的意识形态并未随之而发生变化。在另外一些情况下,先进的意识形态还有可能先于与它相应的社会存在而产生,并能够在一定程度上预见社会未来的发展趋势。意识形态与社会存在之间的关系是一种动态的平衡关系。

(3) 各种意识形态之间相互影响、相互作用。恩格斯曾经通过对宗教历史发展的考察,揭示了各种意识形态相互渗透、相互影响的特性。他指出:“任何意识形态一经产生,就同现有的观念材料相结合而发展起来,并对这些材料作进一步的加工”①。政治、哲学、宗教、艺术等各种意识形态的发展,除了以经济的发展为基础外,它们之间也相互影响。例如,对哲学影响最大、最直接的是政治、法律和道德。反过来,哲学作为世界观与方法论也影响着其他意识形态。

(4) 意识形态作为一种能动的力量,影响着社会历史的发展,对经济基础产生反作用。恩格斯指出:“虽然物质生活条件是原始的起因,但是这并不排斥思想领域也反过来对这些物质条件起作用”②。各种意识形态由于在社会的上层建筑中所处的位置不同,它们对经济基础的反作用的发生也有所不同。政治、法律的反作用相对比较直接,而哲学、宗教、艺术对经济基础的反作用则往往是间接的、迂回曲折的。作用的结果也因意识形态性质的不同而不同。一般来说,先进的意识形态有助于社会的发展与进步;落后的意识形态则会对社会的发展进步产生阻碍作用。

3. 依赖性

依赖性是指意识形态没有自己绝对独立的历史。意识形态作为人类社会生活实践的观念反映,必然受制于一定的社会存在,而不可能脱离人类史拥有自己绝对独立的历史发展。正如马克思、恩格斯所说的:“意识在任何时候都只能是被意识到了的存在,而人们的存在就是他们的现实生活过程。”③马克思和恩格斯关于意识形态没有自己绝对独立的历史这一观点,主要是针对那些认为精神或意识形态有能自我发展,有自己完全独立的历史的唯心主义观点和宗教神学。他们并不否认意识形态的相对独立性,而是反对脱离现实的社会存在抽象地谈论意识和精神的发展。后来,他们在《共产党宣言》中再次重申了自己的观点:“人们的观念、观点和概念,一句话,人们的意识,随着人们的生活条件、人们的社会化关系、人们的社会存在的改变而改变,这难道需要经过深思才能了

---

① 《马克思恩格斯选集》第4卷,人民出版社1995年版,第254页。

② 《马克思恩格斯全集》第37卷,人民出版社1971年版,第431~432页。

③ 《马克思恩格斯选集》第1卷,人民出版社1995年版,第72页。

解吗?”[1]

4. 系统性

意识形态是由各种具体的意识形成的完整而统一的观念体系,其内部具有一致性的特点。一种意识形态,即使它的观念和信仰建立在谬误的前提上,其内部的诸种形式之间还是有着内在的逻辑联系的,至少在它的信仰者看来是如此。意识形态的系统性特点,是它发挥自身功能的前提。

5. 实践性

意识形态是一种旨在保持或改变社会制度的思想观点的体系,它具有认识和实践的双重功能。拉什在谈到哲学与意识形态的区别时指出:“意识形态明显与行动相联系,它是行动或行动愿望的基础与评价标准。”[2]迪韦尔热在解释意识形态概念时,也特别强调了他的实践性特点:“意识形态是指解释一个社会的系统方法,它或者为这个社会辩护,或者批判这个社会,成为为维持、改造或摧毁这个社会而采取行动的依据。”[3]意识形态思想家们所探索的是行动的方案,而非抽象的概念。所以,正如有的学者所说:“意识形态在本质上是实践的,或者换句话说,可实践性是任何意识形态的基本特征和功能。”[4]

三、意识形态功能分析

意识形态作为观念形态的上层建筑,是一个社会政治结构的重要组成部分。它虽然受制于社会的经济基础,但反过来又会对社会的经济基础产生巨大的反作用。这种反作用在它的一系列社会政治功能中得到了体现。

1. 意识形态为政治统治提供合法性依据和道德支持。每一个社会的统治阶级要想有效地行使统治,除了需要借助于暴力和强制以外,还需要寻找统治具有正当性和合法性的道德信念。这一目的正是通过意识形态实现的。对于意识形态的这一功能,国内外许多学者都曾经做过详尽的分析。罗伯特·达尔指出,任何政治体系的领袖都要维护和弘扬一种政治意识形态,以便说明和论证国家统治的合法性。而政治权力一旦披上合法的外衣,就会转化为政治权威。这种政治权威比赤裸裸的强制更可靠和持久,而且还能使统治者用最少的政治资源进行控制。达尔认为,一种统治的意识形态,用道德的、宗教的、事实的和其他各种假设来证明现行政治体系的合理性。它通常包含评价组织机构、政策和政治

① 《马克思恩格斯选集》第1卷,人民出版社1995年版,第291页。

② Michael Rush, “Politics and Society”, Prentice-Hall, 1992, p. 182.

③ 莫里斯·迪韦尔热:《政治社会学——政治学要素》,华夏出版社1987年版,第9页。

④ 俞吾金:《意识形态论》,人民出版社2009年版,第131页。

领袖的标准，政治体系如何运作的理想化描述以及缩小现实与理想差距的说法。政治意识形态的内容不能由政治领袖按照自己的意愿随心所欲地创造和操纵，它必须对经验和事实具有一定的解释力。而且意识形态一旦在政治体系中被广泛接受，统治者也必须加以服从，否则就要冒失去合法性的危险。①

2. 意识形态有助于政治体系结构的稳定。在一个社会共同体中，个人和集团的各种利益和要求之间的冲突是必然的。这就需要有一种能够为社会多数成员共同承认和接受的基本价值取向来协调冲突，缓解矛盾，以维持政治体系的生存与稳定。"意识形态显现或隐蔽的程度可能会随着社会和时代的不同而不同，但没有哪个社会存在于没有价值判断的环境中。"②意识形态为人们判断社会事务中的正当与不正当提供了规则上的标准，它强烈地包含有道德的成分，有时甚至发挥着宗教般的功能。对此，美国学者丹尼尔·贝尔分析道：任何社会归根结底都是一种道德秩序，它必须证明它的分配原则是合理的，也就是赋予它以合法性；它必须证明自由和强制的并用对于推行和实施它的分配原则是必要的和天经地义的。因此，为了维护政治体系自身的生存，必须创立一种阐述明确的、可以调和个人之间摩擦的大众哲学。贝尔为这种具有价值规范功能的政治哲学规定了两项任务：其一，规定共同的利益；其二，满足个人和群体各自提出的权益和要求。③

3. 意识形态为人们提供行为的动力。意识形态的特点之一是它的实践性，换言之，它是一种必然要诉诸行动的思想方案和实践纲领。意识形态的追随者们往往相信，如果他们的方案能够得到实施，情况就会比现在好得多。因此，意识形态为它的信徒提供了改造社会的精神动力，使人们为自己追求的理想、信念去积极地投身于社会和政治运动，唤起人们为了意识形态的目标采取行动。"为了斗争的需要和承受牺牲，人们需要意识形态的激励。"④从这个意义上讲，意识形态又是一种控制人们行为的重要力量。

4. 意识形态是一种节约机制。意识形态"使人们可以将所面临的问题与一般的哲学和观点联系起来，而用不着就每一个问题发展自己的观点，这样便节约了他们的时间和精力。"⑤美国经济学家诺思则从经济学的角度分析了意识形态的这一功能。他认为，人们通过意识形态了解了自己所处的环境，建立起一种指导行为的世界观，而使决策过程简单明了，使执行过程费用减少。在他看来，所

① 参见罗伯特·达尔：《现代政治分析》，上海译文出版社 1987 年版，第 78 ~ 80 页。

② Michael Rush, "Politics and Society", Prentice-Hall, 1992, p.194.

③ 参见丹尼尔·贝尔：《资本主义文化矛盾》，三联书店 1989 年版，第 308 ~ 309、315 页。

④ Michael Roskin, "Political Science", Prentice-Hall, 1997, p.99.

⑤ Keith M. Dowding, "Rational Choice and Political Power", Edward Elgar, 1991, p.157.

有统治的意识形态都是与对制度特别是对交换关系的正义或公平的判断联系在一起的,它旨在说服人们相信现存的规则是与正义共存的。只有当社会成员相信这个制度是公平的时候,他们才不会有机会主义的搭便车行为,才会自觉地遵守规则和秩序,从而使维护秩序的执行费用大大减少。①

四、当代西方国家主流意识形态

任何一种意识形态,都是一定经济基础的观念反映。当代西方国家的意识形态,是资本主义经济关系发展的必然产物,它所反映和维护的是资本主义的经济结构和社会结构。

当代西方意识形态领域最活跃、占主导地位的民主主义意识形态主要有两大流派:即新自由主义和新保守主义,它们是西方国家中支配经济、政治和社会生活过程的主要意识形态力量。

1. 新自由主义

新自由主义又称现代自由主义,它同古典自由主义有着历史的联系,但又有所不同。新自由主义的基本思想包括:

(1) 国家权力是维护个人权益的积极力量。古典自由主义对国家权力存有疑虑,认为它是干预个人自由的潜在威胁。而新自由主义则把它看做是一种积极的力量,认为它可以被用来改善那些不利于人们的生活、妨碍他们的发展的各种社会和经济的条件。因此,新自由主义者拥护政府运用国家权力来保证普遍的社会福利、消除各种社会弊病。现代自由主义强调社会和经济安全的重要性,并将其视作个人自我实现和自我发展的前提。要达到这一目的,就离不开国家权力的作用。政府通过运用国家权力,可以消除种族歧视、消灭贫困、保证就业、救济穷人、改善卫生条件、向公众灌输人道主义价值观等,从而改进人们的生活条件。一句话,国家权力能够给社会带来许多福祉。

(2) 主张国家对经济生活的适度干预。古典自由主义相信人们决定自己命运的理性能力,主张充分的自由竞争,反对政府对经济生活的干预。而新自由主义则认为,由于人们的先赋条件不同,他们在竞争中所处的地位是不平等的,只有借助于国家权力对经济生活的适度干预,才能保证公平的劳动标准、最低工资、健康的工作环境、保护消费者。所以"古典自由主义把政府赶出了市场,而现代自由主义又把它请了回来。"②最早在社会领域和具体行动中实施新自由主义的是美国总统富兰克林·罗斯福。他积极地运用联邦政府的力量,实施"社

① 参见王列:《国家的文化意识形态职能》,《文史哲》1994 年第 6 期。

② Michael Roskin, "Political Science", Prentice-Hall, 1997, p. 104.

会再分配”,颁布社会保障法,推行所谓“新政”,把新自由主义的意识形态转变成为具体的社会政策和改良措施。

(3) 维护资本主义自由的价值。现代自由主义主张扩大政府职能的作用和范围,但又不肯背弃西方社会的民主原则和自由价值观,既要维护资本主义的民主自由,又不希望这种自由威胁资产阶级的统治权力和政治秩序。他们虽然主张国家干预,但反对把一切生产资料集中在国家手里。在分配方面,他们认为,只要不危害他人利益,给社会稳定造成威胁,个人拥有积累财富的无限权利。也就是说,新自由主义“主张改造资本主义而非用社会主义取代它。”①

(4) 经济自由是政治自由的保证。新自由主义的主要代表人物布兰代斯认为,没有经济上的自由,就没有政治上的自由。一个人如果经济上不自由,即使他完全享有宪法上规定的一切权利,仍不能说他拥有完全的自由。因为一个公民在决定严重影响其生活的问题上没有发言余地,而必须接受那个付给他工资的主人的命令,那他不能被认为是自由的。② 英国思想家汤姆斯·H. 格林(Thomas Hill Green)在19世纪80年代就曾指出,自由主义崇尚契约自由,但如果契约双方处于完全不平等的地位时,情况又如何呢? 比如,一个富有的雇主与贫穷的工人为一份工作讨价还价时,后者难道真的拥有在低水平工资上接受或拒绝这份工作的选择自由吗?③

2. 新保守主义

新保守主义又称现代保守主义,它是在传统保守主义的基础上发展起来的,两者的基本精神是一致的。新保守主义吸收了古典自由主义的某些成分,形成了自己的特色,它的基本主张有:

(1) 主张限制国家权力的范围,减少政府对经济的干预,尽量发挥市场机制的作用。新保守主义的基本态度是,既承认国家干预经济生活的必要性,又主张尽可能地限制国家干预的规模和范围。密尔顿·弗里德曼是新保守主义的重要代表人物,也是市场机制的坚决捍卫者。他认为,市场是一种最佳的民主裁决机制,它一方面保证了人们的财产自由、职业自由、发展自由和表达自由等一系列自由权利,另一方面,由于它的运作能导致最高的效率,也就能为最大多数的人产生最大的经济利益,从而促进人们的幸福权利。相反,如果由政府官员、生理学家或哲学家来评价商品的质量和社会需求,则不仅是不公正的,

---

① Thomas R. Dye, “Power and Soceity”, Harcourt Brace & Company, 1996, p. 227.

② 参见应国良:《当代西方主流意识形态及其政治功能分析》,《中山大学学报》1998年第4期。

③ Michael Roskin, “Political Science”, Prentice-Hall, 1997, p. 104.

而且也是十分危险的。[1] 所以,新保守主义主张实行“自由经济”政策,充分发挥市场机制的自动调节功能,反对政府对经济生活的过多干预。从这一点来看,新保守主义继承了古典自由主义的某些观点,二者在政府与市场关系上的主张颇为相似。

(2) 在平等与自由的关系上,反对自由主义所提倡的平等观念,主张在机会平等的基础上理解自由。新保守主义认为,自由和平等是一对矛盾,如果一味强调社会地位、经济收益平等,就会损害个人自由。在他们看来,平等就是机会的均等,只有贯彻机会均等原则的平等才是公正的。由于人的先天因素是不同的,在智力、体力和品质方面存在着差异,机会均等造成的结果不平等是理所当然的,这正是公正的体现和对自由原则的维护。迈耶克谈到,自由和平等是对立的,人越自由,他们就越自由地显示他们之间的不平等,任何社会促使平等的人为努力,最终会造成对自由的损害。所以,新保守主义者反对国家的福利计划,认为过于慷慨的社会救济,会使一部分人养成依赖国家的心理习惯和懒汉思想,动摇个人奋斗、自力更生、自由竞争的传统价值。新保守主义的重要代表人物诺齐克就曾谈到,即使是一个富足的国家,如果为了给穷人提供较好的食物、衣服、住房而向个人征税,是不公平的。用他的话说:我们拥有对我们合法所得的权利,而穷人则没有获得最低生活标准的权利。[2]

(3) 主张限制民主。在新保守主义者看来,美国的民主在20世纪六七十年代已经发展到了极端,其结果是造成了人们思想的混乱,发生了信仰危机,人们丧失了自觉服从法律、尊重他人的素质。民主的“过度”发展,造成了政府活动的膨胀和政府权威的下降,并进而影响到民主政治功能的正常发挥。保守主义政治学家塞缪尔·亨廷顿指出:“今天在美国有关统治的一些问题正是因为民主过剩引起的。”[3]所以,新保守主义者主张节制民主,对社会大众的政治参与予以限制以阻止大众民主运动的发展蔓延,维持一种较为平衡的民主状态。

(4) 主张回归法律和传统。与自由主义不同,保守主义对人性持悲观的看法。在传统上,保守主义认为,人性中包含非理性、褊狭、极端主义、无知、偏见、仇恨和暴力等因素。因而,他们更相信法律、道德和传统而非大众情感。在他们看来,没有法律和传统的保护,人民和社会都将面临恐怖与暴力的蹂躏。没有法

① 参见 N. E. Bowie & R. L. Simon, “The Individual and The Political Order”, New Jersey, 1986, pp. 93-95.

② N. E. Bowie & R. L. Simon, “The Individual and The Political Order”, New Jersey, 1986, p. 99.

③ 参见米歇尔·克罗齐等:《民主的危机》,求实出版社 1989 年版,第 102 页。

律并不等于自由,相反,却为恐怖和暴力打开了方便之门。[1] 新保守主义认为,传统道德价值的瓦解,是各种社会疾病的主要根源。为了防止世俗主义的虚无态度以及个人主义的享乐和贪婪腐蚀社会的根基,新保守主义力图恢复传统价值在社会生活领域中的权威。社会需要家庭、宗教、社区这样一些强有力的制度来抑制个人的自私、非理性冲动,促进文明的生活方式。

从总体上看,新自由主义与新保守主义都属于资本主义的意识形态,两者并无质的区别。所不同的是,前者更强调国家干预经济的必要性,注意社会公正平等;后者则强调维护传统价值,主张个人自由高于社会平等。它们的侧重点不同,但最终的目的是一致的。

① Thomas R. Dye, "Power and Society", Harcourt Brace & Company, 1996, p.228.

第六章 政治沟通

信息沟通是人类社会最常见、最普通的现象和行为。没有沟通,人们的一切活动都无从谈起,政治生活自然也不例外。卡尔·多伊奇在其《政府的神经》一书中,将沟通看做是理解全部政治的关键。政治是一个动态过程,政治系统的运作及其功能的发挥,是靠不断的信息输入和输出来维持的。这样,一个社会信息沟通的样式、水平、取向,必然会影响甚至决定政治系统的运作功效。

第一节 沟通与政治沟通

当今人类社会已步入信息时代。信息时代的到来,使得现代社会的政治运作在手段、方式、水平及渗透和影响力方面,同传统社会有了很大的区别。其主要标志是信息作为一种宝贵的资源,在现代社会政治过程中的重要性日益突出,已成为政治体系维持其功能的基本要素。而信息资源的有效利用又离不开沟通,沟通使信息得以流动,流动又是信息的存在形式,是信息资源转化为社会价值的唯一途径。对政治系统而言,通过沟通实现信息的输入和输出乃是其正常运行的基本条件。因此,在其他条件不变的情况下,信息沟通的渠道越畅达、手段越先进、方式越多样,信息资源的利用也就越充分、越有效、越迅速,沟通对于政治过程的意义由此便显现出来了。

一、沟通的含义和特征

从结构上讲,政治沟通是整个社会沟通体系的有机组成部分。所以,要了解政治沟通,必须首先了解一般的沟通。

哈罗德·拉斯维尔(Harold Lasswell)将沟通概括为这样一个简单明了的公

式:谁,通过什么渠道,对谁讲了什么,有什么效果。拉斯维尔的公式完整地概括了沟通过程所应具备的五个基本要素:即信息源、信息、渠道和媒介、受众、反馈。

信息源是指信息的传播者或发出者,也是沟通过程的发动者;信息指沟通过程中所要传播的内容,它实际上是包含内容及其表现形式——符号两部分的综合体。只有内容没有符号的信息是无法传播的,只有符号没有内容的信息是无意义的;渠道和媒介是指沟通得以进行的途径和中介物;受众是指沟通过程中信息传播的归宿或传播的对象;反馈则是指传播所引起的效果反应,即信息对受众产生了什么样的影响。由此可见,所谓沟通,实际上就是指信息沟通,即人与人之间借助于某种媒介,通过一定的途径传达思想和交流情报、信息的过程。信息沟通是一种信息的分享活动,传受双方在传递、交流、反馈等一系列过程中获取和交换信息,它通过双向的信息交流来满足各方的需要。

沟通可以以多种不同的方式进行。按沟通媒介划分,可分为表象性媒介沟通、描述性媒介沟通和物理性媒介沟通三类。表象性媒介包括人在谈话时的声音、表情和肢体动作姿势等,在这里,信息传递者本身就是媒介。此外,表象性媒介还包括颜色、信号、实物等。描述性媒介包括各种文字出版物和印刷品。物理性媒介包括电话、电报、电视、电影及电脑网络。通过不同的媒介进行的沟通,具有不同的特点和功能。对传播主体来讲,各种制约条件如不同技术手段的可用性、时间、费用甚至个人爱好都会影响以至决定他们对媒介的选择。一旦选择了某种媒介进行沟通,就必须使要传递的信息转换成该媒介所要求的形式。

按沟通的方向划分,信息沟通可分为垂直沟通和平行沟通两类。垂直沟通指上、下层级之间的沟通,又分为向上沟通和向下沟通两个方向;平行沟通则是指一个组织或群体内的同一层级之间的沟通,或不同组织和群体同等职位的人进行的沟通。不同的沟通方向意味着不同的沟通目的和作用。垂直沟通主要用于控制、指导、激励、评价或请示、汇报、申述、建议等目的;而平行沟通主要用于交流、协商等目的。

按沟通的渠道划分,信息沟通可分为正式沟通和非正式沟通两种。正式沟通是指通过组织或团体明文规定的制度化渠道进行的信息传递和交流过程。非正式沟通则是指通过非正式渠道进行的信息沟通,即平常人们所说的小道消息。

包括政治沟通在内的任何沟通,基本目的无非是传递和交流信息。然而,信息能否真实、准确、完整地到达受众那里,还要受以下一些因素的影响:一是信息传递过程中的噪音,噪音是指妨碍信息顺利传递的因素。申农和维弗(Shannon and Weaver)将噪音分为两种,即机械性噪音和语义性噪音。前者指影响信息真实性的物理方面的原因,如收音机和电视机接收信号差、电话线路的故障、语言障碍等;后者则指与表述、音调、方言及社会文化差异相联系的沟通障碍因素。无论哪种噪音,其结果都会影响受众对信息准确、完整的接收。二是编码和译码。编码是指传递者在确定信息内容后,要把它翻译成所使用的沟通渠道和媒介的信号,如语词、手势、表情、音调、眼神等。这些信号必须是传递双方都能理解的,否则就达不到沟通的目的。译码是指受众对载有信息的信号的理解和解释。译码受接收者对信号理解能力的影响,译码不正确,会导致信息的扭曲和失真。三是渠道和媒介方面的因素。不同的信息内容对传播渠道和媒介有着不同的要求。同时,不同的传播渠道和媒介也有不同的各自相对固定的读者群或观众群。所以,要想使信息沟通收到最佳的效果,就必须遵循传播规律,根据所要传递的信息内容和具体的传递对象,选择最适当的传播渠道和媒介。

沟通具有以下一些基本特征:

1. 社会性。信息沟通是人类维持社会生活的一种最常见、最普通的社会行为。任何社会都离不开信息交流,没有信息沟通,就形成不了社会。

2. 普遍性。信息沟通行为无处不在,无时不有,有人就有沟通,它是人类社会最普遍的现象。

3. 工具性。信息沟通是人类维持其社会存在的重要手段,人类利用沟通作为工具,来监测、适应和改造环境。

4. 互动性。信息沟通是一个双向交流的过程,通过沟通,主体与对象之间达成共享信息的目的,实现互动。

5. 符号性。信息沟通是依靠"符号"进行的,语言、文字声音、图像、动作、表情等符号,都是信息的载体和表现形式。信息首先需要转化为符号,才能进入沟通过程加以传播。

二、政治沟通概述

如何理解政治沟通,学者们的看法并不一致。

拉什认为,尽管存在着特别的政治信息和专门的政治沟通渠道,政治沟通主要是通过社会的沟通管道进行的,是社会沟通系统的一部分。而且,政治信息有时也很难同别的信息区分开来,在普通公众看来尤其如此。所以,他的看法是,一种沟通只有在这样的意义上,才可以或多或少地被称为政治沟通,即它所涉及的主要是政治事务。①

另有学者主张从政治沟通对政治过程的意义的角度来理解政治沟通,认为它是指"赋予政治过程以结构和意义之信息和情报的流动。"政治沟通不只是精英对其民众发送信息,而且还包括全社会范围内以任何方式——不论是对公共舆论的影响、对公民的政治社会化或是利益动员——影响政治的整个非正式沟

① Michael Rush, "Politics and Society", Prentice-Hall, 1992, p.153.

通过程。[1]

国内学者在分析政治沟通概念时指出,政治沟通有两种不同的含义,一种指的是那些传递有关政治信息、思想和动态的活动。与此相应,它主要研究政治态度的形成与变迁、民意构成、政治演说、竞选言行、意识形态、大众媒介和政治心理等,也就是说,它研究的是政治传播过程。另一种含义是指政治系统进行输入—输出的工具,它是运用控制论和信息论的原理对政治系统输送、获取、存储和处理信息的过程进行解释的研究。[2] 本书所研究的是前一种意义上的政治沟通,亦即传播学上的政治沟通,它是指不同主体之间所进行的政治信息的传递和交流过程、活动。其中,政治系统内部以及政府与公众之间的信息交流是政治沟通的主要表现形式,同时,也包括公众中的各种正式和非正式的政治信息传播活动。

同一般的沟通相比,政治沟通,尤其是政治系统内部和政府与公众之间的沟通,具有一些特殊的属性,它们构成了政治沟通的基本特征。这些特征包括:

1. 主体的独特性。在任何社会中,以政府为代表的政治系统都是政治沟通过程的主导性力量,它对政治沟通过程中的信息内容、流向、传播范围发挥着重要的影响。在某些国家中,这种影响甚至是决定性的。而政府组织体系之庞大、结构和任务之复杂、网络之严密,又是其他任何社会组织所无法相比的,更何况它在社会和政治生活中所具有的特殊地位和影响力,这一切赋予了政治沟通以特殊的性质。所以,我们认为,主体的特殊性是政治沟通区别于一般沟通的最主要的方面。

2. 工具的优越性。政府不仅自身拥有一整套系统、严密、高效的组织传播网络,而且还可以通过发挥自己特殊的影响力来直接或间接地控制大众传播媒介,从而使得政治沟通,至少是政府主导的政治沟通,在渠道和媒介的选择上,具有了其他任何形式的沟通无法相比的特殊优势。沟通工具的优越性一方面使政府能够运用不同的媒介、采用不同的形式向社会公众传递信息,另一方面也有助于社会向政治系统的信息流动。

3. 内部沟通的有序性。政府进行的政治沟通分为内部和外部两种。内部沟通指政治系统内部各结构、组织、部门和层级之间进行的横向和纵向信息传播、交流活动;外部沟通主要指政府与社会公众之间的信息传播与交流。政治系统是一个庞大但却组织严密的体系,它一方面要利用大众传播媒介作为主要的沟通渠道,另一方面也有自己的内部沟通网络体系。政治系统的内部沟通体系在信息传递的范围、方式、管道、时间等方面,都有严格的规定和制度化的模式,

---

① 《布莱克维尔政治学百科全书》,中国政法大学出版社 2002 年版,第 592 页。

② 俞可平:《权利政治与公益政治》,社会科学文献出版社 2000 年版,第 44 页。

以保证政治系统有序、稳定地运行。

4. 外部沟通的大众性。与一般的社会组织不同，政府代表公共权威，要对全社会负责。因此，它所面对的是数量最庞大、构成最复杂的公众群体。对政府而言，每一位社会成员都是它的沟通对象，这就使得政府的外部沟通面临着一个具有权利能力和行为能力的十分广阔的公众环境，使政治沟通具有了明显的大众化的特点。

5. 沟通过程的强制性。与政治权力的强制性相联系，政治体系主导的政治沟通具有一定的“强制”色彩。政治体系内部或外部的信息交流与沟通，与其说是它的义务，不如说是它的权力。它是政府依照法律规定履行其职能、行使其权力的需要。在一些由政府垄断和控制传播媒介的国家里，情况尤其如此。

6. 沟通手段的综合性。政治沟通所涉及的是一个具有不同需求和利益关系的十分复杂的公众群体，所要传递、交流和处理的信息又是复杂多样的。在此情况下，要想有效地实现信息的输入和输出，成功地达到沟通的目的，政治体系必须综合、交叉使用各种不同的传播渠道、手段和媒介。这种多种手段同时并用的沟通方式，在其他社会组织中比较少见。

三、政治沟通中的两步流程理论

国外一些学者认为，在政治沟通中，通过大众媒介传播的信息多数情况下并不能对受众产生直接的影响，而是需要经过一道中间环节才能引起公众的反应，产生沟通效果。保尔·拉扎斯菲尔德（Paul Lazarsfeld）和艾里胡·卡茨（Elihu Katz）根据他们对1944年美国总统选举的研究，提出了信息沟通中的“两步流程理论”（The two－step flow theory）。他们认为，每一个社会中都有一些受人尊重的“舆论领袖”，这些舆论领袖包括教师、官员、民间知名人士、著名企业家，或是有名望的记者、作家、评论家及其他一些职业人物。他们比普通的公众更关注各种媒介所传播的政治信息，并把这些信息连同他们对信息的理解通过正式和非正式的日常接触再传递给周围的人。舆论领袖发挥着联系媒介与一般公众的纽带作用，政治沟通的效果和影响往往取决于他们的作用。在现实生活中，一些政治信息只有首先引起舆论领袖的关注，才会进一步激起公众的反应。由于舆论领袖与公众中的某些人群有着相似的社会经济背景，或者是同属于某个社会集团，他们的观点和判断往往容易得到人们的信任。

舆论领袖可以有这样两种：一种只在一个问题上有影响力，即单态性领导；另一种在许多问题上有影响力，即多态性领导。当系统越来越现代化，多态性领导就越来越占主导地位。“以技术为基础的系统趋于复杂化，导致了劳动分工和角色专业化,而这些反过来又使得不同的问题拥有各自的领袖。"①

在现代社会中,以电视为代表的新的传播手段正在动摇传统的舆论领袖的地位和作用,电视新闻主持人成了更大范围内的舆论领袖。电视不仅将政治信息直接传播到千家万户,而且还发挥着影响社会变迁的作用。美国的一些观察家认为,如果没有电视的作用,20 世纪 60 年代的民权运动不会取得如此的成就。在印刷品和无线电等媒介占统治地位的时代,美国南部地区的种族歧视很难引起一般民众的广泛关注。电视新闻中警察用高压水龙和警犬攻击和平抗议者的报道,使大多数美国人开始赞成赋予黑人以平等的权力。在这里,电视新闻节目发挥着舆论领袖的作用。

政治沟通的两步流程理论,揭示了媒介与个人或人群之间相互关系的复杂性。它告诉我们,作为政治信息传播对象的媒介受众,"并不是消极被动、对媒介传递的信息不加鉴别的接收者。"②

第二节　政治沟通的作用与大众传播媒介

沟通的基本目的是实现信息的传递与交流,因此,信息被典型地当做其他某种事情的一部分来对待,如商业的一部分、教育的一部分,或政治的一部分。③对政治系统来说,沟通是它赖以存在、得以运行的基本前提和不可或缺的要素,它对政治系统的作用就像神经之于生命有机体。多伊奇之所以把他分析政治沟通的代表作题名为《政府的神经》,其源盖出于此。这样,一个社会政治沟通的具体状况和水平,必然会在很大程度上决定和影响整个社会的政治生活。

一、政治沟通的作用

可以说,政治系统的所有功能都是借助沟通得以实现的,例如政党和利益集团领袖在成员的需求和政策许诺之间的沟通;政府根据所掌握的信息进行决策;立法机关依据所得信息制定法律;司法机关以信息为基础行使司法职能;等等。具体说来,政治沟通对于政治生活过程的影响作用集中体现在以下几个方面:

1. 政治决策方面的作用

对于任何政治系统来说,决策水平都是衡量其运作功效的重要标尺。决策

① 参见斯蒂文·小约翰:《传播理论》,中国社会科学出版社 1999 年版,第 592 页。

② Michael Rush, "Politics and Society", Prentice-Hall, 1992, p. 157.

③ 韦尔伯·施拉姆:《大众传播媒介与社会发展》,华夏出版社 1990 年版,第 44 页。

是否及时、正确,不仅影响管理的成效,也关乎政治体系本身的命运。

实现科学决策是一切决策的最高目标,而科学的决策又往往以决策的民主化为前提条件。政治沟通正是扩大决策基础,从而保证其科学性的基本途径。只有通过沟通,广大民众才能了解相关事实、掌握必要的信息,并进而对国家的大政方针和一些具体事务形成自己的意见和看法。另一方面,对政府而言,只有通过沟通,才能使来自公众的意见、建议、要求和呼声及时反馈到政治系统的决策中心,做到集思广益,以保证决策内容与社会需要的一致性。施拉姆在谈到这一问题时指出:政治决策"需要人民的积极参与。此外,它也要求人民在最困难和重大的问题上作出自己的决策。实际上,这是在要求人民对国家的现代化作出决策,并要求人民相应地改变他们的生活与信仰接受新的目标、新的态度、新的习惯和新的责任。"这一切都离不开信息的传播与流动。他认为,任何变革都必须经过讨论,"不仅通过从领袖到农民这样一种自上而下的渠道,而且还要通过自下而上与横向的渠道,这样人民才能够讨论问题并实现集体决策。……换句话说,重要决策的基础必须加宽。"①

从某种意义上讲,所谓决策,实际上就是一个信息的收集、处理、传播、反馈过程。显而易见,信息量越丰富、越准确,决策成功的概率越高。而传递、交流信息,正是沟通的基本任务。所以,政治沟通渠道是否多样、畅达,极大地影响着信息交流的效果。多样而通畅的信息沟通,意味着决策者有可能通过各种不同的途径收集到尽可能多的信息,避免由于沟通渠道的过分单一而造成的信息偏颇,从而最大限度地保证决策的成功。

2. 社会控制方面的作用

任何社会的存在和发展都离不开一定的社会控制。政治系统作为公共权力的体现,承担着最主要的社会控制职责。换言之,社会生活是否和谐有序,很大程度上取决于政治系统控制功能的具体发挥。就政治体系而言,社会控制的首要任务,是用法律的形式确立社会生活的种种规范,使人们的行为有所依归。同时,社会生活的发展变化,又要求法律法规等社会生活规范必须适时地加以修改、完善、充实,以适应新的形势。法律法规作为外在的强制力量,只有在被人们熟悉、掌握,并内化为自觉的观念意识时才能更好地发挥它的控制功能,这实际上也是社会控制的最终目的。于是,沟通的意义便由此产生了。立法机关需要通过沟通来了解相关信息,使法律法规的制定和修改更有针对性、适用性和可操作性;民众需要通过沟通来反映和表达立法意见、熟悉掌握法律常识和有关程序方面的信息。立法调查、立法咨询、普法教育便是沟通的具体体现。

控制绝不仅仅意味着对人们行为的约束,指导也是控制,甚至是一种更为重

① 韦尔伯·施拉姆:《大众传播媒介与社会发展》,华夏出版社 1990 年版,第 42 ~ 43 页。

要的控制方式。这里所谓的指导，主要指政治体系通过政治社会化过程向社会成员灌输、传播支撑其社会结构的价值、观念、意识等信息，以引导和控制人们的思想与行为。施拉姆分析道："通过媒介在公众头脑中树立起发展行为的规范，并控制对这些规范的背离是可能的。在某种意义上，这就是授人以地位这枚硬币的另一面。正如某个发展中国家授予地位给它们最好的农民和工人一样，它们也这样毫不含糊地谴责懒惰、无效和腐败。一旦这些违背社会规范的行为暴露在光天化日之下，整个社会都会惩罚它们，并告诫人们远离这种行为。"①政治体系利用各种传播渠道推广和倡导一定的世界观、人生观、价值观，如褒奖或贬抑某类行为、某种态度，表彰宣传某些人物、事件，其目的就是为了实现全社会的观念整合，实现社会控制。

3．文化整合方面的作用

在"政治文化"一章中，我们曾经介绍过，阿尔蒙德和维巴将政治文化分为地域的、依附的和参与的三种类型。在地域型政治文化中，人们的政治认同感仅限于自己所在的部落和社区；在依附型政治文化中，人们对政治缺乏热情，既不关心，也很少参与；只有在参与型政治文化中，社会成员才会对自己在国家政治生活中的身份、角色、权利、义务有充分的了解，所以，参与型文化是现代社会的政治文化。一个社会要想实现由地域型、依附型文化向参与型文化的发展，信息的传播与流动是至关重要的。国家要运用信息去刺激人们对更多信息的需求。这是政治文化发展与整合的基本前提。信息流的增长开阔了人民的眼界，从而播下了变革的种子。信息的交流与沟通使国家的各个部分相互了解，为政治文化的整合创造了条件。施拉姆就此得出结论："现代传播媒介能把孤立的社区、全然不同的亚文化群、自我中心的个人和集团与分散的发展，熔铸成为一种真正的全国性的发展。"②

4．改善政府形象方面的作用

一般说来，任何社会的政府都会顾忌自身的形象，都会采取自己认为适当的方式去争取民众的支持和了解，以建立良好的政府形象。良好的形象是政府维持其统治职能的关键性因素，也是巩固其合法性基础的重要条件。良好的政府形象首先需要以经济和社会发展的"业绩"为前提，一个低效无能的政府，无论如何是不会赢得公众支持的。但是，仅有业绩而缺乏与公众广泛沟通的政府，同样难以得到人们的理解和支持。政府在努力创造业绩的同时，还必须通过沟通将自身运作情况及效果显示给公众，将自身追求的形象转化为公众对政府的实际认识，争取公众对政府政策和行动的支持。当年的美国总统富兰克林·罗斯

---

① 韦尔伯·施拉姆：《大众传播媒介与社会发展》，华夏出版社 1990 年版，第 144～145 页。

② 韦尔伯·施拉姆：《大众传播媒介与社会发展》，华夏出版社 1990 年版，第 44 页。

福为赢得公众对其政策的支持,卓有成效地利用了沟通的手段,取得了巨大的成功。著名的“炉边谈话”以及数百次新闻招待会,为他和他的政府赢得了巨大的声誉。

从另一方面讲,沟通也是政府获取公众反馈意见,了解公众对政府工作评价的唯一途径。这方面的信息是政府寻找形象差距、调整和改善形象的重要依据。

5. 提高政治系统运作效能方面的作用

政治系统功能的发挥过程实际上就是政治权力的运作过程。现代社会的政治权力体系是一个庞大的多层次的网络结构。庞大的国家机器要想有条不紊地正常运行,就必须不断地获得并反馈所有影响政治系统运行的信息,这些信息的内容既包括其过去的行为,又包括现存的行为;既包括系统内部的信息,又包括系统环境的信息。“如果没有这些信息,政治系统就会像瞎子和聋子一样根本无法行动。相反,如能获得足够的信息,它便能矫正自己的行为,更有效地自动导向于目标达成。”①可见,沟通渠道的畅达,信息交流的及时、准确、充分,对于政治系统的运作功效具有十分重要的意义。为此,政治系统除了必须利用各种社会化媒介以加强与公众的信息交流外,还必须建立自身发达而完善的内部沟通网络。这是提高工作效率,有效实现政府职能的重要保证。

二、政治沟通与大众传播媒介

在现代社会中,政治沟通的基本媒体是大众传播媒介。在一些国家,特别是发达工业社会中,大众传媒已经成为左右政治态度和问题重点的主导力量。无怪乎有人认为,“传播媒介的权力大到了足可以安排或至少可以改变国家政治议事日程的程度。”②大众传播媒介虽然不属于政治体系的一部分,但政治体系的运行却离不开大众传媒。大众传媒作为一种外部力量,一方面发挥着支持、配合政治体系的功能,另一方面又对政治过程产生重大影响,发挥着监督和制约功能。德国社民党基本价值委员会副主席托马斯·迈尔把现代社会中的大众传播媒介定位为社会观察自身的手段,认为大众媒体对一个社会的发展具有十分重要的意义。他把媒体的作用概括为四个方面:第一,作为社会问题的侦探,发现社会中存在哪些问题,哪些问题在扩展。第二,作为社会的检察官,检查这个社会中各种权力的使用是否得当,看看人们需要的服务是否得到了落实,看看出现了哪些问题,尽量使这些问题公开化,变得可以纠正,并且向应该负责的人和机构施加压力,使他们纠正错误。第三,作为一个论坛,在这个论坛中利益能够得

① 俞可平:《权利政治与公益政治》,社会科学文献出版社 2000 年版,第 52 页。

② 《布莱克维尔政治学百科全书》,中国政法大学出版社 2002 年版,第 593 页。

到一种均衡，观点能够得到一定的碰撞，并最终产生统一的意见，推进社会的团结整合过程。第四，作为一个发动机，通过引导社会舆论调动人们为社会做工作的积极性，因为谁都不愿意受到媒体的抨击。[①]

综观国内外学者的研究成果，我们可以把大众传播媒介在政治沟通中的作用和功能概括为以下几个方面：

1. 传播新闻、提供信息

向公众传播信息，满足人们各方面的信息需求，是传播媒介的首要功能，也是它存在的意义和价值所在。首先，大众传播媒介的信息传播使公众增加了对各类政治信息的认知和了解，这是公众形成自己的政治态度和采取某种政治行为的前提。一项政策的成功实施，需要得到社会公众的理解、支持和配合，要做到这一点，就必须首先要通过沟通让公众了解它的内容。其次，大众传播媒介的信息传播开阔了人们的眼界。施拉姆分析道，信息传播有助于人民"去理解其他人民怎样生活，从而用新的洞察力来审视自己的生活。媒介是一股解放的力量，因为它们能打破距离和孤立的藩篱，把人们从传统社会传送到'伟大社会'中。"[②]再次，大众传播媒介可以提高人们的期望。信息的传播使人们对生活形成新的认识和评价，"提高了人民对世界上好东西及更美好生活的期望。"而新的期望又往往是刺激变革和进步的动力，"如果不提高人们的期望，不刺激人们为更好的生活、为民族的进步而奋斗，那么发展永远不可能出现。"[③]

2. 引导舆论、实施监督

大众传播媒介，尤其是电视，被认为"可以经由戏剧化地表现某些问题而忽略另一些不易被大众化的问题，来引导公众的注意力。"[④]传媒通过对某些现象和事物的连续反复报道，引起公众对这一类问题的注意，使之成为人们关心和议论的话题，从而推动舆论的形成。同时，媒体对报道的内容和方式，以及它对报道内容的评论和解释，总是有选择性和倾向性的，所谓纯粹客观的报道根本不存在。这样，大众传播媒介通过其强大的影响力和渗透力，就能够在一定程度上左右舆论。惟其如此，新闻传播媒介又往往被人们称为"舆论机关"或"舆论界"。舆论本身是一种无形的、强大的监督力量，社会公众正是通过传播媒介，借助于舆论的力量实施着对国家的监督。在现代社会中，新闻媒体的独立运作及其对政治过程和政治人物的监督，乃是民主体制不可缺少的重要一环。1972 年美国"水门事件"就是由新闻界首先披露出来的，它最终导致了尼克松政权的倒台。

① 《关于媒体社会中政党政治的对话》，《当代世界与社会主义》2000 年第 4 期。

② 韦尔伯·施拉姆：《大众传播媒介与社会发展》，华夏出版社 1990 年版，第 184 页。

③ 韦尔伯·施拉姆：《大众传播媒介与社会发展》，华夏出版社 1990 年版，第 138 页。

④ 《布莱克维尔政治学百科全书》，中国政法大学出版社 2002 年版，第 593 页。

在我国，一些用行政命令一时解决不了的问题，一旦通过新闻媒介诉诸社会舆论，往往会迎刃而解。这一方面说明了我国体制内监督的薄弱，另一方面也证明了舆论监督的强大力量。

3．引导公众、教育公众

大众传播媒介通过自己带有倾向性的报道和对新闻事件的分析、解释，引导和控制着公众舆论的焦点和走向。同时，更重要的是，媒介通过宣传代表一定阶级利益的政治观念、法律观念、道德观念，潜移默化地影响着人们的思想和行为。施拉姆对这一现象的分析是，对人们的那些并不固执的立场，以及那些既无时间又无信息来建立起固执态度的新问题，大众传媒可以施加重要影响。而对于那些根深蒂固的观念，则可以通过潜移默化的影响使之略有改变或轻微地转向。① 大众传播媒介的教育作用，主要体现在它的政治社会化功能上，即传播政治知识、影响人们的政治观念和态度、培养人们的政治技能、提高人们的政治素质。有关这方面的内容，我们在"政治社会化"一章中已作过分析，此不赘述。

4．反馈民意、影响决策

大众传播媒介在政治沟通中的作用，并不仅仅表现为自上而下的单向传播，它同时也发挥着自下而上的信息沟通作用。也就是说，大众传媒是实现政府与社会公众双向信息沟通的重要媒介和途径。在现代社会中，传播媒介是人们发表意见、阐述观点、表达看法的主要阵地。因此，对政府来说，传媒是了解民情民意，掌握公众意向基本途径之一。公众是政府决策的最终承受者，也是最权威的评价者。成功的决策必须体现公众的意愿，而大众传播媒介的信息反馈功能，为政府决策提供了了解社会公众意愿、情绪、心理、态度的又一条通道。

三、影响政治沟通的若干因素

与其他任何沟通一样，政治沟通也不可避免地会受到一些因素的影响。制约因素的存在，限制了信息沟通的流量、速度和方式，从而也会极大地影响政治系统的运行方式和效果。这些制约因素大致包括：

1．自然和技术因素

自然因素对信息沟通的影响是显而易见的。高山、大海、荒漠和遥远的距离，常常会构成信息沟通的重要障碍，在技术不发达的古代社会，情况尤其如此。落后的道路交通和技术使得人们在地理上的流动受到了极大的限制，社会的各个部分处于彼此隔绝的状态。直到今天，一些不发达国家的情况依旧如此。自然因素对沟通造成的影响，与技术的进步程度息息相关。随着技术的发展，许多

---

① 韦尔伯·施拉姆：《大众传播媒介与社会发展》，华夏出版社1990年版，第145～146页。

原先难以克服的自然障碍不再存在了。进入 20 世纪以后,人类社会的科技发展成就巨大,从而为信息的快速、广泛流动奠定了坚实的物质技术基础。现代化的通讯系统及多样化的信息沟通手段,日益渗入人们的日常生活,并逐渐引起包括政治生活在内的人类社会生活各个方面的深刻变革。

2. 经济和社会文化因素

经济的发展水平是制约社会沟通体系发展进步的最基本的因素,很难设想一个经济落后的国家,会拥有发达而完善的信息沟通网络。联合国教科文组织曾经提出一个标准,用以衡量发展中国家信息传播系统的发展水平。该组织认为,最低的标准应当是:每个国家力争为其每 100 个居民提供 10 份报纸、5 部收音机、2 个影院座位和 2 台电视机。但是,由于经济能力的限制,即使是这样的低标准,也有许多国家难以达到。教科文组织在提交联合国的报告中说,在非洲、亚洲和拉丁美洲,有 100 个之多的国家和地区,这 4 种传播媒介的水平全都低于这一最低标准。这些国家共有 19.1 亿人口,占世界总人口的 66%。制约政治沟通的社会文化因素,包括人们的识字率水平、社会使用共同语言的情况、民族和宗教差异等。在社会生活中处于不同社会经济地位的人群,在媒介的选择上也会表现出一定的差异。例如,对文化层次较低的文盲、半文盲人群来说,印刷媒介可能会变得毫无意义。有人曾做过这样的调查统计:在文盲率非常高的国家,识字的人数每增长一个百分点,对印刷纸需求所带来的影响与人均收入增长五个百分点带来的影响相同。① 社会文化因素同样影响非正式的人际沟通。

3. 政治因素

信息是一种无形的力量,它与社会的政治进程以及政治统治的稳定有着密切的关联。所以,大多数国家的政府无不对信息沟通进行一定形式的控制。许多社会的大众传播媒介受到了来自国家的不同程度的审查与控制。对于建立极权主义制度所必需的权力垄断来说,对大众传播媒介及一切沟通手段实行国家控制,包括对非正式沟通过程进行胁迫,乃是生死攸关的大事。即使是在实行民主体制的国家,也会通过经济的、法律的或行政的手段,以直接的或间接的方式,对信息及信息传播工具保持影响或控制。

① 韦尔伯·施拉姆:《大众传播媒介与社会发展》,华夏出版社 1990 年版,第 98、115 页。

第七章

政 治 参 与

政治参与是现代社会政治生活中的重要现象，它与一个社会的权力分配与政策形成有着非常密切的关系。因此，要研究具体社会的政治过程，探讨现代社会的政治运行规律，就不能不研究政治参与现象。从某种意义上讲，政治参与的状况反映公民政治权利和社会利益的实现程度，也是该社会政治发展水平的重要标志之一。

第一节　政治参与概述

政治参与是现代政治学理论的一项十分重要的研究内容。“在有关政治的理论研究和经验研究中，参与都是一个核心的概念。”①政治参与理论所关心的，是一个社会中公民与政治体系的互动关系，即人们是否以及以什么形式、在多大程度上介入政治过程，这种介入又对政治体系的运作形式和结果产生了何种影响。为此，必须首先澄清政治参与的基本含义。

一、*政治参与的含义*

究竟如何界定“政治参与”，国内外学者有着不同的看法，提出了各种不同的版本。从最宽泛的意义上讲，政治参与是指一个社会的成员以某种方式介入政治过程。这一定义由于对政治参与作了最为广义的解释，因而可以容纳有关政治参与的各种具体观点。然而，当人们试图对政治参与概念作进一步具体的描述时，分歧便产生了。这些分歧集中体现在以下三个方面：

第一，政治参与是否仅仅指合法的参与。有的学者认为，只有依照法定程序

---

① 《布莱克维尔政治学百科全书》，中国政法大学出版社 2002 年版，第 609 页。

参与政治的行为，才属于政治参与的范畴。诺曼·尼和悉尼·维巴认为，“就政治参与这个术语来说，我们指的是平民或多或少以影响政府人员的选择及(或)他们采取的行动为直接目的而进行的合法活动。”①国内也有许多学者持类似的看法，如有的学者将政治参与定义为：“一个国家的公民依法通过一定的方式和程序，直接或间接地对政府政策的制定和执行表达集体或个人的政治意愿的活动。”②也有学者将其表述为：“普通公民通过各种合法方式参加政治生活，并试图影响政府决策的行为。”③将政治参与行为限定于合法范围的观点，受到了另外一些学者的质疑，他们认为，在社会发展的任何阶段上，公民与政府的矛盾始终都是存在的，二者之间不仅合作形式是正常的，冲突形式也是正常的。在冲突形式中，有些参与是政府制定的规则中给公民保留的，有些参与则是公民违反规则而进行的。尤其在社会转型期，由于制度短缺现象较普遍地存在，公民自觉不自觉、自愿不自愿、有意无意地与制度规范发生冲突的现象极为突出。因此，如果只研究合法性参与，就存在很大的局限性，也无法理解街头政治的参与行为。况且，在有些情况下，政治参与合法与非法的性质是模糊的。④

第二，政治参与是否只是一种自愿的行为。人们涉入政治过程并非总是自觉自愿的。据此，有人把政治参与分为动员参与、自动参与和消极参与等不同类型。有些学者强调参与的自愿性质，认为被动员起来的政治行为不属于政治参与的范畴，政治参与只是指在政治体制的各个层次中，意图直接或间接影响政治抉择的个别公民的一切自愿活动。⑤ 迈伦·维纳也主张自愿是政治参与的基本属性，认为那种公民对候选人没有选择余地的选举投票，应该被排除在政治参与的范围之外。对此，也有人持不同的观点，其理由是动员参与和自动参与的理论界限在实践中很难分清，况且这种区分本身就有很大的随意性。实际上，所有政治系统的政治参与都是动员和自动参与的混合，只不过程度不同而已。同时，自动参与和动员参与是相对的，二者在一定条件下可以相互转化。⑥

第三，政治参与是否仅仅指行为。有些学者认为，政治参与不仅指行为，也包括与政治相关的观念形态。如有的学者将公民阅读政治文章、了解政治知识视为政治参与。也有人认为关心时事政治，在家庭中和朋友间谈论政治，同样属于政治参与的范畴。

---

① 格林斯坦、波尔斯比编：《政治学手册精选》(下卷)，商务印书馆 1996 年版，第 290 页。

② 王松、王邦佐主编：《政治学》，高等教育出版社 1991 年版，第 210 页。

③ 邓伟志主编：《变革社会中的政治稳定》，上海人民出版社 1997 年版，第 131 页。

④ 参见方江山：《非制度政治参与》，人民出版社 2000 年版，第 37 页；杨光斌：《政治学原理》，中国人民大学出版社 1998 年版，第 327 页。

⑤ 参见帕特里克·孔奇：《政治参与概念如何形成定义》，《国外政治学》1989 年第 4 期。

⑥ 杨光斌：《政治学原理》，中国人民大学出版社 1998 年版，第 328 页。

综上所述，学者们在界定政治参与时，所持看法不尽相同。有的学者主张对政治参与的概念作相对宽泛的理解，另一些学者的定义则相对比较严格。

本书倾向于对政治参与作相对宽泛的解释，也就是说，应当把非制度的、不合法的参与和动员参与也纳入到政治参与的研究范围中来。同时，我们又不能把这一概念的范围无限扩大，它只是指与社会的政治过程有关的活动或行为。据此，我们认为，政治参与是指一个国家的公民个人或团体以某种方式涉入政治过程并对政治系统的运行及其结果施加影响的努力和活动。这一定义包含了以下几个方面的要素：

1. 政治参与的主体是公民个人或团体。公民是指具有一个国家国籍并依法享有权利和承担义务的人。在不同的社会制度和历史条件下，公民的范围是不同的。在现代国家中，公民资格通常意味着一个人参与社会政治生活的法律权利。公民参与是政治生活中最广泛、最普遍的一种现象。与此同时，为了提高政治参与的效果，在共同利益和目标的基础上，公民会形成某种形式的联合，以集体的形式参与政治，政党组织就是这种联合的突出代表。需要指出的是，我们这里所说的团体，并非都像政党那样是具有严密结构的制度化团体，它也包括集会、游行、示威等松散的联合。

2. 政治参与是一种涉入政治过程的活动。政治参与首先是一种行为，是一种介入政治过程、影响政治体系的行为。学习政治知识、讨论政治问题等活动固然会影响人们的政治行为，但它本身不是面向政治体系和政治过程的，因而不属于政治参与的范畴。

3. 政治参与的目的是公民个人或团体通过自己的意愿来对政治系统的运行及其结果施加影响。公民个人或团体不管以何种方式参与政策形成过程，都属于政治参与。当然，这一定义并不意味着政治参与的主体一定能达到预期的参与目的，即能够成功地或有效地影响政府的行动或政策的制定和修改。政治参与对政治过程的影响，有多种表现形式。参与主体能否实现影响政治的目的，要取决于许多相关的变数。

4. 政治参与并非总是自愿的活动，动员参与、消极参与，甚至在胁迫下的参与活动都应当被列入政治参与的范围。

二、政治参与的类型

政治参与是一种复杂的社会现象，它因时空条件的不同而不同。为了更好地了解和认识政治参与这一现象，有必要对它的各种表现形式进行分类。分类的前提是确定标准，而标准又是多元的。在研究中，人们依据不同的标准，可将政治参与划分为多种不同的类型。

1. 根据政治参与主体的不同,可将政治参与分为个人参与和集体参与。个人参与是指公民以个人身份单独参与政治活动;集体参与是指人们通过联合为集体的形式参与政治过程。在现代社会中,由于利益的分化和日趋多元化,必然会形成众多的利益群体。具有相同利益和共同目标的人们,往往会以某种形式结合在一起,以集体的方式参与社会的政治生活。也就是说,政治参与的发展,要求一种相应的组织机制来整合和协调公民的参与活动,增强参与的效果。政党便是这种机制的最高形式,它是"随着公民选举权的扩大,以及各种集团试图通过动员选民去支持那些对不同利益都有吸引力的政策以谋求公职而得到发展的。"[①]政党作为公民政治参与的主要组织形式,其作用体现在:(1) 政党简化了公民的参政程序,降低了参政的成本;(2) 政党使公民参政秩序化,增强了公民参政的效能感。所以,有学者总结说,政党作为沟通公民与政府间联系的链环,为公民参政提供了制度化渠道而保证了政治体系的合法性与民主性,这也正是政治过程中政党存在之必要性的基本原因。更重要的是,政党通过组织公民参政,在公民参政与政府实际运作之间设置了一个"过滤网",把公民参政限制在政治体系所能容纳的范围之内,从而保证了政治体系的合理、有序运行。[②] 除了政党以外,利益集团也是公民政治参与的一种重要组织形式。

2. 根据参与者是否对于自身权利具有行为能力以及行为的表现,可将政治参与分为自动参与、动员参与和消极参与三种类型。自动参与是公民基于自身的利益和需要而自觉地以某种形式对政治过程施加影响的参与行为;动员参与是公民因受他人鼓动或响应政府或组织的号召而进行的影响政治过程的活动;消极参与指的是公民出于自觉或不自觉的原因而对政治问题漠不关心或对政治活动采取消极行为。如前所述,这三种参与在政治现实中不容易分辨,三者之间在一定条件下常常互相转化。

3. 根据政治参与与制度的关系,可将其分为制度内参与、制度外参与和制度边缘参与三种类型。制度内参与是指公民个人或团体通过合法的途径,采取合法的方式参与政治活动、影响政治过程的行为。制度内参与得到了法律的认可和制度的保障,因而它是政治体系所容忍、接受,甚至支持、鼓励的参与行为。制度外参与是指突破现存制度规范的参与行为,是在社会正常参与渠道之外发生的活动。方江山分析总结了制度外参与的三种情况:(1) 在社会有正常参与渠道的背景下,公民不愿、不会、不能利用这些渠道,由此在参与中表现出来的参与行为;(2) 在现存政体中制度规范僵化、不完备、不充足或缺乏的背景下,公民在参与中所表现出的行为;(3) 在社会有正常参与的背景下,公民采取的非常态

---

① 阿尔蒙德等:《比较政治学:体系、过程和政策》,东方出版社 2007 年版,第 217 页。

② 参见张紧跟:《政治参与功能分析:政党研究的一种新范式》,《中山大学学报》2000 年第 4 期。

的参与行为。[①] 制度边缘参与是指那些合理但不合法,或合理但目前暂不合法以后有可能被纳入合法范围的参与行为。

4. 根据政治参与的功能属性,可将其分为工具性参与、发展性参与和沟通性参与三种类型。工具性参与是指那些有助于促进和维护参与者利益的参与行为;发展性参与是指那些有助于培养、提高参与者政治素质和能力的参与活动;沟通性参与则是指有助于促进公共利益的参与行为。

除了以上几种分类方法外,我们还可以根据其他一些标准对政治参与进行类型划分,如根据政治参与的程度,可分为直接的参与和间接的参与;根据参与的范围和层次,可分为宏观的中央决策参与、中观的部门和地方决策参与及微观的基层事务参与;根据政治参与的社会后果,可将其分为建设性参与和破坏性参与等。

三、政治参与的形式

政治参与的形式和范围不仅反映着政治体系对公众的开放程度,也能够折射出公众对政治的态度,从而为我们分析判断一个社会政治参与的状况提供了依据。所以,“研究公民政治参与的民主政治条件的理论家们,经常关心的是公民政治参与的基本属性——参与的形式和参与的范围。”[②]在这方面,西方学者运用统计学原理,通过大量的实证分析,为我们提供了一些重要的研究数据。

美国学者米尔布拉思(L. Milbrath)是研究政治参与现象的重要代表人物。他在《政治参与》一书中谈到,美国公众的政治参与情况基本上可分为三类:(1) 热心者,即经常积极参与政治活动的人,这部分人群占人口的5% ~7%;(2) 旁观者,即低水平参与政治活动的人,这部分人约占人口的60%;(3) 冷漠者,即基本上不参与政治活动的人,这些人约占人口的33%。后来,在他与戈尔(M. Goel)合著的该书的修订版中,米氏对上述分析作了进一步的补充,主要是将第一类人群的参与情况再作区分。米尔布拉思将公民的政治参与区分为十四种不同的形式,从掌握公众舆论或执掌政党机关到仅仅获取政治信息。在此基础上,他又将各种不同形式的参与划分为不同的层次。[③] 米尔布拉思的研究结果应该说是客观可信的,基本上反映了美国社会公众的政治参与情况,安东尼·奥罗姆对此给予了

---

① 参见方江山:《非制度政治参与》,人民出版社2000年版,第38页。

② 安东尼·奥罗姆:《政治社会学》,上海人民出版社1989年版,第282页。

③ L. W. Milbrath, “Political Participation: How and Why Do People Get Involved in Politics ”, Rand McNally 1965; See also L. W. Milbrath & M. L. Goel, “Political Participation: How and Why Do People Get Involved in Plitics”, University Press of America, 1977.

较高的评价。[①]

维巴和尼(S. Verba, N. Nie)对美国公民的政治参与情况作了最为翔实的研究。在《美国的参与:政治民主与社会平等》一书中,他们根据实证研究的结果,将美国公众的政治参与情况分为以下几种:(1) 对政治完全不感兴趣的不活跃分子,这部分人始终不参与政治生活,约占人口的22%;(2) 政治活动仅限于投票的专门投票者,这部分人占人口的21%;(3) 地方主义者。他们的政治活动仅限于一些地方性事务和问题,这部分人占人口的20%;(4) 狭隘分子。他们所关注、参与的仅仅是那些与自身利益密切相关的事务,这部分人约占人口的4%;(5) 运动人士。这些人参与政治的范围仅限于与其所发起或参加的运动有关的某些具体事务,他们约占人口的15%;(6) 活跃分子。这部分人广泛地参与各种政治事务和政治活动,约占人口的18%。[②] 此外,英国学者帕里和莫依瑟(G. Parry & G. Moyser)对英国社会公众政治参与情况所作的调查分析的结果,与上述美国社会的情况大体相同。

在借鉴吸收其他学者研究成果的基础上,拉什提出了一份颇具总结性的政治参与等次表。在他看来,上述学者的研究仅仅是对某个特定政治共同体政治参与情况的调查分析,而他所提出的等次表不仅涵盖了各种形式的政治参与,而且也适用于不同类型的政治共同体。他认为,政治参与依其程度和形式的不同,可分为十个不同的层次,其顺序依次是:(1) 担任政治的或行政的职务;(2) 寻求政治或行政职务;(3) 政治组织的积极成员;(4) 准政治组织的积极成员;(5) 参与政治集会、游行示威活动等;(6) 政治组织的消极成员;(7) 准政治组织的消极成员;(8) 参与非正式的政治讨论;(9) 对政治有一定的兴趣;(10) 选举投票。也就是说,最高层次的参与形式是进入政治领域或政府部门担任职务,通过掌握和行使政治权力对政治过程施加影响;而最低层次的参与则是选举投票。这是因为,投票仅仅是一种"暂时性行为",一旦选举过程结束,也就意味着参与过程的终止。[③] 需要说明的是,拉什所说的政治组织和准政治组织主要是指政党及各种利益团体和压力集团。在大多数社会里,这一类组织往往是公众与政治联系的纽带。社会成员通过加入或参与政治或准政治组织来维护和促进某种思想、立场、状况、利益,并进而影响政治过程。

上述西方学者实证研究虽然是以西方社会为对象的个案分析,但仍然能够

① 参见安东尼·奥罗姆:《政治社会学》,上海人民出版社1989年版,第283~284页。

② S. Verba & N. Nie, "Participation in America: Political Democracy and Social Equality", Harper Row, 1972; See also S. Verba, N. Nie and J. Kim, "Participation and Political Equality: A Seven Nation Comparison", Cambridge University Press, 1978.

③ 参见 Michael Rush, "Politics and Society", Prentice-Hall, 1992, pp. 112-113.

反映出各个现代社会所共有的一些普遍规律。总结他们的研究结果，我们可以得出如下结论：

1. 在当代国家中，公众的政治参与形式和程度呈现出两头小、中间大的特点，即完全不关心政治和热衷于参与政治的人数相对较少，大多数公众是在低水平上一般地参与政治。应该讲，西方国家的政治参与无论其制度化水平还是参与质量均领先于其他国家。即便如此，多数人仍同政治保持了一定的距离。罗伯特·达尔曾经就此作过如下分析：在大多数政治体系中，对政治事务极感兴趣、关心并了解政治、活跃于公共事务中的人所占比例不大。“一般来说，他们往往是少数。甚至在有大众政府、政治介入机会十分广泛的国家中，政治阶层也绝非网罗了全部公民。相反，在所有多头政制中，似乎为数众多的公民对政治冷漠，不大活跃。”①

2. 普通公众的政治参与一般比较注重具体、现实的利益追求，更关心与自身利益及信仰关系密切的事务。维巴和尼提供的数据表明，除了对政治完全不感兴趣或是热衷于广泛参与各种政治活动和政治事务的人以外，多数公众属于有选择地参与政治。他们对自己感兴趣或关心的事务持一种积极的参与态度。这一情况，应该说符合政治参与的一般规律。人们参与政治的最终目的无非是为了表达和实现利益，当参与可能产生的结果与自身利益关系不大或没有关系时，必然会影响到人们的参与积极性，降低其参与冲动。

3. 现代国家中公众的政治参与往往借助于一定的组织形式，如政党、团体、运动、集会等。显然，有组织的参与会提高参与质量，增强参与效果。在拉什所列举的十种参与形式中，有六种属于借助于某种组织或团体参与政治。这些组织和团体，除了政党以外，大多数属于市民社会性质的民间准政治和非政治组织。在当代西方社会，此类组织数量极多，种类也相当复杂，公众的各种利益和要求几乎都能找到相应的代表性组织。市民社会作为联系个人与国家的中介和纽带，它的存在大大强化了个人与国家之间的联系与互动，有效地提高了政治参与的质量。

四、政治参与的衡量

政治参与作为一种社会政治现象，经历了一个历史的发展过程。随着社会的发展变迁和政治国家的更替，政治参与从形式到内容都呈现出由简单到复杂、由低级到高级的发展态势。所以，在不同的历史时期和不同的社会制度条件下，政治参与的水平、性质及范围必然会有所不同。

---

① 罗伯特·达尔：《现代政治分析》，上海译文出版社 1987 年版，第 131 页。

从根源上讲,一个社会的政治参与状况与它的社会经济发展水平有着异常密切的关系。在现代化过程中,经济的发展增加了人们对政治系统的要求。人们从自身的利益出发要求参与政治生活,了解政治系统的运作过程,关心政治过程和政治决策给自己带来的后果。这一趋势由于利益多元化和众多利益集团的产生、个人主体意识的觉醒而进一步加强。人们的参与意识在这一过程中不断得到培养、锻炼和提高,从疏离政治到参与政治,从动员参与到自动参与。与此同时,政治参与的内容也在不断扩大,形式不断创新。从简单的低级的参与向复杂的高级的参与发展。随着政治参与内容和形式的变化,参与的质量也在不断地提高。亨廷顿认为,现代国家与传统国家的最大区别是,民众在大规模的政治组织中参与政治并受其影响的广泛程度。在传统社会中,参政在村落一级可能是普遍的,但超过这个层次,政治参与便局限于很小的范围了。所以,在他看来,政治现代化最基本的要素是,整个社会的各个集团在村镇以上层次参政,以及发展诸如政党那样的新的政治体制以组织参政。[①]

既然政治参与状况反映着一个社会政治发展的水平,那么,政治参与水平又如何去判断呢?要解决这一问题,必须首先确定决定政治参与水平的关键变量及测定标准。在这方面,帕里(G. Parry)的观点颇有代表性。在他看来,一个社会的政治参与状况和水平由以下三个变量决定:即方式、程度、质量。[②]

所谓方式是指大众参与政治所采取的形式。在不同的社会历史条件下,影响大众参与政治的因素是不同的。由于参与机会、利益关系、个人资源以及所属社会对待参与的制度安排和一般态度等多种因素的影响,不同社会的人或同一社会的不同人群,参与政治过程的形式也必然不同。一般说来,相对于传统社会而言,现代社会的政治体系更具开放性,并在法律上放宽了政治参与的资格条件,规定了多种不同的参与渠道和途径,从而使公民在参与政治的形式上,有更大的选择范围。人们可以根据自己和周围的情况,在不同的场合和不同的问题上选择采用不同的参与形式。

帕里所说的参与程度,是寻求测定有多少人卷入具体的政治活动,参与的频率如何。同样,参与程度也要受个人和社会的各种因素的影响,这些因素又是由一个社会的历史发展水平决定了的。然而,必须看到,帕里对参与程度的解释并不充分。参与人数和参与频率的指标并非鉴定参与程度的绝对标准。参与形式的具体状况同样能够反映社会大众的参与程度。如果大众只是以低水平的单一形式参与政治,那么无论其涉及人数的规模有多大,频率有多高,其参与程度都不见得高。

---

① 塞缪尔·亨廷顿:《变化社会中的政治秩序》,上海世纪出版集团 2008 年版,第 28 页。

② 参见 Michael Rush," Politics and Society", Prentice-Hall, 1992, p. 111.

帕里所说的参与质量,是指通过参与所取得的实际社会效果。也就是说,参与质量寻求测定的是参与对权力运行及政策形成产生的影响效果,此乃政治参与的目的和价值所在。政治参与的扩大之所以成了政治现代化的基本内容,就在于经济和社会发展所造就的力量,刺激、推动着社会大众更加积极主动地寻求通过参与来表达和维护自身利益,通过影响政治过程追求有利于自身及所属群体的政治结果。社会大众的政治参与能在多大程度上影响政治过程,取决于多种因素,其中最重要的因素是社会基本政治制度的性质。

总的看来,政治参与的方式、程度、质量三者之间相互关联、相互影响。它们从不同的方面规定和反映着一个社会政治参与的具体样式和水平。政治参与的形式对政治参与的程度和质量产生着重要影响。无论在理论上还是经验上都不难证明,参与的层次越高,对政治过程的影响就越大,也就越有可能取得预期的政治结果;参与的人数越多,频率越高,对政治决策产生的压力和影响也就越大;反过来讲,如果参与的质量不高,大众的政治参与长期不能获得预期的政治结果,必然会挫伤人们的参与热情,降低人们对政治参与的期望值,从而导致参与人数的减少和参与频率的降低。所以,研究政治参与,必须从以上三个变量入手,通过对各种参数的实证分析,方能从整体上了解把握具体社会政治参与的具体状况,并进而了解该社会政治过程的一般模式与特征。

第二节　影响政治参与的相关因素

经验研究表明,在不同的社会中,由于经济、政治、文化等诸多因素的不同,政治参与的内容、形式、水平也有着很大的不同。即使在同一个社会中,由于种种因素的影响,人们也可能有不同的参与表现。社会的多元化使得人们不可能以同样的方式、同样的条件去使用同一种资源。另一方面,处于不同社会背景和层次中的人们也不可能获得同样的参与条件或机会。

政治参与既是一种个人行为,也是一种社会现象。因此,影响制约政治参与的因素,可从社会和个人两个层面进行分析。

一、影响政治参与的社会因素

作为一种社会现象的政治参与,总是发生在具体的历史条件下和特定的社会环境中。一个社会的经济、政治、文化、教育的发展水平,决定和限制了该社会政治参与可能发展的程度。人们的行为永远不可能超越社会历史发展所提供的可能范围,他们是在“一定的物质的、不受他们任意支配的界限、前提和条件下活动着的。”[①]影响政治参与的社会因素主要包括：

1. 经济发展

大量的实证研究证明，一个社会的政治参与水平同它的经济发展水平之间有着密切的内在联系，经济的发展从各个方面推动着政治参与的发展。

（1）经济的发展增加了人们对政治体系的要求。经济发展提高了公民的生活水平，而生活水平的提高，又会大大激发人们参与政治生活的愿望。在传统社会中，由于物质生活的相对贫困，人们无力也无暇过问政治，政治对人们来说远不如面包现实。同时，长期的贫困也使人们“形成了一种深刻的保守主义，这种保守主义对环境的变革怀有恐惧，安于现状。”[②]随着经济的发展，人们的物质生活水平的提高，他们对社会公共事务和自身利益、权利的关心也在增加。这一现象可以从马斯洛的需要层次论中得到解释，即当人们的低层次需要得到满足后，就会进一步产生较高层次的需要。当温饱问题解决以后，人们的兴趣和需要必然会转向政治领域。经验研究证实了这一点：当经济发展到一定水平的时候，公民政治参与的愿望将空前加大，政党的积极活动、利益集团的纷纷出现、选民要求的增加及多元主义模式的提出等现象将会接踵而来。另外，受“期望增长革命”和先进国家“示范效应”的影响，人们对政治体系的要求也会水涨船高，不断增加。

（2）经济的发展加剧了社会结构的分化和利益的多元化。经济利益的不同，导致社会上产生了众多的阶层、集团和群体，各个阶层、集团、群体的人们由于具有彼此相似的社会经济地位，在心理上容易形成认同意识，在行为上会体现出一致性。所以，在经济发展的过程中，必然伴随着大量的社会组织、团体的产生和发展。这些以利益为基础形成的组织和集团，为维护和促进本群体的利益，必然要介入政治过程。庞吉（G. Poggi）评论道，经济的发展有助于人们在共同利益的基础上建立联系，寻求合作。“这种合作能够合法地观察和评论影响他们的公共政策，决定是否支持对他们负责的当局，还是反对它的社会集团，从而寻求影响和形成进一步的政策。”[③]同时，经济和社会的发展也会造成社会群体之间的某种紧张关系，新团体的出现又会威胁现存团体的利益，由此，增加了不同群体之间的冲突。这种冲突反过来又强化了群体意识，进一步刺激和推动群体采取集体行动来保护自己的利益和要求。

（3）经济的发展为政治参与的扩大创造了物质技术基础。交通、通讯技术的进步，密切了人们之间的联系，为他们更大范围的合作创造了前提。传播手段

① 《马克思恩格斯选集》第1卷，人民出版社1995年版，第72页。

② 邓伟志：《变革社会中的政治稳定》，上海人民出版社1997年版，第133页。

③ G. Poggi: “The State, Its Nature, Development and Prospects”, Polity Press, 1990, p. 62.

的发展,加快了信息的流动,扩大了信息传播的范围。这些由经济发展和技术进步带来的变化,都为政治参与的扩大奠定了物质基础,准备了客观条件。

2. 政治环境

政治环境或制度同样也是影响参与的重要因素。在不同的社会中,对政治参与本身及参与的具体形式显然有着不同的价值取向和评价标准,这些内容反映在它的有关政治参与的制度安排中,它们构成了影响政治参与的政治环境因素。因此,诸如选举权、选举频率、由选举产生的官职的范围和数量、政治系统对集会和示威游行这一类群众性政治参与行为的态度、政党及压力集团的范围和性质等"游戏规则",都可能是决定政治环境或制度与政治参与关系的重要变量。

(1) 政治权利的制度保障。一个社会中大众政治参与的具体状况和水平,首先取决于该社会是否承认参与政治是公民的一项基本权利。其次取决于公民的参政权利能否得到制度上和法律上的有效保障。如果一个社会从制度上和法律上排除了公民参政的任何可能性,参与只能采取制度外或非法的方式进行,那么,政治参与水平的提高和范围的扩大将无从谈起。相反,如果一个社会承认公民的参政权利,并能从制度上予以保障,政治参与就有了发展的可能,其水平才会不断提高。传统社会与现代社会的一个重要区别是,政治被少数人所垄断,广大民众被排斥于政治的大门之外。

(2) 政治平等的实现。平等是大众参与的前提,只有当人们拥有平等的政治权利和法律地位时,普遍的参与才有可能。以选举权为例,早期资本主义国家大多对公民的选举资格规定了种种的限制条件,将财产、性别、种族、教育水平等因素规定为获得选举权的资格要求,从而剥夺了多数社会成员的选举权利。这种人为的政治不平等限制了政治参与的范围,阻碍了政治参与水平的提高。而普选权的实现,等于为全体公民打开了通往政治的大门,政治参与的扩大也由此具有了现实可能。

(3) 政党制度。政党本身就是适应公民政治参与扩大的要求而兴起的。政党及政党制度是当代社会中影响政治参与的最重要的政治因素之一。政党作为专业化的利益综合机构,通过组织公民选举和综合公民利益表达而形成政纲。在竞争中获胜的政党在其政纲的指导下制定和推行公共政策,从而把公民的政治参与与政府的公共产品生产联系起来。所以政党的存在可以有力地促进政治参与的发展,提高政治参与的质量。具体讲,政党在公民参政中的作用主要表现在:第一,政党简化了公民参政的程序,降低了大众参与的成本。政党本身有着良好的政治参与成本－收益结构,它的存在和活动,使得公民在推举公职候选人、收集有关公共事务和候选人的信息乃至作出最终选择等方面的程序都大大简化了。也就是说,政党为选民所提供的服务,"大大降低了选民作出政治选择的时间和能量耗费。"[1]第二,政党和政党制度有助于保证公民参政的秩序化,减少由于参与的扩大所可能发生的冲突和混乱。第三,政党和政党制度影响政治参与扩大的速度。

3. 文化因素

文化是一种无形的力量,对人的行为发挥着巨大的影响作用。从根本上讲,一个社会政治文化的特性及其发展水平,受制于社会的经济结构。在自然经济基础上形成的依附型政治文化,要求人们安分守己,与世无争,远离政治。在这样的文化氛围中,人们缺少参与的热情和主动精神。商品经济的发展,推动了依附型政治文化向参与型政治文化的转型,为政治参与的发展提供了文化基础。

(1) 商品经济的发展,从根本上动摇和瓦解了旧的思想、观念、行为习惯存在的基础,创造出不断培植新的思想观念的社会土壤。它彻底斩断人们与自然经济的种种联系,逐步清除残留在社会生活中的各种封建的、宗法的关系与思想观念,在全社会振奋起一种开拓进取、求实创新、尊重科学、探求知识的时代精神,形成与新的社会关系相适应的价值观念、权利义务观念及竞争意识、平等意识和民主与法制意识等一系列新的思想观念意识,塑造具有独立精神和自主意识的现代人格,从而使人们的态度、行为,乃至精神面貌发生根本变化。也就是说,商品经济的发展,有助于克服小生产所造成的人身依附和臣民心理,而独立自主意识的增强,使人们更倾向于通过参与来维护和促进自身利益,而不再把希望寄托在权威、精英或清官身上。

(2) 随着商品经济的发展,全社会将逐步形成一种大多数群众投身其中的普遍的物质变换关系,这就会极大地加强不同地区、单位及社会成员之间的横向联系,彻底打破旧的封闭、孤立、隔绝的状态。全面、普遍、大范围、多层次的交往将会大大拓展人们的视野,使之从狭隘、保守的圈子中走出来。它一方面有助于各种新的观念冲破社会的种种阻隔、封锁而在全社会得到传播和普及,并逐步渗入到人们的深层心理结构之中;另一方面,也推动着人们在共同利益和目标的基础上形成联合,这种联合反过来又会加强人们的参与意识,提高政治参与的质量和水平。

(3) 商品经济的发展,有助于缔造起人与人之间全面的关系,培养出人们多方面的能力和丰富的需求。在商品经济条件下,每个人为了实现自己的需求,必须首先设法满足别人的需求。这就使得每个人的经济利益及社会声誉同他为社会提供的劳动及其质量联系起来。经济和社会环境的这种变化,必然会导致人们观念上的变化,增强人们的社会责任心,培养造就人们的主动进取、顽强竞争的意识,克服了小农经济造成的中庸求稳心态。人们的积极进取精神在政治上

① 张紧跟:《政治参与功能分析:政党研究的一种新范式》,《中山大学学报》2000 年第 4 期。

的表现，就是对参与的看法和态度转为积极，从被动参与向主动参与发展。

二、影响政治参与的个人因素

如前所述，政治参与既是一种社会行为，也是一种个人行为。生活中的个体，在诸多方面总是有差别的，这些差异也会对人们的政治参与行为产生重要影响。影响政治参与的最重要的个人因素主要包括：

1. 社会经济地位

所谓社会经济地位，是指一个人的社会经济特征，一般可用职业、教育水平和收入等指标来衡量。经验研究表明，公民的社会经济地位和公民的政治参与之间有着“令人信服的和十分明显的相关性。”[①]帕里分析道：“具有较高社会地位和教育水准的人，往往较多地参与政治活动，这一司空见惯的现象既可以解释为他们对政治有更为积极的倾向性，对于政治活动的开展有较多的了解，也可以说成是他们算计到自己的经济和社会权力可以加以有效的利用以获取政治上的好处。”[②]不同的社会经济地位，首先意味着在政治资源占有上的不平等。政治资源包括时间、金钱、信息、社会关系等内容，它们是保证个体政治参与活动的重要条件。其次，社会经济地位的不同，也会导致人们政治技能方面的差异。技能包括社交能力、分析能力、组织能力、演讲能力等，它们都有可能成为促进个体政治参与的重要因素。具有较高社会地位的人一般都受过良好的教育，见多识广，更有机会和条件学习和实践政治技能。同时，教育也有助于培养人们的自信、自制和表达能力，增强他们的责任感和参与意识。再次，不同的社会经济地位，常常意味着人们接受政治刺激方面的差别。环境刺激是诱发行为的重要因素。个人所受的政治刺激越多、越强烈，政治参与的可能性就越大，参与的层次就越高。政治刺激有不同的形式，来自于各个方面，如参加政治讨论，加入政治性或从事政治活动的组织，了解掌握相关信息等。处于较高社会地位的人，有更多的机会和条件接受政治传播，参加较多的人际交往活动，因而会获得更多的政治刺激。

不同的社会身份虽然是影响公民政治参与的重要变量，但必须指出的是，人们的社会特征同政治参与之间的关系并非是绝对的。事实上，由于各个社会的具体状况差异很大，更由于社会结构和政治结构本身又处于不断的发展变化之中，同一社会身份的人群的政治参与情况也会依国家与时代的不同而不同。

2. 种族因素

在一些多种族的国家，例如美国，种族因素是影响政治参与的重要变量。种

---

① 安东尼·奥罗姆：《政治社会学》，上海人民出版社 1989 年版，第 286 页。

② 《布莱克维尔政治学百科全书》，中国政法大学出版社 2002 年版，第 609 页。

族差异经常意味着不同的社会经济地位。在美国,就总体而言,黑人的平均受教育水平要低于白人,在职业及社会地位上也相对较低,处于社会和政治的边缘。所以,黑人的政治参与水平一般要低于白人,白人比黑人在更大程度上参与各种组织。

但是,奥罗姆发现,当对处于相同社会经济地位的黑人和白人进行比较时,他们的差异并非那么突出。"事实上,中层阶级的黑人几乎和中层阶级的白人一样参加某些组织,而上层阶级的黑人则在那些组织成员中占更高的比例。"①同时,他还发现,黑人的参与倾向在政治团体和市民团体中更为突出,黑人投票总数增长的历史趋势相对地高于白人的投票增长趋势。奥罗姆对此的解释是:政治参与为黑人和白人提供了不同的功能,对白人来说,政治参与,特别是有组织的参与,起到了提高声望的作用;而对于黑人来说,政治参与则是用来增强团体意识,为整体的黑人团体提供一个重要的群体功能,使得他们在社会环境对种族共同体不利的情况下能保持团结一致。②

3. 性别因素

性别也是影响人们政治参与的重要因素。一般的情况是,男性的参与水平要高于女性。男女在政治参与方面的差别,与长期以来所形成的男女在社会地位方面的不平等和性别分工有内在的联系。传统上,政治被认为是男人的事情,妇女的活动舞台应该在家庭。这种情况随着妇女地位的逐渐提高正在发生变化。帕里和莫依瑟经过调查后却发现,在今日英国,男女之间在政治参与行为方面的差别已微乎其微,"相对而言,女性在政党竞选及投票之类的集体行动中,显得比男性更为积极。"③

4. 主观心理因素

个人对政治参与的认识、评价、态度等主观心理因素,在很大程度上影响甚至决定他的参与行为。罗伯特·达尔曾对此进行过系统的总结:(1) 如果你认为同可以期望从其他活动中得到的报酬相比,从政治介入中得到的报酬价值较低,你就不大可能介入政治;(2) 如果你认为你所面临的各项选择之间没有什么重大差异,因此你的所作所为就无足轻重,那么你就不大会介入政治;(3) 如果你认为你的所作所为无足轻重,因为你无论如何不能有效地改变结果,那你就不大会介入政治;(4) 如果你认为没有你的介入,结局也会相当满意,你就不大会介入政治;(5) 如果你认为你的知识太有限了,不能有所作为,你就不大会介入

---

① 安东尼·奥罗姆:《政治社会学》,上海人民出版社 1989 年版,第 288 页。

② 安东尼·奥罗姆:《政治社会学》,上海人民出版社 1989 年版,第 289 页。

③ G. Parry & G. Moyser, "A Map of Political Participation in Britain ", Government and Opposition, Vol. 19, 1990, p. 159.

政治;(6) 你遇到的障碍越大,你就越不大会介入政治。[1]

总之,就个人方面而言,由于每个人在社会中的地位身份不同、利益需要不同、个人素质和个性不同,他们对待政治参与的一般态度及对待各种具体参与形式的具体态度也自然会有所不同,由此导致人们以不同的形式在不同的层次上参与政治,或干脆放弃参与。然而,必须强调的是,个人因素是在社会背景下发挥作用的。离开对个人与社会关系的具体分析,我们很难说明什么问题。比如,教育水平是构成个人素质的重要因素,但在不同的社会和文化背景下,教育水平大体相同的个人或许会有截然不同的政治参与态度与行为。某人的个性特征决定了他可能是一位积极的政治参与者,然而,多次的参与活动并未给他带来多少利益,原先寄予的期望未能实现,失望和挫折可能会使他改变态度,甚至放弃参与努力。所以,只有将影响政治参与的个人因素与具体的社会背景联系起来加以考察,对影响政治参与各变量进行动态分析,才能科学地认识政治参与现象。

第三节　政治参与的意义

政治参与的逐渐扩大是社会由传统走向现代的必然趋势。现代化过程所导致的社会和经济生活的变化,如城市化、工业化、文化和教育水平的提高、大众传播的扩展等,势必提高人们的追求和期望,刺激个人和群体更积极地参与政治生活。这意味着,政治参与的扩大与社会转型期经济的迅速发展及个人主体意识的日益觉醒密切相关。对于政治参与的进步性质和积极意义,学者们均给予了充分的肯定。概括起来,政治参与的积极意义,主要表现在以下几个方面:

一、*政治参与与政治民主*

对于什么是民主,由于人们的立场、角度和方法的不同,看法也不尽相同。但有一点似乎是没有疑义的,这就是民主意味着公民对政治过程的广泛参与。广泛的政治参与是民主体制与专制体制的根本区别所在。罗伯特·达尔在回答民主是什么的问题时,把政治参与列为首要标准。[2] 第一个论及公民政治参与与政治民主关系的理论家是托克维尔。他认为,美国是 19 世纪最民主的国家,这是因为,美国公民不光享有一些平等的条件,还在于他们在各个领域有着广泛的政治参与的权利和机会。其后,“那些非常强调公民政治参与,特别是承认这

① 罗伯特·达尔:《现代政治分析》,上海译文出版社 1987 年版,第 133 ~ 137 页。

② 罗伯特·达尔:《论民主》,商务印书馆 1999 年版,第 43 页。

种政治参与活动对于民主政治具有必不可少的作用的学者，可谓不计其数。”①

政治参与从以下两个方面实现着民主的价值：

1. 政治参与是公民表达、维护、实现个人及团体利益的现实途径。

参与本身并不是目的，而是达到目的的一种手段。只有通过参与，才能有效地维护和促进个人和团体的利益。按照工具主义观点的解释，个人是自身利益的最佳判断者，由被管理者参与的管理，才是有效的和合乎道德的管理。由于政府的政策涉及公众的利益，公众有权利通过参与影响政府政策的形成，此乃民主政治的基本要求。来自公民参与的持续压力，以及通过选举等参与行为所显示出来的政策倾向，将成为当选政府制定政策的重要依据，从而有助于保证政府决策更符合民意，更能反映公众的利益和要求。约翰·杜威曾经评论道：“作为一种生活方式的民主，其要旨可以表现为……必须让每一个成熟的公民参与价值标准的确定以调节人们的共同生活。……不获得民众的允诺，任何明智和能干的人或少数人集团都无法统治他们。……所有受制于社会管理体制的人都必须参与制定和管理这些社会体制。”②

从公众的角度看，他们参与政治的动机本质上是出于利益，首先是物质利益的考虑。唐斯（A. Downs）经过实证分析得出结论：公民参与政治的目的是寻求以最小的代价获取最大的利益，他们通过比较投入与产出的关系来决定自己的参与范围和形式。其根据是，大型选举、周期性及长期性选举的投票率往往较低，这是因为相当一部分选民对此类选举的结果及自身利益所在感到难以预期，故而决定放弃。③ 帕特曼（C. Pateman）也持类似的观点，他认为：人们最感兴趣的，并可能会较好地把握的，是与他们的生活密切相关的那些问题和事务。④

2. 政治参与是防止专制和暴政，巩固发展民主制度，强化公众对政府的控制的有效手段。

广泛的政治参与，意味着社会公众与政治国家之间的积极互动。公众通过各种不同形式的参与，一方面表达自身利益、愿望、要求，另一方面也在监督、制约着国家权力的行使。大众的普遍参与所形成的政治效应，能够发挥强大的监督功能，要求政府必须对法律和社会公众的利益负责。对于那些滥用权力的官员和违反民意的政策，公民可以通过各种不同形式的参与活动予以罢免和纠正。政治参与之于民主制度，其建设性功能的发挥需要两个前提条件：一是制度化，即它是一种合法、有序、按规则进行的理性参与。二是广泛、自由、公开、独立的

---

① 安东尼·奥罗姆：《政治社会学》，上海人民出版社 1989 年版，第 282 页。

② 转引自安东尼·奥罗姆：《政治市场学》，上海人民出版社 1989 年版，第 280 页。

③ Anthony Downs, “An Economic Theory of Democracy”, Harper & Row, 1957, p. 300.

④ 戴维·赫尔德：《民主的模式》，中央编译出版社 1998 年版，第 339 页。

信息流通，这是公众监督国家权力、维护民主制度必不可少的条件。腐败官员滥用公共权力的行为往往是在黑幕中完成的。因而，透明性是迫使政府及公职人员忠实履行责任和义务的必要保证。广泛、自由、公开、独立的信息流通，使公众能及时、准确、全面地了解政府事务，为他们审查和评价政府工作及官员的表现提供依据，并通过参与表达自己的态度，形成社会压力，实现对政府的监督和制约。

二、政治参与与政治稳定

政治参与与政治稳定之间有着极高的关联度，稳定有序的政治秩序是政治参与实现的前提；而政治参与的发展与扩大又会对政治稳定产生积极影响。一般情况下，政治参与水平和质量较高的国家，都具有更高的政治稳定度。

1. 政治参与满足了公民日益强烈的参与政治生活的愿望，增强了公民的主人翁责任感，促进了公民对政治权威的认同。随着经济的发展和社会的转型，人们参与政治生活以更好地维护和促进自身利益的愿望将会越来越强烈。这时，如果不能及时地通过制度改革和建设有效地满足人民的参政要求，势必会引发民众的普遍不满，或者导致人们的政治冷漠，从而对社会的政治稳定构成威胁。大量的研究表明，公民参与意识的觉醒同制度建设的滞后之间的矛盾，常常是导致转型期社会政治不稳定的主要因素。亨廷顿对此作过精辟的分析，他认为，在现代化进程中，政治不稳定主要是社会飞速变革，以及新的社会集团被迅速动员起来涌入政治领域，而同时政治制度却发展缓慢的结果。① 通过制度建设满足公民日趋强烈的参与愿望和要求，必然会大大加强全体公民的主人翁责任感，增强人们对政治权威的认同，扩大政治体系的合法性基础，并最终加强政治稳定。

2. 政治参与是沟通政府与公众信息联系的重要途径，有利于政府的正确决策和及时解决各种社会矛盾和问题。传统社会中，统治集团垄断了一切政治资源，堵塞了公民政治参与的可能和渠道，使得政府与公众之间的信息沟通，尤其是下情上达十分困难。这种信息沟通中的障碍，常常会导致决策方面的失误或延误，以至引发社会动乱。而政治参与的扩大，实际上是增强了政治的传导与反馈系统，有助于政府及时、准确地了解公众的意愿、要求和呼声，使决策更符合实际，更能体现民意。同时，信息沟通渠道的畅达，也有助于政府及时发现和纠正决策方面的失误，迅速解决政治结构和政治运行机制中存在的问题，避免由于矛盾的长期积累所可能产生的灾难性后果。

3. 政治参与可以起到政治安全阀的作用。在政治参与渠道不畅的情况下，

---

① 塞缪尔·亨廷顿：《变化社会中的政治秩序》，上海世纪出版集团 2008 年版，第 4 页。

人们的情绪得不到宣泄，愿望无处表达，利益难以保障。在正常渠道或正常方式无法解决问题时，民众就有可能采取"极端方式"来表达自己的要求，甚至铤而走险，走上与现政权对抗的道路。一个小小的诱因就可能引发一场大的动乱。而政治参与的扩大，则为公民宣泄不满情绪、表达要求和愿望、维护自身的权益提供了正常、合法、多样而通畅的渠道，这就无异于为社会的政治稳定装上了一个安全阀门。有了政治参与这个安全阀，决策者可以及时体察到问题的性质、范围和严重程度，对利益受到损害的人群予以适当的抚慰和补偿，从而缓解矛盾，防止动荡。

然而，正像许多研究者所指出的那样，政治参与与政治稳定的关系具有复杂的性质。从总的趋势上看，政治参与的扩大会加强政治的稳定度。但在某些社会里，情况可能恰恰相反：政治参与的扩大破坏了社会和政治的安定。之所以如此，关键因素在于政治参与的制度化水平。亨廷顿在分析了发展中国家的现代化经历后指出："一个国家在政治制度化方面的落后状态，会使对政府的要求很难——如果不是不可能——通过合法渠道得到表达，并在该国政治体系内部得到缓解和集中。因此，政治参与的剧增就产生政治动乱。"①

三、政治参与与政治文化

广泛的政治参与是培养现代公民，深化民主价值，营造民主文化的重要途径。发展理论认为，理想的公民应当是积极的参与者，因而，参与是公民的社会责任，也是他们培养、增强自身权利义务意识的重要途径。以帕特曼和麦克弗森为代表的"参与型民主"理论，将参与视作实现自由的平等权利和自我发展的基本途径。在他们看来，只有通过参与才能促进人类发展，强化政治效率感，弱化人们对权力中心的疏离感，培养对集体问题的关注，并有助于形成一种积极的、具有知识并能够对政府事务有更敏锐兴趣的公民。② 派伊也认为，参与的公民不仅知道可以通过政治参与来影响公共政策，也可以通过参与培养他们的公民责任感，愿意守法、纳税、服兵役。他们不仅关心自己的事情，也关心公共事务。由于参与，使他们对公共事务有较为丰富的理解，能够从现实主义的立场理解政治。上述学者分析得出的结论是：政治参与是民主实践的重要形式，是培养现代公民、孕育民主文化的重要途径。包括民主意识、民主习惯、民主技能在内的民主文化的价值和原则，只有在人们反复的实践中才会变得越来越稳定，而政治参与正是这样的实践形式。

---

① 塞缪尔·亨廷顿：《变化社会中的政治秩序》，上海世纪出版集团 2008 年版，第 42 页。

② 戴维·赫尔德：《民主的模式》，中央编译出版社 1998 年版，第 337～340 页。

第八章

政治决策

政治决策是政党和国家机关所展开的具有全局性影响、权威性的公共决策活动,是现代政治生活的重要组成部分。政治决策的正确与否,极大地影响着一个政党的命运、一个国家的政局状态和发展前途。因此,政治决策目前已经成为政治社会学研究的一个具有重大理论价值和实践意义的课题。明确政治决策的科学内涵,了解政治决策的基本程序和基本方法,确立政治决策的评价标准,对于政治主体深刻认识和正确参与政治生活具有极为重要的意义。

第一节　决策与政治决策

决策是一种由决策者通过一定程序,运用集体智慧,针对各种方案所进行的选择活动。在深入了解政治决策之前,我们需要对一般决策问题有一个大概了解。

一、决策概述

"决策"一词的英语表述为"Decision Making",意思就是作出决定或选择。美国的西蒙在《管理的行为——管理组织中决策过程的研究》中首先提出了"决策"一词,后来逐渐发展成为决策理论,形成系统的决策学。决策学研究决策的范畴、概念、结构、决策原则、决策程序、决策方法、决策组织等,并探索这些理论与方法的应用规律。随着决策理论与方法研究的深入和发展,决策渗透到社会经济、生活各个领域。决策学研究的基本方法为在充分调查研究、如实掌握数据资料的基础上,进行定性与定量相结合的系统分析和论证,从而得出正确的预断和科学的决策,以指导各项工作实践获得理想效果。

决策理论认为,决策是人类社会的一系列有关制订、实施和评估有约束力的规则的重要活动。决策涉及人类生活的各个领域,诸如经济发展、政治生活、军事指挥、文化建设、科技发明、企业管理、医疗诊断等都离不开决策。决策目前已经成为社会科学中的热门课题,经济学、政治学、法学、心理学等都从不同角度对之进行研究和探讨。目前,存在对决策概念的多种界定,归纳起来有以下三种理解:一是把决策看做是一个包括提出问题、确立目标、设计和选择方案的过程。这是广义的决策。二是把决策看做是从几种备选的行动方案中作出最终抉择,是决策者的拍板定案。这是狭义的决策。三是认为决策是对不确定条件下发生的偶发事件所做的处理决定。这类事件既无先例,又没有可遵循的规律,作出选择要冒一定的风险,即只有冒一定的风险的选择才是决策。这是对决策概念最狭义的理解。

一般而言,所谓决策是指为了实现某个特定的目标,借助于一定的科学手段和方法,从两个以上的可行方案中选择最优方案并付诸实施的过程。"形成决策通常要有一个决策者(作出最后选择的人)和一个决策机构(所有参与决策的人组成的小组、团体或政府)。他们通过分析信息、确定目标、提出各种方案、对这些方案作出评价、然后得出一个结论来对一个确定的问题或一系列问题作出反应。问题的性质、外部环境、决策机构的内部动力和决策者的个性都会影响决策。"[①]就本质而言,决策是决策者在改造世界的过程中,面对各种确定和不确定因素进行综合权衡,寻求并实现某种最优化预定目标的活动。正确理解决策概念,应把握以下几层意思:

(1) 决策要有明确的目标。决策是为了解决某一问题,或是为了达到一定的目标。确定目标是决策过程的第一步。决策所要解决的问题必须十分明确,所要达到的目标必须十分具体。没有明确的目标,决策将是盲目的。决策前必须明确所要实现的目标,而且必须将局部目标置于组织系统的总体目标体系之中,如果目标模糊或整个目标体系杂乱无章,则合理科学的决策也就无从谈起了。

(2) 决策要有两个以上备选方案。如果只有一个解决问题的方案,那就不需要进行选择,也就不存在决策了。决策实质上是选择行动方案的过程。因而,至少要有两个或两个以上备选方案,人们才能从中进行比较、选择,最后选择一个满意方案为行动方案。

(3) 要进行理性的分析判断。"决策是一个有理性的行动者对于某种外部挑战作出的果断反应。"[②]每个备选方案都有自身的优缺点,决策者必须保持理

① 《布莱克维尔政治学百科全书》,中国政法大学出版社 2002 年版,第 196 页。

② 《布莱克维尔政治学百科全书》,中国政法大学出版社 2002 年版,第 197 页。

智冷静的头脑，在充分掌握相关信息的条件下，进行逻辑分析，从而在多个备选方案中选择一个合理方案。当然，由创造力或直觉所产生的判断在具体决策的过程中也会发生重要作用。

(4) 选择后的行动方案必须付诸实施。决策不仅仅是决定采用哪个方案的那一刹那的行动，而是从诊断活动到设计活动再到执行活动的整个过程。如果将选择后的方案束之高阁，不付诸实施，这样的决策也就等于没有决策。决策不仅是一个认识过程，也是一个行动的过程。

(5) 决策与预测有关。预测是为决策服务的，并贯穿于决策的全过程。预测侧重于对客观事物的科学分析，决策侧重于对有利时机和目标的科学选择。预测强调客观分析，决策突出领导艺术。预测是决策科学化的前提，决策是预测的服务对象和实现机会。

一个理性的决策过程一般应该包括以下几个步骤①：清晰而准确地界定问题；发掘出所有的相关选择；收集每一个选择项的相关信息；建立成本、时间和其他规范的完整的标准；根据目标对标准进行评价；按照每一个标准对每个选择项进行评价；计算和挑选最具有价值的选择项。决策过程是一个在多种备选方案中进行选择的过程，选择的过程需要理性的决断和用于选择的道德标准，而且需要有关选择的知识。

我们可以按照不同的标准，对决策进行相应的分类：

1. 按决策的作用分类

(1) 战略决策，指有关组织系统发展方向的重大全局性决策，由高层管理人员作出。(2) 管理决策，为保证组织系统总体战略目标的实现而解决局部问题的重要决策，由中层管理人员作出。(3) 业务决策，指为解决日常工作和作业任务中的问题所作的决策，由基层管理人员作出。

2. 按决策的性质分类

(1) 程序化决策，即有关常规的、反复发生的能够被自动进行操作的决策，该类决策目前已经实现了自动化和计算机化。(2) 非程序化决策，即偶然发生的或首次出现而又较为重要的非重复性决策，该类决策包含了政策的制定、目标设定或独立的个人决定。

3. 按决策的问题的条件分类

(1) 确定性决策，指可供选择的方案中只有一种自然状态时的决策，即决策的条件是确定的。(2) 风险型决策，指可供选择的方案中，存在两种或两种以上的自然状态，但每种自然状态所发生概率的大小是可以估计的。(3) 不确定型决策，指在可供选择的方案中存在两种或两种以上的自然状态，而且这些自然状

① 雅米尔·吉瑞赛特：《公共组织管理：理论和实践的演进》，上海译文出版社 2003 年版，第 118 页。

态所发生的概率是无法估计的。

二、政治决策的含义和特征

政治决策指政府或政党等政治管理主体对政治生活的重大问题制定和选择行动方案的过程，是对政治生活的方向、目标、原则、方法和步骤进行抉择的过程。进一步而言，政治决策是对公共政治生活所作的抉择，涉及国家和社会的整体利益（公共性）；政治决策的主体是国家政权组织及相关的个人和组织（权威性）；政治决策以国家强制力为后盾而要求得到普遍服从和执行（强制性），其结果决定着政治管理的整个实施过程（指导性）。我们可以从以下几个方面把握政治决策的含义：

(1) 政治决策的主体是一个国家的政党（主要是执政党）和整个国家机关体系。与一般决策行为相比，政治决策的特殊性首先表现在其主体是政治组织以及掌握、行使国家权力的机构。

(2) 政治决策的对象是关系到国家发展的重大问题。政治决策涉及社会经济发展、政治体制改革等各个领域。对国家政局和长远发展构成重大影响的任何领域的问题，都会成为政治决策的对象。

(3) 政治决策的内容由国家的发展规划和目标、实现发展规划和目标的具体设想两大方面构成。一个国家的发展规划和目标实际上就是政党和国家机关所确定的阶级意志和国家利益，居于主导地位；实现发展规划和目标的具体设想则关系到阶级意志和国家利益能否顺利实现。

(4) 政治决策是一种有目的、有组织的政治活动，是一个国家政治展开过程的中心环节，本身也是一个按一定程序进行的动态过程。政治决策是一个政治过程而非狭隘的技术运作过程，涉及如何适应并学习以对政治和组织环境施加影响。①

理解政治决策的概念，应注意以下两方面的问题：首先，应注意政治决策与决策的区别。政治决策和其他决策一样，都是关于制定、决定、抉择约束性规则的一系列活动，所不同的是，政治决策是由公共权力机构作出，而不是由非公共权力机构作出的。企业及各种民营机构每日每时都可能产生大量的决策，但这些决策均不构成政治决策。其次，应注意政治决策与公共政策的区别。政治决策像公共政策一样，都是由公共权力机构作出的，所不同的是，公共政策的概念比较宽泛，公共政策包容了政治决策，政治决策则从属于公共政策。政治决策无疑是公共政策，但公共政策并不都是政治决策。只有那些关系国家和整个政治

① 参见欧文·E. 休斯：《公共管理导论》，中国人民大学出版社 2007 年版，第 149 页。

系统，影响国家政治机构的性质及政治系统运行方向、速度的公共政策才可称得上是政治决策。

在当代，政治决策具有以下几个特征：

(1) 政治决策的范围不断扩大。在古代，大部分决策都是军事性的。在近代，随着经济的发展，经济性决策逐渐取得重要地位。在当代，不仅军事、外交、民族等领域是政治决策的对象，而且经济、种族、人口、文化、生态、科技等领域也纷纷成为政治决策的对象，从而使得政治决策的范围比过去大大地扩展了。

(2) 政治决策的作用空前突出。当代政治决策在政治共同体中具有牵一发动全身的作用，且成与败的影响极其深远。

(3) 政治决策的难度空前加大。当代政治决策是十分困难的，决策者很难找到一种对决策对象各方都有利而无害的决策。

三、政治决策的结构和意义

政治决策是多种多样的，我们可以根据政治决策的基本内容大体上将政治决策分为战略性政治决策和策略性政治决策。

战略性政治决策是指政党和国家机关就国家政治全局、国家发展方向等根本性问题所作出的决策，在政党和国家机关的一系列政治决策中居于主导地位，适用于一个较长的历史时期。这种战略性政治决策的形成大致包含以下环节[①]：内部和外部状况的分析；组织面对的关键问题的判断或鉴别；组织基本任务的确定；组织基本目标的表达；前景的建立——要达到什么样的成就；实现前景和目标的战略的形成；战略时间表的形成；结果的估量和评价。战略性政治决策具有全局性、战略性和稳定性的特点。

策略性政治决策是指政党和国家机关在实现战略性政治决策所提出的目标的过程中，就具体行动作出的决策，以及就一系列需要解决的具体问题而作出的决策，适用于某一局部和一个历史时期的特定阶段。相对于战略性政治决策而言，策略性政治决策具有局部性、短期性和灵活性的特点。战略性政治决策是策略性政治决策的依据，在战略性政治决策的指导下制定相应的策略性政治决策；策略性政治决策是实现战略性政治决策的保证，只有运用正确的策略性政治决策，战略性政治决策的目标才能逐步得到实现。

政治决策的实质，是国家权力机关对政治系统中具有全局性和根本性的重大利益关系所做的一种规范和调整，是对重大利益的一种权威性分配。由于政

---

① 参见戴维·奥斯本、特德·盖布勒：《改革政府：企业家精神如何改革着公共部门》，上海译文出版社 2006 年版，第 173 页。

治决策具有如此重要的作用，以致一些政治学家把决策分析视为政治分析的重要途径，认为通过分析一个国家的决策制度和决策过程，就可以看到这个国家的政治发展水平。政治决策是否民主、科学和合理，对于国家的政治生活和政治发展具有极其重要的意义，具体表现在以下几个方面：

(1) 科学的和民主的决策直接关系到行政效率和经济效益。一项好的政策会产生事半功倍的效用，相反，一项不好的政策则会事倍功半。一项好的政策会使人民享受到最大的效益，一项坏的政策则会给人民和国家带来巨大的损失。

(2) 科学的和民主的决策直接关系到人民对政府的信任。好的政策会增大政府的政治合法性，巩固全民的政治认同；反之，坏的政策则会损害它们。

(3) 科学的和民主的决策直接关系到人民当家作主。如果一项政策真正反映了人民的需要，真正听取了人民的意见，真正做到了人民的参与，那么，这样的一种决策过程本身就是一个发扬民主的过程。

(4) 科学的和民主的决策直接关系到社会的政治稳定。政治的稳定既需要人民的安居乐业和对政府的充分信任，还需要政府政策的前后连续。如果政府朝令夕改，社会就会产生一种内在的不稳定感。

(5) 科学的和民主的决策直接关系到政府的形象。政府的决策质量和决策水平集中反映了政府的执政水平和管理水平，如果政策失误过多，决策成本过高，都将直接损害决策部门在人民心中的形象。

第二节 政治决策的形成

决策是如何作出和形成的，这是政治决策分析的核心问题。政治决策是一个动态的过程，是有关国家和社会整体利益的重大决定和一般决定的形成和实施的过程。政治决策必须基于一定的理论依据和现实需要，并遵循系统、可行性、重点、适时和合法性的原则，参照一定的科学决策模式，运用一定的科学技术手段，分步骤与阶段来作出。对于我国现阶段的政治生活而言，要积极建立现代政治决策体制，努力实现政治决策的科学化与民主化。

一、政治决策的依据和原则

政治决策的依据关系到政治决策的目标抉择和实现目标的行动选择。一般而言，政治决策的主要依据可以分为理论依据和事实依据。理论依据主要涉及政治决策的指导思想和各项政治决策的相关理论；事实依据则主要包括具体国家的国情和所处的国际状况。我们在政治决策的过程中必须把理论依据和事实依据结合起来考虑，政治决策的过程就是政治决策者将自身的价值判断（政治理念）和事实判断（对政治现实的估计与判断）加以整合的过程，价值判断内含着应然性，事实判断内含着实然性。对于一个具体的决策过程而言，政治决策者的价值判断和事实判断缺一不可。①

政治决策的理论依据体现了政治决策的价值取向。譬如西方国家以自由主义为指导所制定出来的国家不干预和政府中立的政治决策，集中体现了西方社会个人主义的价值观；而我国以马克思主义为指导所作出的各项政治决策则内含着共同体利益与个人利益之和谐平衡的价值旨趣。我们在作出政治决策时必须明确其理论依据，只有这样才能保证具体的政治决策具有明确的目标，才能保证政治决策的政治性、规范性和指导性。同样，我们在对具体政治决策进行评价时也要结合对其理论依据的分析，才能保证评价的科学性。

政治决策的事实依据体现了政治决策的现实需要，主要包括进行政治决策的具体国情和所处的国际状况。所谓国情，是一个国家政治、经济、思想文化、民族心理、地理环境、人口状况等情况的总和。在制定政治决策的过程中，首先要认清本国现阶段的社会性质和发展阶段，从根本上把握本国经济政治的发展状况，分析社会的主要矛盾，确定相应的战略目标，对民众的意愿、思想认识水平、心理状况有清晰的了解，在此基础上才能制定出切实可行的、能够为广大民众所认同和接受的政治决策。当今世界，全球化已经成为基本趋势。因此，一个国家的政治决策不仅要依据本国的具体国情，还必须兼顾现实的国际局势，把握国际形势的总趋势和总格局。

一般而言，政治决策的基本原则是科学化和民主化，“在现代社会条件下，科学化原则是首要原则，民主化原则是政治性原则。”②我们可以从以下几个方面对政治决策的原则进行展开：

（1）系统原则。即把决策对象视为一个系统，以整体目标的最优化为标准，分系统和单项的目标必须置于整个系统中来分析。系统原则是政治决策科学化的重要保证，要求决策者把决策所要解决的问题看成一个诸要素相互联系、相互作用的有机整体，从整体与局部、内部条件与外部环境、当前与长远、主要与次要等方面对所要针对性解决的问题进行全面而系统的分析，以有助于得出最优方案。

（2）可行性原则。决策必须从客观实际出发，既要考虑到人力、物力和财力的实际状况，又要符合当时当地的实际需要和客观条件。可行性原则是保证政治决策得以实施的重要条件，要求决策者在具体决策过程中对现实条件进行可

---

① 张福墀、杨静：《管理哲学》，经济管理出版社 2003 年版，第 62 页。

② 杨弘、刘彤：《现代政治学分析基础》，人民出版社 2004 年版，第 384 页。

行性分析和可行性论证,兼顾到需要和可能两个方面,做到积极稳妥,量力而行。

(3) 重点原则。一次决策只能不同程度地满足一部分要求。在多种目标多项任务的情况下,决策者要抓住主要矛盾,突出重点,分清主次,提高决策效能。重点原则是政治决策的关键,要求决策者在相互比较中进行鉴别,按照利中取大、弊中取小、兴利除弊、化弊为利的原则,对经过优化选择的满意方案进行人力、财力和物力的重点投入,以期最大化地实现政治决策的根本目标。

(4) 适时原则。必须抓住时机,利用机会,当机立断,适时决策,避免议而不决,贻误战机。适时原则对于当今时代的政治决策意义重大,要求决策者在充满变动和风险的社会环境中保持清醒的头脑和敏锐的观察力,在对未来状况和发展趋势进行科学评估和预测的基础上进行及时判断和果敢行动,防止由于犹豫徘徊可能造成的最佳机遇的丧失。

(5) 合法性原则。政治决策是国家意志和公共利益的体现,要求具体的政治决策必须在宪法和法律规定的范围内进行。合法性原则是政治决策的法律保证,这既体现在政治决策者的决策必须在自己权限范围内展开,又要求政治决策的目标、方案和措施等必须以国家有关法律法规为依据。更进一步而言,政治决策的合法性体现于广大社会公众对它的普遍认可和同意,因为合法性“来自于有关规范判定的、‘下属’据以(或多或少)给予积极支持的社会认可(或认可的可能性)和‘适当性’。”①

二、政治决策的模式、程序与技术

政治决策的模式指政治决策得以产生或形成的规范形式。政治决策分析人员设计的决策模式多种多样,主要有以下几种:

(1) 理性决策模式。这一模式强调人类理性(分析与知识)在决策中的决定作用,其哲学基础是世界可知论。理性决策模式强调政治决策是相当复杂且关系重大的活动,但无论客观对象如何复杂,政治决策的各种要素及其规律总是可以被人们发现或认识的,因为人类的认识与分析能力在本质上是无限的。为了能够更准确地进行分析,政治决策者必须具备收集、整理和传递各种信息的能力,而这一能力的基础即是决策者的知识和分析判断能力。在决策过程中,必须尽可能地运用严谨而周密的科学分析方法分析各种利弊,从而确定理想的方案。理性决策模式包含以下环节②:界定问题的性质;根据个人偏爱的顺序确定行为目标;依照有效性、可靠性和成本等标准对实现目标的可选手段作出评价;选择

---

① 《布莱克维尔政治学百科全书》,中国政法大学出版社 2002 年版,第 439 页。

② 参见燕继荣:《政治学十五讲》,北京大学出版社 2004 年版,第 241 ~ 242 页。

最有利于实现理想目标的手段或方式采取行动。理性决策模式的价值在于对人类理性的充分肯定,但理性决策分析家没能正确认识人的认识能力无限与有限的关系。

(2) 渐进决策模式。这一模式强调新政治决策是以往政治决策的继续或渐进的修正。"渐进决策模式提供了关于决策状况的现实解释。它指出,决策实际上并不是根据明确的目标制定某种创新政策的行为,而是根据环境变化作出适当微调(small adjustment)的过程。"①渐进决策分析家认为,政治体系不宜作变革性的、革命性的政治决策,因为既往决策的制定与执行已经花费了大量的人力、物力和财力,并在政治共同体中形成了一定的组织结构、心理结构和观念体系。全盘改变既往决策,打破已形成的定势,就会造成政治动荡和心理危机,且创新型决策的执行效果也是难以预料的。因此,政治决策应该是一个渐进变迁的过程。渐进决策模式的价值在于充分估计了创新型决策的风险,但却由此陷入了改良主义。

(3) 团体决策模式。"现代民主决策主要依靠领导集体的智慧而不是主要依赖领导者个人的素质。"②团体决策模式强调各利益团体在决策中的决定作用。团体决策模式强调,政治过程中最重要的事实是各利益团体之间的交互作用,公共政策就是这种交互作用达到平衡的结果。事实上,政治体系在制定公共政策时,不仅要照顾到各利益团体的特殊利益,而且更要照顾到大多数公民的普遍利益。

(4) 有限理性决策模式。这是一种与理性决策模式相对立的决策模式,强调决策是各党派、利益团体及垄断资本集团相互斗争的产物。有限理性决策模式强调,人的认识能力受个人知识、客观对象和价值体系的限制,任何人都不可能理解全部行动结果和行动过程。因此,由于人的认识能力有限,人的分析能力也是有局限的。有限理性决策模式的价值在于看到并且强调政治斗争在决策中的作用,但它否认人的认识和分析能力本质上的无限性,贬低政治决策中分析的作用。

遵循政治决策内部活动的规律,是制定科学政治决策的必要条件之一。政治决策程序是指制定政治决策的动态过程中的工作次序和基本步骤。主要包含以下几方面:

(1) 发现问题,确定目标。政治决策的起点是发现问题。任何决策都是针对一定的具体问题而作出的,能否准确地发现问题并把握问题的实质对政治决策至关重要。在具体的政治决策过程中,要注意深入政治生活的实际进行调查

---

① 燕继荣:《政治学十五讲》,北京大学出版社 2004 年版,第 243 页。

② 杨弘、刘彤:《现代政治学分析基础》,人民出版社 2004 年版,第 382 页。

研究,进行认真的分析总结以便及时发现隐藏在各种情况背后的问题。要注意分析问题的性质,明确问题出现的时间和地点,掌握问题涉及的领域和影响的程度。在具体要解决的问题基本确定以后,要针对所要解决的问题制定政治决策的总体规划和希望达到的具体结果,即确定目标。所确定的政治决策目标要注意符合以下要求:一是针对性,即做到有的放矢,针对所存在的问题,紧紧抓住问题的实质,寻找解决问题的突破口;二是明确性,即决策目标不能含混不清、空洞无物,要确定目标的规模和实现目标的期限,同时还要确定实现目标的约束条件;三是可行性,即要分析在现行的情况下是否具备了实现目标的政治条件、经济条件、组织条件、信息条件和技术条件等;四是规范性,即决策目标不仅要符合客观实际情况,符合广大社会公众的根本利益,而且要符合国家相关政策和有关法律的规定。

(2) 分析矛盾,拟订方案。决策目标确定以后需要多方面寻找实现目标的有效途径,这个过程也就是分析矛盾、拟订方案的过程。在这个过程中要注意以下几个方面:一是所拟订的方案必须具体明确。所拟订的方案不但要说明方案的客观环境条件以及可能发生的变化,而且要说明为了适应这些变化应该采取的措施和办法,同时还要说明方案在不同条件下可能取得的效果、实施方案所付出的代价、实施方案的具体时间、阶段和要求等。二是所拟订的方案必须多样化。方案的多样化要求所拟订的方案在量上要尽可能多,在质上要具有各自明确的特点,从而为综合评价和优选方案提供更大的空间,使决策者能有更多的选择和比较,最终有助于得出满意的结果。三是所拟订的方案必须具有创造性。在拟订方案的过程中要紧密关注具体政治实践,同时要开拓思路、勇于创新,从而针对层出不穷的新问题、新情况得出富有新意和创造性的决策方案。

(3) 综合评价,优选方案。决策者要在对多种备选方案进行全面比较、分析和评价的基础上,从中选出一个满意的方案。在这个过程中,要注意以下几个方面:一是方案评价的全面性,即要对每一个备选方案和每一个备选方案的每一个方面都进行认真而全面的评价,从而能够发现每个方案的优缺点以有助于所选择方案的更加完善。二是方案评价的客观性,即要求决策者在对方案进行评价时坚持实事求是的原则,克服先入为主、主观武断的不良倾向,做到以事实为根据,从而对方案进行客观公正的评价。三是方案评价的对比性和可行性,即要求决策者在对方案评价和选择时应善于对比,在对比中鉴别,在具体鉴别中得出最佳选择结果。四是方案选择的集体性,即要求在充分发挥智囊团作用的同时,采取集体表决制,要在充分讨论、审查备选方案的基础上由决策集团进行集体表决,从而防止个人专断可能造成的决策失误。

(4) 决策执行,追踪反馈。制定决策的目的就在于执行决策。决策方案一经制定,就应适时付诸实施。决策者一方面要为决策的顺利实施创造条件,另一方面，应根据决策实施过程中的反馈信息，对决策作相应的调整和修正，使决策更加符合实际。决策执行一般包括局部实验和全面实施两个阶段。局部实验是指在局部领域内对所制定决策的有效性进行检验。全面实施是指将基本得到验证的决策在全局范围内进行普遍执行。追踪反馈，就是根据决策的执行情况，及时发现存在的纰漏和问题，并将相关信息迅速反馈回决策中心，以进行及时修正和完善。追踪反馈对决策造成的影响可能是局部性的，也可能是根本全局性的，可以说，对决策追踪反馈的结果事实上是对原来决策的一种扬弃。

在政治决策过程中，要运用一些技术性方法。政治决策技术是指政治决策者在制定政治决策的过程中所运用的一系列现代科学理论、方法和手段的总称，可以大概地分为软技术和硬技术两类。

所谓政治决策软技术主要是指政治决策者依靠自己的经验、知识，综合运用逻辑思维，通过对决策对象进行质的分析和判断，从而进行决策的技术。政治决策软技术主要体现于对事物发展本质、趋向和规律的把握，对决策目标的确定和对具体行动方案的判断和评价。政治决策软技术主要是发挥由专家构成的智囊团在具体决策过程中的作用，使专家在避免外来干扰的情况下有针对性地进行充分而自由地发表意见和观点，继而对各种意见进行归纳整理以供决策者参考。目前，政治决策软技术主要有头脑风暴法和德尔菲法两种。头脑风暴法就是把一定数量(一般 10 ~ 15 人)的专家召集在一起共同就决策的某一问题进行研究，作出集体判断。在这种专家会议中，能够进行充分的信息交流，相互启发，通过思维共振而爆发出更多更好的有创造性的思维火花，从而集中发挥专家们的共同智慧对科学决策的积极作用。德尔菲法也称专家会议预测法，是一种主观预测法。即围绕政治决策所要解决的问题，以书面形式背对背地分轮征求和汇总专家意见，通过中间人或协调员把第一轮预测过程中专家们各自提出的意见集中起来加以归纳后反馈给他们。通过这样反复的循环，最后汇总形成一个比较一致、可行的结论。德尔菲法本质上是一种反馈匿名函询法，它可以避免头脑风暴法中可能出现的屈服于权威和随大流的问题，有助于专家进行独立思考和冷静判断。

所谓政治决策的硬技术是指根据调查研究、资料收集以及预测所获得的信息情报，运用运筹学、统计学、数学、概率论、计量经济学等理论建立决策分析的数学模型，并借助于电子计算机来确定决策方案的技术的总称。政治决策的硬技术能将常规性决策编成计算机程序，有助于政治领导者从日常烦琐的、常规性的决策中解脱出来，从而促进工作效率的提高；同时，这种定量化的技术方法，能更客观、更准确、更严密地对信息进行分析，从而对决策方案作出全面而准确的评价，有利于政治决策的科学化。现代政治决策硬技术是科学技术发展到一定阶段的产物，呈现出数学化、模型化和计算机化等特征。在具体的应用过程中，这种硬技术包括线性规划、排队法、统筹法、决策树、损益分析等。这种技术尽管具有很大优势，但在具体应用过程中作为一种静态研究方法也难免出现偏差，无法兼顾到民众心理、民族文化传统、意识形态等因素。所以，在具体的政治决策过程中，要把两种技术结合起来并扬长避短才能真正做到政治决策的科学化。

三、现代政治决策体制

政治决策体制是指承担政治决策的机构和人员所形成的组织体系和相应的制度，是政治体制的重要组成部分。现代政治决策体制必须适应现代政治发展的基本趋势和要求，它呈现出以下几个方面的特征：

一是分工性。现代政治决策体制呈现出横向分工的趋势。构成现代政治决策体制的各个系统相互独立，有自身明确的目标任务和特定的运行规则，这种分工性主要表现为具体政治决策中“多谋”与“善断”、决策制定与执行的相对分工。

二是整体性。现代政治决策体制是一个实现了高度分工和有效综合的有机整体，横向上的决策系统、咨询系统、信息系统、执行系统和监督系统相对独立，各司其职，同时又相互协调，相互配合；纵向上的高层、中层和基层决策系统形成一个层次分明、结构合理、功能完备的决策体系。

三是科学性。现代政治决策体制必须拥有一定的现代技术设备和高素质的工作人员，必须掌握先进的科学技术和手段，必须严格按照科学程序进行决策。这种体现时代发展要求的现代政治决策体制对于实现决策的科学化和民主化意义重大。

现代政治决策体制是一个分工明确但又相互协调的有机整体，主要由以下几个系统构成：

(1) 信息系统。这是现代政治决策体制的神经系统，主要由信息收集、处理、存贮、传递等机构和相应人员构成，能够为科学决策提供全面而可靠的信息资料。现代社会瞬息万变，发展迅速，这要求我们在科学决策过程中必须保证信息来源广泛，信息传递渠道多样而畅通。

(2) 咨询系统。这是现代政治决策体制的智囊团，主要由各类专职或兼职的决策研究机构和工作人员组成，依据信息系统提供的大量信息，通过综合运用各种科学知识和现代化科技方法，为决策系统提供各种可行性方案，论证、评估各种方案并作出取舍意见和建议。

(3) 决策系统。这是现代政治决策体制的核心，主要由拥有决策权的相应机构和人员构成，其主要任务是确定决策的方向和目标，对各种建议和方案进行权衡比较并作出选择，下达决策执行的命令并能结合决策执行过程中的反馈信息进行决策的修正与完善。

(4) 执行系统。这是现代政治决策得以落实的实践者,主要由负责实施决策方案的各职能机构和相关人员构成,其主要任务是按照决策系统的指令,通过计划、组织、指挥和协调的方式实施决策方案并达到预期目的。

(5) 监督系统。这是现代政治决策体制的保障系统,主要由对政治决策制定和实施进行监督和控制的组织机构和相应人员构成,其主要任务是对整个政治决策过程进行监控,及时发现各种偏差和失误以便于采取有效措施加以控制和纠正,从而保证决策目标的实现。在具体的政治决策过程中,要在各个系统相互独立、各司其职的前提下加强相互配合,从而形成一个功能齐全而完备的决策体制以发挥整体效应。

四、我国政治决策的科学化和民主化

现代社会活动和行政管理的复杂性、多变性,政治决策涉及内容的广泛性,要求政治决策者对重大问题的决策必须实行科学化和民主化。科学化和民主化"这两个原则是并行不悖的。只讲科学不讲民主,或只讲民主不顾科学,都难以保证决策的正确。"①

首先,要实现决策的民主化。"决策民主化的实质是决策者集中领导集体智慧和广大人民群众的智慧,党和国家的决策,充分体现全心全意为人民服务的宗旨和代表实现最广大人民的根本利益这一决策目的。"②民主是社会主义的本质,这一本质体现于政府部门即要求政府部门的公务人员按照人民的意志来行使权力,把人民赋予的权力用来为人民谋利益、造福祉。在政治决策这一环节上必须通过相应的制度安排保证广大社会公众能够积极参与到决策过程中来,从而使政治决策能够充分体现民意、满足民愿,能直接或间接地代表和实现广大人民群众的根本利益。就我国现阶段的情况而言,实现决策民主尤其要注意以下两个方面问题:

(1) 健全社情民意的反映制度。要利用各种形式和渠道来了解民情,吸纳民意,把党员代表、人大代表和政协委员联系群众作为反映社情民意的主要渠道,通过完善人民群众来信来访制度、领导者调查研究制度及与网民交谈制度等来掌握民情、集中民意,使民意、民愿为领导者所熟知,并充分体现于其所作出的行政决策之中。要克服把了解民情、集中民意当做领导者塑造形象活动的庸俗做法,真正建立起规范的制度,以制度来规范行为,保证行政决策成为反映和体

① 杨弘、刘彤:《现代政治学分析基础》,人民出版社 2004 年版,第 384 页。

② 杨弘、刘彤:《现代政治学分析基础》,人民出版社 2004 年版,第 385 页。

现民意的决策。

(2) 健全与群众利益密切相关的重大事项公示制度和社会听证制度。政府部门是代表人民行使行政权力的,人民有权了解政府部门和领导者如何行使权力,特别是政府部门在进行与人民群众利益密切相关的决策时,人民群众更需要了解。因此,必须就此类事项的决策向公众公示,决策前要召开听证会,在广泛集中民意的基础上作出相应的行政决策。公示制度、听证制度不能当做一种点缀和摆设,必须加以细致的规范,使政府部门的决策能充分反映人民群众的意志和愿望,真正建立起深入了解民情、充分反映民意、广泛集中民智、切实珍惜民力的民主决策机制。

其次,要实现政治决策的科学化。政治决策科学化的前提是必须建立和完善科学决策的机制。具体包括以下内容:

(1) 完善专家咨询制度。决策者要广泛联系专家学者,就涉及经济社会发展全局的重大事项广泛征询意见,充分进行协商和协调,建立多种形式的决策咨询机制和信息支持体系,使专家、学者、研究机构、智囊系统的专业意见被充分吸收于政治决策之中,以保证政治决策的科学化。

(2) 完善重大决策的论证制度。对专业性、技术性较强的重大事项,在作出决策前要就决策的各个部分进行专家论证与评估,哪些是可行的,哪些是不可行的;哪些措施是合理的,哪些是不合理的;哪些后果是可控的,哪些是不可控的;决策实施过程中和实施结束后将会出现什么样的反映和相关后果,如何应对,如何纠正,如何补救等一系列问题,都要经过充分的论证,虚心听取和吸收专家学者的意见,使行政决策更加科学。

再次,要完善重大决策的规则和程序。科学规范的规则和程序是决策科学化、民主化的前提条件,没有规则的决策、不按程序作出的决策很难成为科学的民主的决策。从规则的角度讲,具体包括什么样的决策应经会议讨论后由领导者进行决策?领导者怎样根据会议的讨论情况作出相应的决策?什么样的决策可由领导者在听取各方意见后不必经会议讨论作出决策?什么样的决策应由领导者按职权进行个人决断?重大决策应由谁提出,经过什么会议讨论,吸取哪些方面意见,召开什么范围的听证或论证,等等。必须使这些规则细化,并具有现实的可操作性,一方面要保证政治决策的科学化和民主化,另一方面又要充分发挥决策者的个人才智,提高行政效能。从程序角度讲,涉及自决策事项的提出到决策的最终形成必须经历哪些环节和步骤,各个环节之间是什么关系、如何衔接等。必须使这些程序制度化、规范化,才能避免决策的随意性。为此,要注意以下三个方面问题:

(1) 建立健全决策失误责任追究制度。对不按规则和程序进行决策造成的失误要追究决策者责任,违反规则和程序的决策不能只负领导责任,而是必须承担相应的行政责任,决不能总出现决策时争相拍板,失误时推脱责任的现象。

(2) 建立健全决策的纠错改正机制。涉及经济社会发展全局的重大事项的决策如有失误会有较严重的社会后果,一些重大的投资项目的决策如果失误会给国家和人民造成相当严重的损失,决策时必须慎之又慎,如若决策在执行过程中相关条件或环境发生重大变化,应及时对原决策进行调整、修补,进行追踪决策,以避免损失。

(3) 建立健全决策监督制度。充分发挥纪检、监察、审计等部门的职能监督、人大的法律监督和政协的民主监督作用,重点对遵守决策制度、程序、规则情况以及决策执行情况进行监督,保证决策目标和内容的科学性、可行性和决策方案的顺利实施,保证决策得到正确、有效的贯彻执行。

第三节　政治决策的执行

所谓执行,就是指贯彻战略意图,完成预定目标的操作活动。执行对于整个政治决策过程而言具有极为重要的意义。政治决策的有效与否,最终要通过其执行来得以体现,因而执行是政治决策的落脚点和实践意义的最终体现。

一、政治决策执行的条件

政治决策正确与否、可行与否,只有在具体的执行过程中才能得到检验。在政治决策的执行过程中,通过真实而充分的信息反馈,能够使决策者更清晰地了解全局状况,针对执行中出现的新问题和新情况作出及时反应。只有这样,政治决策才能更为完善,才能更好地发挥指导作用。政治决策只有通过执行才能取得实际效果和达到预期目的,只有得到了执行的政治决策才能获得其真正的现实性。

政治决策的执行是一个艰巨的过程,会受到各种因素的影响。除了政治决策本身的正确性和可行性以外,还要受到各种因素和条件的制约与影响。一般而言,一个政治决策得到"完美实施"的条件包括:具有绝对权威的单一行政体系确保中央控制;统一的执行标准和规则;对于绝对控制的绝对服从;完美的信息沟通与协调;充裕的时间以便动员各种行政资源。[①] 具体而言,政治决策执行的条件包括以下几个方面:

(1) 政治决策者在政治思想上保持高度一致。政治决策者是政治决策执行

---

① 参见燕继荣:《政治学十五讲》,北京大学出版社2004年版,第239页。

的中枢,对政治决策的执行具有极为重要的作用。面对政治决策执行过程中的各种不确定性因素,政治决策者必须在政治思想上高度一致,防止出现可能影响政治决策有效执行的各种思想偏差和动摇。政治决策者要有坚定正确的政治方向和政治立场,要有敏锐的政治鉴别力和高度的政治责任感,要有勤政为民、公正廉洁的思想情操。要避免政出多门,各行其是。当然,这种高度一致是以高度民主为基础的,是在对社情民意的科学合理整合的基础上得以实现的。

(2) 政治体制的高效与合理。政治体制一般指一个国家的组织结构和管理体制及相关法律和制度,一套高效合理的政治体制对于政治决策的执行意义重大。具体而言,一是要法治完备,形成一整套适应国家经济社会发展要求的现代法律体系;二是民意表达要有一系列的规范,建立起保护公众表达权的一系列规章制度;三是国家政治、社会决策的科学化和民主化,要有一整套保障决策科学、民主的程序;四是政党和政府的运行高效,能够保证社会经济的高效、平稳、低成本运行;五是要有一套体现现代人类文明的观念,如法治、科学、人权、爱国、民主等观念的价值体系,与之相适应。

(3) 广大社会民众的普遍认同。认同是一种社会心理的稳定感和归属感,是自我和他者在共同体互动中所实现的对“我是谁”的真实体认。广大社会民众的普遍认同感,既体现了公民对于国家和社会的责任感,也包含着对自我与他者权利和价值的承认。一个国家之社会治理机构的不断完善和现代文明社会民主进程的加快,将会使社会认同的组织体系逐渐走向进步与发展。“社会认同何以可能”的问题不仅关涉现代和后现代条件下个人的“本体性安全”和“本体性焦虑”,而且还关涉全球化条件下诸个体的和谐共存和社会组织的科学决策之有效执行的问题。

二、政治决策执行的部署

政治决策制定之后,政治决策机构要向各级组织、各个部门传递决策执行的规划以推动其制定具体执行政治决策的计划,从而保证整个政治决策执行的过程有组织、有步骤、有序化地展开。政治决策机构所作的决策执行规划,主要涉及该项政治决策下达的层次和速度,以及具体执行过程中的要求。

各级具体组织和部门要针对上一级机构所作的规划制定决策执行的具体计划,执行计划的基本要素包括[①]:(1) 通过什么形式使上级决策内容为本级组织、本部门和本单位的成员所了解;(2) 为实施这一决策,根据具体情况应采取哪些具体行动,这些行动有什么操作要求;(3) 在什么时间、什么范围内完成某

① 参见王松、王邦佐:《政治学》,高等教育出版社 1991 年版,第 248 页。

项具体行动;(4) 为完成某一项具体行动,应提供什么条件保证;(5) 由谁负责某一行动,应给予他什么权力,他又应负什么责任;(6) 负责某一行动的人受谁指挥,又指挥哪些人;(7) 负责不同行动的人如何配合和协调;(8) 估计会出现什么问题,若出现这些问题有什么对策,等等。

各级组织成员和广大社会民众对政治决策的高度认同和支持,是政治决策执行的关键。因此,我们需要利用各种形式、动用各种手段对政治决策进行宣传和动员,充分利用电视、广播、网络、报刊等公众传播媒介进行积极的引导,以调动各级组织成员和广大社会民众执行政治决策的主动性和积极性,从而保证政治决策的有效落实。

三、政治决策执行的监控

政治决策的执行是一个动态过程,对该过程进行必要的监督和控制是必需的。在政治决策执行的过程中,要按照决策的要求来保证决策执行的质量和效率,确保决策执行过程的有序展开,从而达到预期的目标。“在政策实施的过程中,可能常会出现一些意想不到的结果和困难,甚至环境也经常发生变化。对所有的政策来说,无论它是如何产生的,对其实施过程的监控或评估都是、或者应该是非常重要的。”①我们甚至可以说,政治决策的执行过程就是一个防止出现混乱无序状态和避免政治决策出现夭折危险的监控过程。

有效的监督能够保证政治决策的贯彻执行和顺利实施。在我国,对政治决策的监督主要包括政党监督、群众监督、法律监督和行政监督等。政党监督,主要包括中国共产党的监督和民主党派的监督。中国共产党要发挥执政党的领导职能,对国家各级机关实施体现国家意志的政治决策进行政治监督;各民主党派要发挥参政党的参政议政职能,通过民主协商的形式对各级国家机关政治决策的执行进行监督。群众监督主要体现在广大人民群众要通过社会舆论、信访等合法形式对政治决策执行过程中的官僚主义以及各种不正之风进行揭露和举报;党和国家各级机关在政治决策执行的过程中,必须同人民群众保持密切联系,倾听广大人民群众的意见和建议,虚心接受人民群众的监督。法律监督主要体现在完善法制建设以确保政治决策执行的法治化,防止长官意志和个人专断等人治因素对政治决策执行的干扰,要注意发挥各级人民代表大会在质询和问责方面的积极作用。行政监督主要是指要在政府系统内部建立起自下而上和自上而下的监督系统,对各级、各部门及其工作人员进行内部有效监督。

对政治决策执行的有效控制,主要包括有力的控制机构、明确的控制标准、

① 欧文·E.休斯:《公共管理导论》,中国人民大学出版社2007年版,第141页。

准确的控制评估和有效的控制后果等因素。控制机构就是政治决策执行中的各级组织,它们的实际状况决定着整个政治决策执行过程的有效进行。在具体实施控制的过程中,需要把政治决策的目标加以具体分解,确保每一阶段的具体控制目标,在常规情况下需要有一种量化的控制标准。同时,还要根据控制标准,按照具体步骤和时间进行评估,评估的结果必须真实反映实际情况。要根据评估结果,对存在的问题加以具体分析,确定解决问题的办法。

第四节 公共危机决策

以非常规决策处置公共危机事件,是任何国家政府都必须要认真对待的重要问题,它甚至比任何常规性决策都更能考验一个国家政府的治理结构和治理能力。作为现代政治决策重要组成部分的公共危机决策,对于在有限的时间、资源、人力等约束条件下迅速对公共危机事件作出应对具有重要的意义。科学地界定公共危机决策的主体,明晰公共危机决策过程中可能遇到的各种障碍,适时地运用各种技术手段,将有助于保证公共危机决策的顺利实现。

一、公共危机决策概述

现代社会的飞速发展使我们的生活中充满了不可预知的各种危机,而且目前公共危机爆发的频率越来越高,这就要求我们必须拥有一种危机意识和危机决策能力。所谓公共危机是指突然发生的事件严重影响甚至威胁到广大社会公众的生产和生活秩序,乃至于对广大社会公众的生命财产构成威胁的事态。公共危机具有突发性、威胁性、不确定性、紧迫性、破坏性、无序性、隐蔽性、传播的公开性、社会性和扩散性等特性。[①] 面对公共危机所进行的决策,是与常规决策相对应的非常规决策,这种非常规决策比任何常规性决策更能考验一个国家政府的治理结构和治理能力,因此公共危机决策目前已经成为任何国家政府都必须要认真对待的问题,已经成为现代政治决策研究中的一项重要课题。

所谓公共危机决策,就是以政府为核心包括非政府组织、媒体和广大社会公众在内的决策群在有限的时间、资源和人力等约束条件下完成应对公共危机的具体措施。与常规性决策不同,公共危机决策具有以下特点:一是公共危机决策的超前性。公共危机决策所要应对的不仅是已经发生的突发紧急事件,而且包括潜在的、可能发生的突发事件,所以防患于未然的超前决策是公共危机决策的

① 参见肖鹏军:《公共危机管理导论》,中国人民大学出版社 2006 年版,第 10 ~ 12 页。

重要特点之一。二是公共危机决策的迅疾性。公共危机的突发性要求决策者具有包括快速判断、快速反应、快速选择、快速行动和快速修正的综合能力,以迅速把握机遇及时控制、解决危机,否则可能丧失解决危机的宝贵时机。三是公共危机决策的果断性。公共危机的紧迫性使得决策者必须在极其有限的条件下迅速判断、果敢行动,要克服优柔寡断、犹豫不决、过度分析的倾向。四是公共危机决策的有限理性。公共危机的突发性使决策者所掌握的信息具有有限性和片面性,也缺少足够的时间进行充分而深入的理性判断和分析。公共危机的有限理性决定了应急决策是一种充满风险的组织行为。五是公共危机决策的强制性。面对稍纵即逝的化解危机的机会,不允许陷入无休止的各方利益平衡考虑和讨价还价之中,必须实现带有一定集权性的强制统一。

公共危机决策有自己明确的目标指向,可以将之分为直接目标和终极目标。公共危机决策的直接目标是公共管理危机预案的最优选择,即通过对各种预案的比较和评估,选择损失最小、人的安全系数最高、资源投入最低、最能化害为利的预案。公共危机决策的终极目标是人的安全与发展,即从预案的制订、选择,直到预案的落实和修正这整个过程都要贯彻以人为本的根本宗旨,保证一切的行动都是为了人的安全与发展,为了人的健康和素质的提高。

二、公共危机决策的主体分析

一般而言,公共危机决策主体包括三个方面:一是依法拥有作出最终决定权力的中枢决断系统;二是辅助中枢决断系统的参谋咨询系统;三是为促进中枢决断系统和参谋咨询系统有效运转、获取决策所需各种资源的协调系统。[①] 随着社会的不断发展,对公共危机决策者提出了越来越高的要求。

(1) 公共危机决策者必须具备科学合理的决策理念。公共危机要求决策者从战略性全局高度审视自己的处置对象,全面把握引发危机的各种因素,综合调动和协调各个方面的力量以最大限度地化解危机。同时,要意识到公共危机后果的双重性,一方面公共危机会对社会公众的生命财产、社会秩序、公共安全和国家安全构成威胁,如处置不当会波及更大领域;另一方面公共危机也蕴涵着转机,如处置得当会成为未来发展的坚实基础,能促进社会生活方式、价值观念的转变。因此,公共危机决策者要充分考虑公共危机可能的发展方向,尽量地化危机为转机,努力把危机向最佳结果引导。

(2) 公共危机决策者必须具备协调沟通的决策意识。公共危机的发生,是各种因素综合作用的结果,而且有一个缓慢发生、渐进积累的过程。这就要求决

① 参见陈福今、唐铁汉主编:《公共危机管理》,人民出版社、党建读物出版社 2006 年版,第 121 页。

策者必须意识到综合考虑各种因素、积极协调各种力量的重要性。公共危机的突发性和信息有限性,要求决策者必须充分考虑到其他参与者对决策的有利影响,要充分利用各种现代信息技术开展自愿、互动和横向的信息交流,从而追求最好的化解公共危机的效果。这其中很重要的一点就是努力做到信息的公开透明,政府部门要及时向社会发布权威信息,才能防止各种谣言和传言可能对广大社会民众造成的心理恐慌,而且能够最广泛地获取有助于化解危机的合理建议。

(3) 公共危机决策者必须具备综合处置能力。这种综合处置能力首先是一种积极应变能力。公共危机的不确定性要求决策者能够随着危机形势的不断变化而随时调整对策以积极应对。其次,这种综合处置能力是一种心理约束和承受能力。决策者只有先克服自身在危机状态中的激动、焦虑、恐惧等紧张心理,才能疏导广大社会民众的情绪,以避免形成更大压力从而导致新的危机。第三,这种综合处置能力是一种决断能力。公共危机决策者要能够准确找到公共危机产生的原因和关键因素,迅速对症下药,从而化解危机。第四,这种综合处置能力是一种有效沟通能力。公共危机决策者要能够综合协调各个部分和各种社会力量,从而形成有效化解危机的"合力"。最后,这种综合处置能力是一种持续学习的能力。公共危机决策者要在危机应对中不断吸收具有专门知识的专家学者的意见,并在具体应对危机的实践中不断总结经验教训,从而不断提高自身解决问题的能力,为面对新的挑战做好准备。

三、公共危机决策的障碍分析

相对于常规决策,公共危机决策面临许多不良环境和条件,我们可将之称为公共危机决策的障碍。这些障碍主要有以下几个方面:

(1) 事态发展的不确定性。公共危机的爆发是极其突然的,而且,公共危机爆发时人们根本无法获得全面的信息,无法把握公共危机发展状况,于是造成了公共危机的不确定性。在这种不确定状态下所进行的政治决策,必须掌握时间第一的原则,要具有应对危机的敏锐洞察力,恰当估计形势,快速反应,及时疏导,果断处置,有效控制事态的扩大,防止危机的蔓延。

(2) 所获信息的有限性。在常规决策中,决策者对信息的掌握相对而言是全面而丰富的,可以通过有序的民主讨论来尽可能地获取更广泛的意见和建议,在此基础上可以在决策者团体内部进行充分的讨论和辩论,并可通过追踪决策的方法对所形成的决策方案进行不断修正。在公共危机决策中,决策者所获得信息却非常有限,具体体现在:第一,信息不完全。公共危机的发展具有随机性和不确定性,很多危机信息是随着事态的不断发展而不断演变的,这需要决策者不断适时更新自己所掌握的信息才能对危机发展有所掌握;与此同时,危机状态下时间的紧迫性，会导致决策者不可能在非常有限的时间内掌握和控制所有事态发展的信息。第二，信息不及时。公共危机的发展具有急剧变化性，而危机信息从获得到传输到危机指挥决策机构需要经历几个组织的中介运作，因此公共危机决策者对公共危机信息的掌控势必会有所滞后。第三，信息不准确。公共危机的突发性和不确定性会造成社会民众的极大恐慌，因而各种谣言和小道消息在这种状态下极易大肆传播，这会导致信息的失真，因而其正确性很难得到保证，这无疑造成了公共危机决策的巨大困难。

(3) 人力资源的紧缺性。这里的人力资源主要包括负责果断决策的高素质高水平的决策团队、负责提供决策咨询的专家技术团队、负责物质资源供应的采购人员、负责协调疏导的公共关系管理人员、负责环境监控评估的环境管理人员、负责明确责任义务的相关法律人员、负责应急保障和维护稳定的警戒人员等。在公共危机的突发事态面前，决策团队会形成巨大的内在群体压力，这会导致决策团队的心智效能、理性判断和处置能力遭到破坏，有可能出现"群体盲思"的现象。这无疑会影响对决策问题、备选方案的考察判断，影响信息的收集和处理以及权变性计划的正确拟订，从根本上影响公共危机决策的质量。许多公共危机都涉及一些技术性问题，决策团队在先天条件和环境因素的制约下必须要咨询特定专业领域的专家智囊的意见后才能作出决策。因此，面临突发性公共危机，专业技术人员的缺乏也是公共危机决策的重要障碍。另外由于事态紧急，上述采购人员、公共关系管理人员、环境管理人员、相关法律人员以及警戒人员的缺乏也会导致危机事态的不可控，从而增加公共危机科学决策的难度。

(4) 技术支持的稀缺性。与常规决策中新技术应用的日益普遍化相比，公共危机决策者为了控制危机事态的蔓延和有效救助社会民众生命财产安全，同样需要具备一定的专业技术设备以作为实施快速决策的支持平台，如交通工具、通讯设施、计算机辅助系统等。但是，在通常情况下，公共危机发生后这些专业技术设备往往由于事态的突然爆发和迅速变化而很难发挥作用，出现技术支持系统的失效和失灵，这为决策者的决策工作带来了很大的困难。再者，公共危机可能会因为技术上的某些微小失误而进一步加剧和形势更加难以控制，这无疑为危机决策增加了更大的难度。

四、公共危机决策的顺利实现

在对公共危机决策的主体和面临的障碍进行科学分析之后，顺利实现公共危机决策一般包括以下几方面：

(1) 明确公共危机决策的具体情势。公共危机的发生由特定原因所导致，可能是社会性因素、自然与环境性因素、政治性因素、经济性因素、文化性因素中的一种或几种共同起作用所引发。要进行公共危机决策必须首先明确危机发生的具体原因,才能进行有针对性地选择方案。而且,任何公共危机都有一个发展周期:潜伏期、爆发期、持续期、解决期和善后期。对决策者而言,必须要明确当前状态处于公共危机发展的哪一个阶段,只有这样才能采取相应的措施与手段进行具体矛盾的解决。公共危机发生的具体原因和所处的发展阶段,构成了公共危机决策的具体情势,这是危机决策者首先要认真加以分析和对待的。

(2) 选择适当的公共危机决策模式。一般有以下几种公共危机决策模式:①第一,理性行为决策模式,即将国家作为单一的行为体,以人类理性计算进行选择。决策者要设立明确的政治目标及其优先次序,选定实现目标的手段,设想各种选择的结果。在该模式的现实应用中,人们一般选择比较切实可行的"有限理性法",即不再坚持"最佳"标准,而是愿意采用坚持"次佳"乃至"再次佳"标准的"次佳决策模式"或采用坚持"满意"标准的"满意决策模式"。第二,组织过程决策模式,即认为决策是基于组织内标准作业程序的一种机械或半机械过程的产物,是各种组织间竞争和妥协的产物,是国家利益、部门利益和政治目标的平衡结果。第三,政府政治决策模式,即认为决策是国家政府成员间讨价还价的产物。该模式特别强调,谁参与决策、决策参与者同面临问题之间的利害关系、决策成员间如何调整相互关系。第四,领袖和非理性行为体决策模式,即认为在危机发生的非常时期,常规模式不足以解释相关决策,最高领导人的个性、偏好、天赋等会导致不同的决策。该模式强调领导者、追随者、环境和目标四者的相互关系。第五,精英团队决策模式,即强调组成决策集体的精英人士具有自己的信念体系、过滤系统和固定形象,以此来观察世界和作出判断。第六,集体动力决策模式,即在危机决策过程中,由于外部事态的紧急而出现的部分决策者的建议演变成整体全局性决策的模式。由于少数决策者要在压力大和时间紧的情况下作出事关重大的决策,可能会由于避免个人责任而在决策过程中随大流。前三种模式重点在于体制分析,后三种模式重点在于个人因素分析。在具体公共危机决策过程中,不能拘泥于其中一种而忽视其他,要将各种模式有机结合起来进行全面分析。

(3) 采取可行的公共危机决策方法。公共危机决策涉及的未知性和不确定性因素特别多,决策环境相当复杂,属于一种典型的非结构化的决策问题,很难用一定的模型进行定量分析,因而常常采用危机快速决策法和专家紧急咨询法等。危机快速决策分析,被卡尔·帕顿和大卫·沙维奇称为"快速、初步分析",主要是发挥大学和研究机构的长时间研究成果对于公共危机决策者进行建议的作用,使其能在可利用的时间范围内有条不紊地解决各种决策问题。这种决策

① 参见肖鹏军:《公共危机管理导论》,中国人民大学出版社2006年版,第167~168页。

方法适用于充满突发性、破坏性、无序性和不确定性的决策环境,能够减少决策者在高度紧张感和巨大压力感中进行决策可能出现的失误。专家紧急咨询法主要是充分发挥各种类型的“外脑”(智囊性机构)的作用,以避免可能出现的“群体盲思”现象,从而保证决策者能够清醒地对决策问题和备选方案进行考察,对信息进行收集和处理以拟订权变性计划。现代公共危机决策的智囊性机构主要由一些专家学者按照一定的目标或方式组成。这些机构能够在平时进行各种研究性工作,模拟危机情境,理清对策思路,从而在危机爆发时做到有的放矢,忙而不乱。这些智囊机构的作用,一方面体现在危机前的预警作用,可以为危机决策提供相关信息,另一方面体现在危机真正发生时充分利用该思想库的专业技能,以发挥其决策咨询的积极作用。对于决策者而言,必须要在加强对这些智囊性机构进行领导的条件下,赋予其专业研究方面的自主性,使其能够独立地开展研究性工作。另外,危机群体决策方法是公共危机决策的一种有效方法,一方面可以集思广益,把决策群体的知识、经验融为一体,减少决策的盲目性;另一方面也可以充分发扬民主,调动大家的积极性,以利于决策的落实与执行。

(4)认真做好公共危机决策的执行。有效的执行是实现公共危机决策的重要途径。要建立科学的公共危机决策的执行机制,以保证公共危机决策的实施。首先,明确决策执行的计划,根据实际情况,科学、及时制定实现决策目标的行动方案。要对决策总目标进行分解,分清主次,明确方向;要分析决策执行的主客观条件,编订执行计划,统筹安排,合理配置资源;要确定时间限制,制定周密具体的行动措施;要确定具体行动规则,明确相关岗位职责等。第二,加强对决策执行的指导,按照既定决策目标和计划,对下层管理活动进行指示、引导、监督和控制,以保证危机决策的执行有条不紊。第三,积极协调各执行组织的执行工作,防止不同组织之间发生扯皮和相互推诿现象,减少内耗,要在各执行组织中建立相互信任、相互合作、配合默契的良好互动关系,从而达成和谐一致,保证公共危机决策的有序运转,提供工作效率。

第九章

公民、公民意识与政治权利

公民是现代国家政治生活的主体。由于其依法享有政治权利,因而可以通过不同方式参与到政治生活过程中来,促进现代政治社会的发展。近年来,随着我国社会主义市场经济体制的建立和不断完善,市民社会正在孕育和形成中。在此期间,公民意识的萌生和发展已成为人们普遍关注的问题。而研究公民意识则离不开对公民及其享有的政治权利的了解。

第一节　公民

"公民"概念源于西方,是一个体现着具体社会政治内容的历史性范畴。在不同的社会历史条件下,"公民"一词有着不同的内涵与外延。

一、公民概念解析

作为一种社会政治现象,公民是历史发展到一定阶段的产物。在原始社会,没有国家,没有法律,自然也没有公民。社会成员的地位及其相互关系是建立在血缘亲属关系之上的,人们的行为是依靠习惯进行调整。"公民"最早出现于古希腊和古罗马的城邦中。当时,公民是指城邦的主人,有权议政参政,参与决策和审判,具有充当公职候选人和选举人的资格。亚里士多德认为:"凡有权参加议事和审判职能的人,我们就可以说他是那一城邦的公民。"①但是,这些国家的公民并非指全体居民。奴隶不是公民,妇女、边区居民、外邦人等也不是公民。而且,公民内部基于经济状况的差别也分为不同等级,不同的等级在国家政治生活中享有不同的权利,从而形成公民地位的不平等。所以,早期的公民作为国家

① 亚里士多德:《政治学》,商务印书馆 1997 年版,第 115 页。

的主人,是统治者或者统治集团的成员,反映的是有限人群的平等。

在封建社会,不论是中国还是外国,均没有出现过公民现象。在封建专制制度下,君主拥有至高无上、不受限制的特殊权力。其他社会成员,即使是封建阶级的成员,对君主的关系也非臣即仆。君主独揽国家大权,国家政治的运行是君主个人意志的实行。这种制度建立在严密的等级制和人身依附制的经济关系之上。君主垄断和支配着基本的经济资源——土地,因而也就不会像古希腊城邦那样,出现一批享有统治权的公民集团。所以,在维护君主特权的政治制度中,没有公民,只有臣民。

近代资产阶级革命赋予公民以新的含义。资产阶级在反封建斗争中高举主权在民的旗帜,强调国家属于公民全体,宣称一个国家的所有人都是公民,彼此平等。按照资产阶级思想家的理论,每个人生来就是自由、平等的,而要实现这种自由平等,就必须保障人们能够独立支配自己的意志和行动。国家就是为实现这种保障而存在的。资产阶级取得政权后,以宪法确认"天赋人权"、"主权在民"等原则。这样,全体社会成员在法律上都是国家的主人,都是国家的公民。但实际上,广大无产阶级仍处于无权地位。资本主义国家的公民制度在初期具有形式和内涵的矛盾:一方面,宣称人人平等,主权在民;另一方面,却对公民资格作种种限制,对无产者、妇女、少数民族规定了有限的公民权,阻止其参与国家政治生活。经过工人阶级和其他进步力量不断的奋斗和抗争,从20世纪起,特别是二战结束以后,资本主义国家公民资格的构成条件才呈现放宽的趋势,从而使得享有完整公民权的人员基本覆盖了成年的社会成员,也使公民概念的内涵具有了更多的权利因素。

社会主义国家主张一切权力属于人民,其公民享有完整的公民权利,而且公民的地位一律平等。我国宪法规定,"凡具有中华人民共和国国籍的人都是中华人民共和国公民"。公民在法律面前一律平等,公民资格没有年龄、种族、性别、职业、家庭出身、宗教信仰、教育程度、财产状况、居住期限等方面的限制。公民依法通过选举选出自己的代表组成中央和地方各级权力机关来行使国家权力,并依法管理国家和社会事务。国家权力机关对公民负责,受公民的监督。

从公民概念产生、发展的历史可以看出,关于公民的内涵,有三点是最基本的:第一,它表达了个人与国家之间的一种特定的法律关系,并具有相应的权利和义务;第二,它是以社会和国家的一个成员身份而存在的;第三,公民既是一个法律概念,又是一个政治概念。作为一个法律概念,公民通常是指具有一国国籍,根据该国宪法和法律规定享有权利和承担义务的人。作为一个政治概念,它指的是有权利参加国家政治生活的政治人。公民身份与政治权利息息相关,公民必须通过特定政治制度的运行才能实现自身的政治、经济及各项社会权利。

同时,他也必须为保持该政治制度的有效运行作出必要的牺牲。因此,我们可以将公民的含义总结如下:公民是以社会和国家成员的身份而存在,在宪法和法律规定的范围内,行使自己的权利和履行自己义务,以自主、自决、自治为价值追求,自觉参与公共领域事务决策并对公共权力形成有效监督的社会成员的总称。

在实际生活中,与"公民"一词近似或相关的概念还有"人民"、"市民"、"国民"、"臣民"等。为了更准确地理解和把握"公民"概念的内涵,这里有必要做一下区分。

1. 公民与人民:人民是一个集体词汇,是一个政治概念,它强调一个人的社会态度、立场以及阶级属性。在不同的社会历史条件下,人民概念的内容各不相同。人民往往和"敌人"相对,和破坏社会稳定的力量相对;而公民则可以涵盖不同政治态度、政治立场的人群,范围要比人民广。在中国人民是公民,而且是具有特定阶级属性和立场的公民。但公民不一定是人民,极少数被剥夺了政治权利的自然人不属于人民的范畴,但仍属于中国的公民。

2. 公民与市民:"市民"最早出现于西方,在古代城邦和中世纪城市中,那些拥有政治、经济特权的人们被称为"自由市民"或"自由民"。11 世纪初起,市民开始指随着商业发展而聚居于城堡的居民。中世纪的欧洲,许多城市都有自己的"市民宪章"或"城市宪章",并据此规定市民的权利和义务。到近代资本主义经济形成时期,市民社会便成为资产阶级社会的代名词。在我国,人们通常称那些定居在城市、有稳定职业和不同于乡村生活方式的人为"市民"。所以,市民侧重于在经济生活领域对个人权利和利益的界定,而公民却是政治意义和法律意义的统一。

3. 公民与国民:"国民"一词和公民没有法律意义上的区别。在现代许多国家中,公民与国民是同义的。国民指国家的构成成员,他们拥有该国国籍并依法享有基本权利和承担基本义务。所不同的是,国民是个集合体。在实行民主政体的国家,一个行使参政权的国民自然也是公民;而在专制社会,由于人们在政治上缺乏最基本的参与权利和参与资格,因而只是单纯的国民而非公民。

4. 公民与臣民:"臣民"是专制制度的产物,又称"子民",是和"国王"、"君主"等领袖相对应的,是"家天下"的义务本位的社会个体。在社会分层中,处于依附和从属地位,完全听从于领导者,是被驾驭的对象。而公民则是国家权力运作的积极参与者,而且在社会中的地位是平等的。

二、公民的权利与义务

公民是国家的主人,是宪法和法律上最基本的权利主体。公民的权利,是公民在社会生活中实现其利益要求的法定资格,一般是指宪法和法律所规定的公民从事某种行为的可能性。

现代宪法一般都对公民自由和权利作出了明确的规定。有的学者将宪法规定的公民权利分为六类:(1) 保障个人自由不受干扰的权利,思想自由、平等权利和少数民族以及妇女的权利等;(2) 争取社会进步和幸福的权利;(3) 接受公正审判的权利;(4) 言论自由和了解情况的权利;(5) 通过政党中介和普选权参加决策的权利;(6) 要求制定特定的集体要求和为此目的组织利益集团的权利。也有学者将公民权利分为三类:第一类是参政权,如选举权、罢免权、创制权和复决权等;第二类是政治自由权,包括言论、出版、著作、新闻和集会、结社、游行、示威自由等权利;第三类是请求或监督权,包括申诉、控告、检举、要求赔偿和提起诉讼的权利。①

不同国家、不同时期的宪法和法律对公民权利的规定各不相同。因而,学者们对于公民权利的分类也是不同的。本书认为,公民权利的基本内容可以归纳为以下三方面:

1. 政治法律方面的权利

(1) 人身自由权。即公民的人身和行动由自己支配和控制,非经法定程序不受逮捕、拘禁、搜查和侵害的权利。这就意味着,在法律允许的范围内,公民的言行举止完全由自己支配和控制,不受任何机关和个人的限制与干涉;公民违法须由专门司法机构依法定程序认定或进行拘禁、逮捕或审讯;对依法限制人身自由的公民也不得施行肉体和精神的暴行与虐待。人身自由权是公民最基本的权利,是公民享受其他一切自由的基础和前提,也是公民生存的起码权利。

(2) 平等权。即公民平等地享有权利,不受任何差别对待,在法律面前一律平等。公民不分民族、种族、性别、职业、家庭出身、宗教信仰、教育程度、财产状况、居住期限,均平等地享有宪法和法律规定的权利和义务,平等地遵守宪法和法律规范,任何组织或者个人都不得有超越宪法和法律的特权。对于所有公民合法行为的保护和违法行为的惩罚,一律依法进行,不因人而异。

(3) 参政权。即公民参与国家政治生活的权利。包括公民所享有的选举权、被选举权、罢免权、复决权、控告权、检举权等。我国宪法和相关法律规定,公民享有广泛的参与国家和社会事务管理的权利,如公民有选举权和被选举权,依法选举代表组成各级人民代表大会行使管理国家的权利;对于国家机关和国家工作人员,有提出批评和建议的权利;对于国家机关和国家工作人员的违法失职行为,有提出申诉、控告或者检举的权利;有权对国家机关和国家工作人员进行监督。

2. 社会经济方面的权利

---

① 俞可平:《政治学通论》,当代世界出版社 2002 年版。

这方面的权利是公民实现其他权利的物质保障和基础，主要内容有以下几方面：

（1）财产权。即公民对自己的私有财产享有的占有、使用、收益和处分的权利。公民的私有财产既包括生活资料，也包括生产资料。宪法和法律保护公民合法的私有财产不受侵犯。私有财产的继承权是财产权的补充和延伸，因而同样受到宪法和法律的承认与保护。

（2）劳动权。即有劳动能力的公民有从事劳动并取得相应报酬的权利。劳动权是获得生存权的必要条件，主要包括就业和选择职业的权利、取得劳动报酬的权利、休息休假的权利、获得劳动安全卫生保护的权利、接受职业技能培训的权利、享受社会保险和福利的权利、提请劳动争议处理的权利以及法律规定的其他劳动权利。

（3）社会福利权。社会福利是指国家依法为所有公民普遍提供旨在保证一定生活水平和尽可能提高生活质量的资金和服务的社会保障制度。为发展经济和稳定社会秩序，必须保障和改善广大公民的物质生活，使公民享受到各种社会福利待遇。如公民可以通过劳动获得工薪报酬，而且享有各种劳动保护的福利待遇，以保障劳动者的安全、健康等合法权益。公民因老弱病残等原因丧失劳动能力或所获劳动报酬不足以满足其正常生活需要时，享有得到国家物质资助和社会救济的权利。此外，不少国家还实施医疗保险、住房补贴措施，以使公民的生活得到切实的保障和改善。

3. 思想文化方面的权利

（1）受教育权。所谓受教育权，即公民享有从国家接受文化教育的机会和获得受教育的物质帮助的权利，这是公民享受其他文化教育的前提和基础。许多国家都实行一定年限的义务教育，为公民进一步学习专业知识和技能奠定文化科学基础。

（2）言论自由权。即公民享有通过各种形式发表意见的权利，既包括口头发表意见的自由，也包括以书面、绘画等方式表达个人见解的自由。著作自由和出版自由，实际是言论自由的延伸。只要不诽谤他人、危害社会，同样受到法律的保护。此外，公民还享有通讯自由，公民的信件、电报、电话和电子邮件等不受任何人的限制和侵犯。

（3）宗教信仰自由。即公民依据内心的信念，自愿地信仰宗教的自由。公民有信仰或不信仰宗教的自由，也有信仰这种宗教或那种宗教，在同一种宗教中有信这一教派也有信那一教派的自由。总之，宗教信仰是公民个人的私事，个人有自由选择的权利，国家或其他人不得强迫或干涉。

此外，公民还有从事学术研究、文艺创作等文化活动的权利。可以自由地发表自己的研究成果和精神产品。公民在科学文化领域内的创造性活动，是社会精神文明的重要内容，对物质文明的发展有着重大的推动作用，因而为当今世界各国所倡导和重视。

为了保证现代国家的正常运转，公民依照法律还必须履行一定的义务。公民需要履行的主要义务有：

1. 维护国家统一和民族团结。维护国家统一是指维护国家的主权独立和领土完整。任何人都不能以任何方式分裂国家、接受外国势力支配、割让领土、服从外国势力或要求外国干涉中国内政。反对外来侵略或危害国家政权统一的行为，是每个公民应尽的义务和责任。维护民族团结是指公民有责任维护各民族间的平等、团结和互助关系，同一切破坏民族团结和制造民族分裂的言行作斗争。任何人都不得以任何形式制造民族矛盾和民族冲突。每个公民都有义务维护国家的统一和各民族的团结，这是国家生存和稳定的基本条件。

2. 遵守宪法和各种法律。公民的权利和义务都是宪法和法律所赋予和规定的。任何公民都必须在宪法和法律的范围内活动，遵纪守法，以法律约束自己，规范自己的行为。不允许有不受法律制约的特殊公民。

3. 遵守公共秩序和社会公德。公共秩序和社会公德是维护国家和社会稳定，保证社会经济发展和社会生活正常进行的必要条件。因而，自觉遵守公共秩序和社会公德便成为每个公民应尽的义务。

4. 依法纳税。税收是国家筹措资金的重要方式和国民收入的重要来源，公民依法纳税，国家才有财政实力履行自己的各项职责，保证公民权利的行使。

5. 保卫国家，依法服兵役。国家的主权独立、领土完整是现代化建设和其他事业能够顺利进行的关键，它不仅关系到国家的前途和命运，而且关系到人民生活的安定和幸福。为保卫国家主权、领土完整和安全独立，必须增强国防力量。因而符合当兵年龄和条件的公民都有应征入伍，保卫国家的义务。

此外，参加劳动和接受义务教育，既是公民享有的权利，也是公民应尽的义务。权利和义务是对等的，公民在享有宪法和法律规定的权利的同时，必须履行自己的义务，积极参与和支持国家建设。反过来，政府要获得公民的支持与合作，也必须尽到自己的职责或义务，即通过自己的作为或不作为来切实尊重和保障公民的权利，为公民行使自己的权利创造各种必要的条件。

三、现代公民的特征

古典共和主义理念中的公民以政治共同体的"公共性"为基础，现代自由主义理念中的公民则以市民社会的"私人性"为基础。它表征着"主体性"这一现代性的核心价值，其价值取向主要包括独立性、平等性、法律性等。

1. 公民具有独立性。即公民具有独立意识和独立人格，这是公民区别于臣民的重要特点。在专制政治条件下,君主独裁,等级森严。统治者对被统治者,君主对臣民,上级对下级,拥有生杀予夺的绝对权力。而被统治者在统治者面前,下级官吏在上级官吏和君主面前,则连支配自身的自由和权利也没有,生死祸福,升迁贬黜全部操于他人之手,从而使被统治者必须依附于统治者以求生存。这种机制只能造就大量奴性十足的臣民,而没有任何独立人格和个人意志可言。在民主政体下,公民则具有许多法定的权利,公民在法律面前人人平等、公民的权利都平等地受到法律的保护。由于有了个人选择的自由,人们更容易把握自己的命运而不必再仰赖于他人,因而容易形成独立意志、独立人格和理性精神。

2. 公民在法律上具有平等性。公民与民主政治、法治社会相联系。民主政治的基本原则就是自由和平等,承认国家权力归人民所有,全体公民享有平等的权利。公民无论在民族、性别、职业、信仰等方面有何种差异,在享受法定权利和履行法定义务方面都是平等的,不允许任何人享有特权。公民又是法治社会的产物。法治社会奉行"法律面前人人平等"的原则,公民的资格及依法享有的权利和应履行的义务,都是平等的,任何人都没有超越宪法和法律的特权,也不能逃避法定的义务。我国宪法明确规定"公民在法律面前一律平等"。在公民中,不存在也不允许存在等级划分,有的只是职业、岗位和社会分工的不同。社会主义民主与法制是广大公民平等地享有权利和履行义务的有力保障,对于防止等级划分和特权的产生具有重要意义。

3. 公民处于权利与义务的体系之中,主动而又自律。现代国家的一个显著标志就是拥有宪法和法律。宪法和法律也是公权力产生和行动的依据。因此,公民与国家的关系实际地存在于宪法和法律所规定的公民的权利与义务中。权利与义务是公民面向公权力的基本规定性。从公民的角度来说,权利和义务又蕴涵着主动而又自律的要素在内。从权利方面说,公民当然乐意主动地行使,而这种行使又有一定的界限。因此,在这种主动的行使当中应当包含着自律;从义务方面说,义务的履行是出于公权力面前的自律。但由于这种自律一方面是出于自己对公权力的让渡,一方面也是出于公权力对私权的保护,因此也有一定的主动性。因此,主动而又自律是一个有自我约束力的公民的一个特征。

4. 现代公民追求私人领域的至上性,对政治生活相对冷漠。与古典公民相反,现代人对政治参与的内在价值持冷漠态度,他们追求的是政治参与的工具性价值。大多数公民主要是在愉快的家庭生活、宗教以及丰富多彩的娱乐活动中而不是在政治中得到最大的幸福。阿尔蒙德在20世纪60年代关于五个国家政治态度和民主制度的调查中也得出同样的结论:当问及被调查者业余时间花在什么地方时,在五个国家的任何一国中提到与政治有关的事情的人都不超过3%。① 在现代公民看来,政治只是个人生活的手段,政治参与也只是被看做一种偶尔的活动。他们是独立的个人,生活在自己的小家庭内,他们的需要通过商业供应而满足,他们的道德行为界限是不越过自家花园的篱笆外。

四、现代公民应具备的素质

公民一出生就有了相应的公民身份,这是自然而然具有的。但是,公民素质却不是一开始就有的,需要有意识地培养和教育。通过不断履行公民角色的实践将会使公民的能力在许多方面得到锤炼,并迅速地成熟起来。今天,公民已成为人们的一种普遍身份和角色。那么,现代公民究竟应当具备什么样的基本素质呢?

现代公民应具备的公民素质至少包括以下内容:了解现代公民的权利与义务,并有相应的实践能力;了解现代国家运行的基本原则和程序,具有民主与法治的意识和民主参与的能力;了解现代社会可持续发展必需的基本规范和理论底线;了解现代社会的基本特征,学会自主辨别、自主选择和自主承担,能够为现代社会作出应有的贡献。② 在现代社会,公民作为国家的主人,应该是一个理性、成熟的公民。具体来说,他主要应该具备以下几种素质:

1. 自治精神。自治即人类自觉思考、自我反省和自我决定的能力。它包括在私人和公共生活中思考、判断、选择和根据不同可能的行动路线行动的能力。现代社会之所以需要公民具有自治精神,一是因为公民对自己和社会自治的有无信心影响其政治参与及与其他社会成员的合作态度;二是社会普遍的自治精神对政府官员具有深刻影响。公民是国家的主人,公民有了自治精神才能在国家政治生活中成为真正的主人,在市场经济活动中成为真正的主体,在自己的生活中成为主宰者。公民的自治精神也就是我们常说的独立人格、主体地位意识。这些意识的觉醒,会增强公民参与社会事务并为之负责的主动性,能让民众既能够清醒地意识到自己是一个独立自主的个体,也能够自觉地承担起自己的社会责任、人生义务和历史使命。

2. 权责意识。随着我国民主法制的不断完善,人们的权利意识也在不断增强。然而在任何社会里,权利的行使都不可能是不受制约的。自由总是相对的,而非绝对的不受任何限制的为所欲为。因此,现代社会要求公民必须具有正确

① 加布里埃尔·阿尔蒙德、西德尼·维巴,《公民文化——五个国家的政治态度和民主制度》,东方出版社2008年版,第151页。

② 时延春:《公民政治素质研究——公民素质研究丛书》,郑州大学出版社2005年版,第8页。

的权责意识,既要讲权利又要负责任,只有这样才有助于人们在面临对与错的抉择时,选择正确的方向;当公民确立了正确的权利义务观念,讲义务和负责任的道德品格也会形成。这将极大地推动民主法治、公平正义、诚信友爱、充满活力、安定有序、人与自然和谐相处的社会的形成。

3. 政治信任。政治信任是公民在社会生活尤其是政治生活中与他人在一起时所感受到的开放、合作和容忍的态度。信任有助于促进公民与政府、公民与公民之间的合作。如果缺乏这种信任意识,民主政治是难以成型的。在一个宪政民主国家,一整套具有普遍信任感的社会态度,往往会形成一种超越于和高于政治分歧的共同体意识,尤其当国难当头、国家出现危机时更是如此。同时,信任可以充当个人和政治系统之间的"稳压器",能够减少普通民众盲目卷入不利于社会稳定的群众运动的可能性。因此公民的政治信任是构成政治稳定和社会发展的基础,是构建和谐社会不可或缺的重要因素。

4. 政治参与的能力。政治参与是指一个国家的普通公民对政治过程施加某种影响的行为,它是一种实际的政治行为。从实质上看,只有普通公民实际地介入了一定的政治过程,才是真正意义上的政治参与。

公民参与是实现政治文明的重要内容,是人民当家作主的应有之义,也是民主程序的核心概念。只有通过广泛的参与,公民才能体会到什么是人民民主,在心理上认同和建立民主的作风,在行为上获取民主办事的方法,从而为实现政治文明、推动民主宪政进程夯实基础;同时,公民参与是依法治国、建设社会主义法治国家的内在要求。实现法治,就要求公民有效地参与立法,参与法律的实施。社会主义市场经济体制的建立、完善和发展,需要全体社会成员的积极投入、广泛参与。因此,要促进民主的发展、完善,公民必须熟悉政治生活,了解民主规则和程序,掌握民主生活技能,提高自身的政治参与能力。

5. 一定的文化素质。据美国政治学家阿尔蒙德和维巴对美国、英国、德国、意大利、墨西哥五国居民的调查和分析,认为公民受教育的程度与民主之间有极强的相关性,认为公民的文化素质越高,参与民主的积极性越强,反之,则越弱。著名政治学者李普塞特认为,国家总人口的教育水平越高,民主的可能性越大,相信一个人教育水平越高,他越可能相信民主的价值和支持民主的实践。① 因为只有公民的文化素质得到了提高,公民才有相应的认识问题和分析问题的能力,公民才有可能积极地、有效地参与政治生活,维护自身的合法权利和利益。邓小平在谈到公民素质与中国社会主义民主政治建设时曾说过:"因为我国有十几亿人口,人民的文化素质还不够,普遍实行直接选举的条件不成熟。"② 显

① 西摩·马丁·李普塞特:《政治人:政治的社会基础》,上海人民出版社 1997 年版,第 31 页。
② 《邓小平文选》第 3 卷,人民出版社 1993 年版,第 220 页。

然,对民主来说,它要求不断提高公民的文化素质,并伴随着文化素质的提高而使本身获得相应的发展。

公民的素质高低是一个国家政治文明程度的重要标志,同时也关系到这个国家的政治发展和政治稳定,因此,各国政府无不重视培养和提高公民素质的问题。中国正在致力于建设社会主义民主政治和法治国家,公民素质问题直接制约着这一目标的实现。培养和提高公民素质,成为我国社会主义政治文明建设的重要组成部分。结合世界有关国家的成功经验,我们认为,培养提高公民素质的基本途径如下:

第一,大力发展生产力,完善市场经济,为公民意识的培养和提高提供物质基础。经济基础决定上层建筑,公民素质的培养和提高与社会物质文明的发展水平直接相关。只有经济发展了,人们的物质生活水平提高了,人们才更容易发现自我、认识自我,明确自身的权利和义务的意识才会更加强烈。同时,随着生产力水平的提高和社会主义市场经济的发展,个人成为独立自主、自由理性的经济主体便成为可能。多种经济成分的并存也将为个人组织各种非官方社团提供强有力的支持和保证。而这些都将为公民素质的提高奠定坚实的基础。

第二,积极发展文化教育事业,特别是有针对性地加强公民素质教育。首先,要抓好义务教育,使广大公民达到一定的文化水平;其次,加大教育投资,提高教育质量,培养有较高科学文化知识的一代新人;最后,要特别强调对公民进行公民素质教育。通过各种方式拓宽教育渠道,改进教育方法,有针对性地培养提高公民的整体素质。

第三,积极开展公民政治实践活动。政治素质只有通过政治实践锻炼才能有所提高。民主政治的实践和建设法治国家的实践都是培养和提高公民素质的有效途径。不断扩大公民政治参与的机会和渠道,鼓励公民参与社会公共事务的管理,对增强公民的民主意识和提高公民的政治行为能力具有重要的作用。

第二节 公民意识

公民不仅是个身份问题,而且也是个意识问题。公民意识是影响公民个人是否积极担当公民身份角色的晴雨表,直接指引和引导着公民个人参与社会生活的行为。同时,整体的公民意识水准将会极大地影响国家政治关系及宪法的权威,对社会的政治、经济、文化的发展产生着深远的影响,也是国家走向法治状态的重要制约因素。公民意识作为一个关键性的结构要素,在社会转型时期,更加需要引起重视。

一、公民意识的含义

关于公民意识的内涵,学术界的研究成果颇多。学者们从各个领域、学科角度出发界定公民意识的内涵。

梁启超先生早在20世纪初就提出了"以造就国民为目的"的"新民说"①。他认为"新民"应该具备的人格特征有14种之多,包括国家思想、权利思想、政策能力、冒险精神以及公德、私德、自由、自治、自尊、尚武、合群、生利、民气、毅力等品质。"新民说"对封建专制制度下的中国人可谓振聋发聩,可以说是较早对于公民意识的认识,给当时的中国人以精神上的充实。

当代学者大多以列举式的方法对公民意识作出解释。比如,李旭荟将公民意识的构成归纳为:自主意识、平等意识、爱国意识、公德意识、节俭意识、纳税意识、环保意识、科技意识、耕地意识、责任意识、历史文化意识、监督意识、资源意识②等。陈治国、徐中起认为,公民意识从法律角度看包括国民意识、主权意识、爱国意识、稳定意识;平等意识、老百姓意识;敬人意识、尊老意识、爱幼意识;公平意识、公正意识、诚实意识;祥和意识、互助意识;法治意识、依法意识。③

有的学者从法律角度对公民意识进行阐述。马长山认为"公民意识"是人类自由自主活动内在精神的自觉反映和要求,主要由"合理性意识'、"合法性意识"和"积极守法精神"构成。④ 肖海军认为,公民意识是指:"作为现代社会生活主体所应当具备的与现代民主政治、市场经济相适应的法律精神与法律价值观念","是公民在现代社会生活中对权利与义务的价值判断及对其规范化的认同,是公民在现代社会生活中应有的心态。"并进而分析公民意识作为一个多元的结构性要素应包括:独立的主体意识、积极的护法意识、正确的权利主张意识、自觉的义务履行意识、公平合理的价值意识、现代的国家主权意识。⑤

还有学者从多学科多角度综合得出对公民意识的理解。李丽、张卫华认为:"公民意识是指一定国度的公民关于自身权利、义务的自我意识和自我认同的总称。包括人们对自身的社会地位、社会权利、社会责任和社会基本规范的感知、情绪、信念、看法、观点、思想以及由此而来的自觉、自律、自我体验或自我把握,还包括人们对社会政治生活和人们行为的合理性、合法性进行自我价值、自

① 梁启超:《新民说》,中州古籍出版社1998年版。

② 李旭荟:《论当代公民意识的构成》,《上饶师专学报》1996年第1期。

③ 陈治国、徐中起:《也论公民意识》,《云南学术探索》1997年第3期。

④ 马长山:《公民意识:中国法治进程中的内驱力》,《法学研究》1996年第6期。

⑤ 肖海军:《公民意识:现代素质教育的新课题》,《邵阳师范高等专科学校学报》2000年第4期。

我人格、自我道德的评判，对实现自身应有的权利和义务所取手段的理解，以及由此产生的对社会群体的情感、依恋、感应和对自然与社会的审美心理的意向。”[①]黄海昀、王素平认为，“公民意识实际上是现代社会的成员对作为公民角色及其价值理想的自觉反映，它在本质上呈现为与民主政治和市场经济相适应的主体自由追求和理性自律精神”。[②]

除此之外，从建立公民文化的角度出发，有学者指出，“公民”至少具备以下9种基本意识或素质：(1) 权利、责任意识；(2) 法治意识；(3) 纳税人意识，由此又可引导出参政、议政、督政意识；(4) 科学理性精神；(5) 道德意识；(6) 生态意识或可持续发展意识；(7) 健康的心理素质；(8) 不断学习、与时代共同进步的能力；(9) 世界公民的意识。[③] 从民主政治角度出发，张民省认为，公民意识是民主意识与法律意识在国家活动领域为主的宏观范围内交融整合而成的特殊社会意识，是作为公民这个共同的社会角色对社会生活自觉的心理活动，是人的纪律意识、道德意识、法律意识的综合反映，体现为公民对自身权利的认识和觉醒，对法律权威性的承认和尊崇，对法治理想的崇敬和追求。[④]

在借鉴上述学者观点的基础上，我们认为，所谓公民意识，主要是指公民个人对自己在国家中地位的自觉认识，是以一定价值观为指导对其同国家、社会、他人之间关系的认识和态度。它蕴涵着丰富而深刻的思想内容，几乎涉及意识形态的各个领域，如民主、法律、道德等，但主要是对社会权利和社会义务的自我认识。它是社会意识的一种存在形式，是一种现代意识，是在现代法治社会条件下形成的民众意识。

二、公民意识的内容

对于公民意识的内容构成，有学者从权利与义务两方面来探讨，认为公民意识是公民权利意识和义务意识的统一。也有学者认为公民意识主要由“合理性意识”、“合法性意识”和“积极守法精神”三元构成。还有学者认为公民意识从法律角度看包括国民意识、主权意识、爱国意识、稳定意识；平等意识、老百姓意识；敬人意识、尊老意识、爱幼意识；公平意识、公正意识、诚实意识；祥和意识、互助意识；法治意识、依法意识等。可以说公民意识内容极为丰富。但是作为政治

① 李丽、张卫华：《我国国民缺乏公民意识的原因探析》，《宜春学院学报》2003 年第 25 卷第1 期。

② 黄海昀、王素平：《构建我国公民意识生成机制的探析》，《河北法学》2003 年第 21 卷第 3 期。

③ 敬海新、赵德勇：《公共领域视阈中的公民意识及其塑造》，《中共天津市委党校学报》2008 年第 4 期。

④ 张民省：《公民意识与中国现代化》，《山西大学学报》2005 年第 2 期。

法律范畴，公民意识主要包括以下几方面的内容：

1. 独立的主体意识

现代社会生活要求每一个人具有突出体现为自由的意志和独立人格的主体意识，这是公民意识的基本形态。公民制度的建立摒弃了封建的等级和特权制度，使社会成员的相互关系从法律上人格和身份的不平等走向平等，使单个的社会成员成为独立的主体。独立的主体意识无疑应当是基于这种民主制度而形成的公民意识的首要内容。

首先，独立的主体意识要求公民必须认识到自己是社会及政治生活中的一个独立主体，意识到自己具有独立人格。它要求人们既不依赖于任何外在的精神权威，也不依附于任何现实的政治力量，在追求真理的过程中具有独立的判断能力，在政治参与中具有独立的自主精神。其次，独立的主体意识要求公民认识到法律赋予每个公民的地位、资格和机会是平等的。公民不仅在自己的私领域享有独立的主体地位，而且在公领域也享有终极统治者的法律地位，能够选择自己的代表来管理社会公共事务，并参与各项为自己利益而进行的立法活动，使得统治机构的权力受制于公民的权利。这样一来，法律便具有了公认的合理性。此外，独立的主体意识还要求公民认识到自己享有从事任何法律所不禁止的行为的自由。公民的主体资格状况如何，直接决定公民在这个国度的政治地位和经济地位。反过来，公民自身的独立主体意识的程度又制约着其对自己个体价值的判断和行为方式的取向。因此，独立的主体意识是当代社会主义公民意识不可或缺的核心内容。

2. 积极的法治意识

在现代社会中，法律无疑是最重要、最基本的“公共规则”。“……同人民的意志一起产生并由人民的意志所创立……”[①]。法治意识，是指作为生活在现代社会的公民应当具备的与现代民主政治、市场经济和文明形态相适应的、为法治社会所必需的法律素养、法律精神和法律价值观念。它反映了一国公民对该国法律的认识水平以及基于这种认识所形成的对法本身、法的效用和功能的基本态度和确信、依赖程度。简言之，法律意识包括公民对法律的认知度、信任度和依赖度。马克思曾经指出的，在现代哲学构想的国家中，“必须实现法律的、伦理的、政治的自由，同时，个别公民服从国家的法律也就是服从他自己的理性即人类理性的自然规律”[②]。法律对于权利来说，是一种稳定器，而对于失控的权力来讲，则是一种抑制器。权利是法治意识中需要调整、保护的基本要素，权力则是法治意识中需要反映、规范的核心要素。它们自身及相互之间的制衡就构

① 《马克思恩格斯全集》第1卷，人民出版社1995年版，第349页。

② 《马克思恩格斯全集》第1卷，人民出版社1995年版，第228页。

成了社会主义法治意识的根本内容。此外,公民的法治意识还包括宪政意识,它是一种特殊的社会意识体系,是公民对宪政的主观把握方式,是公民对宪政的理解、情感、意志和信念等各种心理要素的有机综合体。

因此,法治意识的基本要求不是出于仁爱之心,而是在对法律理解和认知的基础上,出于对他人人格和合法权益的尊重,或者说是对他人"权利"的尊重,其突出的表现是对规范和调节社会不同利益主体和利益关系的法律的尊重。

3. 自觉的权利义务意识

权利义务意识是公民意识的核心,是公民意识与臣民意识、市民意识最基本的区别。"所谓权利意识,是指人对自己作为独立主体的利益和自由的认识、主张和要求,以及对他人同样的认识、主张和要求的社会评价"。[①] 可见,权利意识不但包括对自我权利的认识,也包括对他人权利的认同和尊重。从另一方面来说,这种"认同和尊重"则表现为主体自身的一种义务,二者并存且缺一不可。正如马克思所指出的,没有无义务的权利,也没有无权利的义务。社会主义公民的权利意识与义务意识是密切联系的,犹如一架马车的两个轮子,缺一不可、相辅相成。

具体来说,公民的权利义务意识包括如下几个内容:第一,公民能够维护法律、道德、规范的权威。列宁强调:"谁不善于要求和争取使自己的受托者完成他们对委托人所负的责任,谁就不配享有政治上自由的公民的称号。"[②]第二,公民在法定范围内主动追求和行使并勇敢捍卫自己的权利。权利是公民享有独立人格、自由意志和平等地位的保障,是公民参与社会生活、取得并维护本人各种利益的根据,是公民谋求全面发展、实现自身价值的重要条件。第三,公民对他人一切合法的权利给予充分的尊重、认同并履行自己依法对他人、对国家、对社会负有的各项义务。

4. 现代的民主平等意识

公民的民主平等意识包括公民对于民主、平等的一切认识和看法,涉及国家的政治、经济、法律以及公民权利和文化氛围等诸多方面的内容,这是公民意识的基本精神。所谓民主意识,是指公民对国家民主生活、民主政治的自觉认识。现代民主意识的核心是人民主权。我国宪法明确规定国家的一切权力属于人民,人民是国家的主人,国家机关工作人员是人民的公仆,人民通过全国人大和地方各级人大依法行使国家权力。所谓平等意识,是指公民对宪法和法律所确定的平等地位的自觉认识。在社会主义国家,无论男女、无论长幼、无论种族民族、无论职位高低、无论财富多少……所有公民的法律地位一律平等,都同样享

---

① 李臣:《权利意识论》,《中央政法管理干部学院学报》1998 年第 5 期。

② 《列宁全集》第 9 卷,人民出版社 1987 年版,第 292 页。

有宪法和法律所赋予的一切权利，承担法律所规定的相关义务。任何组织和个人都不享有超越法律的特权。因此，社会主义的公民应当享有自主的权利，应当具有民主意识，能够平等自由地参与国家的各项公共事务，参与社会政治生活和经济生活。

5. 传统与时代结合的公德意识

社会公德是指人类在长期社会生活实践中逐渐积累起来的、为社会公共生活所必需的、最简单、最起码的公共生活准则。它一般指影响着公共生活的公共秩序、文明礼貌、清洁卫生以及其他影响社会生活的行为规范。所谓公德意识，就是要有在公共生活里履行和遵守这些约定俗成的思想、观念和自觉性，是社会成员对社会公德的认同以及自觉用以规范自己行为的社会意识。公德意识是公民意识的基础，主要包括社会公德规范意识和公德思想意识两个方面。前者是指导与评价社会成员行为善恶的准则，后者则是人们对社会公德原则与规范的认识水平以及通过教育和个人修养形成的公德观念、公德思想。社会公德是人类社会生活最基本、最广泛、最一般关系的反映。它是适应社会生活发展的需要，为调节人们的公共关系而产生的。社会公德是人类社会文明成果的一种沉淀和积累，它既是一定社会经济基础的反映，也是一定社会政治文化的反映，具有明显的时代特征。社会公德的内容是对公共生活中的方方面面提出的基本规范和要求。在社会发展的进程中，它会不断的更新和充实，从而与每个时代的文明相适应。当今中国，随着社会的改革开放和市场经济体制的确立，人们的生活内容与方式发生了翻天覆地的变化，公共生活的领域在不断扩大，社会关系也随之发生了改变。这使得社会公德的内容变得更加丰富，不仅包括中华民族传统的公德，同时又加入了反映时代要求的新元素。所以说，社会主义公德意识是传统与时代相结合的公德意识。

三、培养公民意识的重要性

公民是国家和社会生活中最基本的主体，公民意识的培养与提高对一个国家的社会和政治生活有着重要的影响。

1. 公民意识的培养有助于人的全面发展和社会的整体进步

现代社会是物质文明、精神文明和政治文明高度发展的社会，为人的全面发展和社会的整体进步提供了巨大的空间和可能性。公民意识的培养使公民摆脱了无所作为的依附心态、直觉化和情绪化的思维方式，成为崇尚独立思考和具有批判精神，能够进行主观能动认识和批判的社会意义上的人。

自文艺复兴以来，人本主义成了西方思想文化的主导精神。人本主义撇开中世纪为人们所普遍信奉的上帝，尤其是置上帝在人间的代表——基督教会于不顾，而以人本身为这个世界存在的基本价值依据和意义之源，对人的理性的圆满自足性抱以乐观的信念。它竭力宣扬人的个性与独立性，高度肯定人的价值与尊严。人类社会的发展，其实质就是人类在特殊利益与普遍利益、个性与社会性的悖论之下，为摆脱自然界和人类自身的双重限制，寻求主体自由发展的过程。

长期以来，我们对个人主义总是持贬斥态度，对集体主义则一味褒扬。然而，我们应该看到：只有当作为公民个体的利益和价值被确立并受到真实的保障以后，在这个意义上形成的集体才有存在的基础，在这个集体上形成的主权才是真实、有意义的。反之，当个人权利无法得到确立和保证时，所谓集体利益也只能是一种虚幻的存在。所以，公民意识的提高将会促进社会个体的普遍发展，进而带动社会的整体进步。

2. 公民意识的培养有助于社会主义市场经济体制的建立和完善

现代市场经济是商品经济不断完善、发展的高级阶段，是由法律规范并受法制保障的法制经济。市场经济的核心是基于市场交易关系形成的良好市场秩序与市场环境。市场交易关系是一种商品交换关系，本质上是一种以等价交换为基础建立起来的平等互利的权利和义务的经济关系。市场主体之间法律地位、商业机会上的平等与物质利益、经济成果上的互利是市场经济中的两大轴心，而契约则是把两者联为一个整体的纽带。因此，健康规范的市场经济必然要求市场关系的参加者具有良好的民主平等意识和权利与义务统一意识。这些意识具体体现为市场行为中严格的自律精神，公平正当的竞争意识，诚信无欺的交易理念，从而建立和维持公平有序的良好的市场秩序。因此，广泛的、理性的公民意识，是建立和维护公平竞争环境、充分发挥市场机制作用的前提条件。它在市场中的不断成长与成熟，对市场走向良性循环，起着积极的建设作用。

当前，我国市场经济建设过程中暴露出来的商业贿赂、合同与金融欺诈、内幕交易、霸道合同、商业诽谤、假冒混同等不正常现象，已严重威胁着正在着手进行的统一、有序、竞争、可控的市场经济建设。市场经济本身对平等与责任的呼唤表明，在社会主义市场经济建设中，对国民进行现代公民意识教育，培养其现代权利意识与义务意识，具有重要的意义。

3. 公民意识的培养有助于社会主义民主与法制的建设

社会主义民主政治的建设是民主政治的新发展，它是一个制度完善与观念进化双向演进的历史过程。一方面，民主与法制的建设有赖于良好而完备的制度构建；另一方面，人的观念意识的更新则具有更深远的决定意义。一个国家公民的民主平等意识水平的高低，法制观念的强弱，直接影响到国家的政治进程与走向。中国近代民主政治的艰难处境，“文革”时期社会的无序状态，从反面说明：一个国家的国民如果缺乏一定的民主意识与法制观念，不仅不能建立理想的政治制度,也无法保持国家的长治久安。近些年来,持续的教育使国人的民主、法制意识普遍提高,对推动我国的政治民主化与法制化进程产生了重要而积极的影响。但是我们也必须清醒地看到,与社会的迅速发展相比,目前总体上我国国民的民主法制意识仍显淡薄,成了建设现代化的民主与法治社会的主要制约因素之一。所以,如果不尽快提高公民的民主法制意识,那么,所谓高度发达的现代化民主法治国家,只能是一个无法实现的政治愿望。

4. 公民意识的培养有助于社会主义精神文明的建设

党的十四届五中全会《关于制定国民经济和社会发展“九五”计划和 2010 年远景目标的建议》和十四届六中全会《关于加强精神文明建设若干重要问题的决议》都明确提出:加强社会主义精神文明建设是一项带有根本性的重大战略任务。决议指出:“在把物质文明建设得更好的同时,切实把精神文明建设提到更加突出的地位”,并且把培养“有理想、有道德、有文化、有纪律的社会主义公民,提高全民族的思想道德素质和科学文化素质”作为我们精神文明建设的根本任务。《决议》还把“实现以思想道德修养、科学教育水平、民主法律观念为主要内容的公民素质的显著提高”作为今后 15 年精神文明建设的主要目标之一来实施。可以说,没有高素质的公民,精神文明建设就只能是一句空话。公民意识展现着公民的精神风貌,是一个国家精神文明建设的基础。

精神文明建设的对象是人,目标是提高人的素质,而公民意识对人的素质提高有着举足轻重的作用,或者说它本身就是公民素质的一部分。公民只有对自己作为公民的第一身份和第一使命有着自觉认识和正确理解,才能促进自身素质的健康发展。另外,精神文明建设的主体是人,需要具有公民意识的社会成员的主动参与。一个公民意识强的人,在社会生活中就会自觉进入角色,履行公民的权利和义务,与国家、社会、他人和自然保持积极健康的关系。公民参与社会政治生活的广泛程度和主动程度是精神文明建设能否取得预期效果的关键。增强公民意识,全体公民都能积极主动地参与精神文明建设,公民的主体地位就能充分体现,公民意识就能转化为建设社会主义精神文明的巨大物质和精神力量。

四、培育公民意识的途径

1. 加强市场经济建设,为公民意识的生成奠定物质基础

经济基础决定上层建筑,公民意识的培养和形成是与社会物质文明的发展相一致的,是与人类社会生产力发展的水平相适应的。只有经济发展了,人们的物质生活水平提高了,人们在无需为生存和温饱而奔忙的前提下,其发现自我、认识自我、明确自身的权利和义务的意识才会更加强烈。只有公民富足富有,才能真正摆脱因贫困带来的对他人的依附,“臣民”思想才会根绝,独立自主精神

才会张扬。发展市场经济也有利于公民对自由、平等、竞争、法治等各种市场规则和秩序予以合法性、合理性的认同和内化,有利于使公民进一步认清自己在社会中的地位、使命和责任,并形成稳定的观念体系,最终发展成为自觉的公民意识。因此,要实现公民意识的现代化就必须完善社会主义市场经济体制、大力发展社会生产力。唯有如此,才能给公民意识的形成和发展提供丰厚的物质基础,并使之得到不断的强化和完善。

目前,我国的市场经济体制还不够健全、完善,一些体制性的弊端和结构性矛盾仍然存在。这些现象的存在不仅严重威胁着正在进行的市场经济建设,同时也构成了人们公民意识发展的阻力和传统意识的强化剂。为此,我们必须着力加强整顿和规范市场经济秩序。首先,要加快建立信用体系,形成符合市场经济要求的各类市场主体守信履约、良性互动的社会信用环境;其次,要建立和完善符合市场经济要求的以产权制度、契约制度、竞争制度、市场准入制度为主要内容的制度框架,加快我国市场秩序从无序到有序的演进。第三,要进一步深化经济体制改革,打破地区封锁和地方保护主义,打破特殊行业的行政垄断,形成统一、开放、有序竞争的市场格局,为公民意识的成长发育提供一方沃土。

2. 进行政治体制改革,为公民意识的培育提供制度保障

政治体制是指一个国家为了行使政治权力而设置的政权组织、政治组织(包括政党、政治性的团体组织等)的相互关系及其运行制度。① 在社会主义条件下,从某种意义上讲,政治体制改革实质上就是社会主义民主政治建设。推进旨在扩大社会主义民主的政治体制改革是实现当代我国公民意识培养的最重要、最直接的外部条件。民主政治的发展,能够为广大公民直接或间接参与国家和社会事务管理提供广阔的空间和制度上的保障。只有在这样的制度背景下,在内容丰富、形式多样的政治实践中,人们才会切实体验到自己作为公民的身份、权利和责任,公民意识才会随之而萌生并不断得到强化。

推进我国的政治民主化进程,需要不断健全和完善一系列民主制度、扩大基层民主。首先,健全和完善选举制度,扩大公民直接参与选举的范围和领域,增加有关竞选内容,改善传统选举中的选拔委任制,增加选民对候选人了解的透明度,使选举过程真正能够反映和体现选民意志。其次,完善公民政治参与机制。现代政治民主需要公民广泛地参与政治过程,但这种参与不是无序混乱的,而应该是制度化的政治参与,以保证政治参与以社会普遍认可的方式有序进行。然而,政治参与的制度化本身不会自动产生和完善,需要通过政府和社会两大组织系统的共同努力才能构建起来。第三,强化公民的监督机制,推行政务公开,提高政治透明度;加强建立社会团体、新闻媒体等公众机构参与监督机制,为公民

① 刘玉贤、李博:《当代中国公民意识的培养》,《教育交流:理论版》2008 年第 10 期。

政治监督开辟合法、有力的渠道;加强对非法失职行为的查处力度,提升公民的政治监督热情。

3. 加强文化建设,营造良好的公民文化氛围

文化是人们生活的反映,是人们的高级精神生活。它包含了一定的思想和理论,是人们对伦理、道德和秩序的认定与遵循。文化能够通过各种社会形式和传播媒介介入人们的生活,影响人们的行为和思维。文化氛围则是文化意义上的个体生活环境,它既包括人们所处时代的总体生活观念,也包括个体生存的小的生活空间。文化对公民意识形成有重要的影响,公民意识的形成与文化氛围休戚相关。这就要求我们必须加强文化建设。

首先,要加强观念建设。观念是人类支配行为的主观意识,它给予了人们一切思想和行动的原则、方向和行为轨迹,起着根本的指示和规范作用。要培养公民意识,最重要的就是要加强公民个人、家庭和社会等各方面对形成公民意识的重视,并将这种观念反映到生活的方方面面,争取形成一种民主的文化氛围,从而促使社会成员自觉追求健康的公民意识。

其次,要提高公民的受教育程度和科学文化水平,提高公民的整体素质。公民只有具备基本的读写能力和一定的逻辑思维能力,才能拓展信息来源渠道,才能主动参与一些政治活动并提出自己的见解。因而,提高公民的受教育程度和科学文化水平,提高公民的整体素质是培养公民意识的前提。要加强文化建设,就要重视教育,促进公民整体素质的提高。

第三,加强大众传媒在公民意识形成上的舆论导向功能,在社会舆论上为公民意识形成提供良好氛围。大众传媒是塑造现代公民意识的重要工具,它能为人们带来大量的信息,能够使人们不断接触和认识新的事物,它可以通过各种形式的报道表达不同公民的声音,发挥公民的监督作用,从而促进公民意识的提高。

第四,要加强社区文化建设,为公民意识形成创造良好的环境条件。社区文化是指特定区域内的社会共同体所反映出来的有关人的行为模式、社会习俗、生活方式、价值观念、思维定向等文化现象的总和,以及为提高社区成员素质,满足社区成员精神需要,活跃社区成员文化生活的社会性、公益性文化活动。[①] 加强社区文化建设,倡导人们形成科学、文明、健康的生活方式,营造一种尊重科学、崇尚科学、反对封建迷信的健康氛围,有助于健康公民意识的形成;同时,加强对社区成员的爱国主义、集体主义、社会主义教育,营造良好的社区道德氛围,有助于人们形成建设有中国特色的社会主义的共同理想,培育高尚的社会公德、职业道德和家庭道德观念,能够促进公民国家意识、道德意识的形成和发展。

---

① 吕华:《关于社区文化建设的思考》,《新西部》2010 年第 12 期。

4. 改革教育体制，建立完善的公民教育体系

教育是最传统的渠道，学校是培养公民意识的重要场所。当前加强对公民意识的培育，就要对传统教育理念和教育制度进行变革，开设完善独立的公民教育课程，建立从小学到大学的“一体化公民教育体系”。

在教育内容上，确立包括主体意识、权利义务意识、法治信仰意识、民主平等意识和公德意识在内的完整的公民课程体系，让学生了解国家和地方有哪些重大事件需要公民参与决策，怎样参与，渠道如何等。值得注意的是，公民意识培养的内容要走入学生的生活世界，需要坚持这样几个原则：一是内容要与学生自己的生活、家庭生活、学校生活和社会生活紧密相关，例如学生个人的学习生活、家庭中的家务工作、社会制度、经济制度等；二要选择注重学生可以亲身经历、深刻体验的内容；三是选择可以培养学生情感和意志品质的内容；四是选择有助于学生解决生活中和思想观念上的实际问题的内容。这些原则不仅应体现在公民教育的内容上，而且也应体现在活动的选择中。

在教育目标上应实现向教育培养人的根本目的的回归。人文课程在我国这样一个重理工而轻人文的教育体制中缺乏应有的地位，而在仅有的人文课程中由于过于注重功利和实用，没能很好地完成人文精神熏陶的任务，很大程度上忽略了公民意识的培养。而只有实现教育目标向人的回归，重视人自身的发展，注重社会人的培养，教育才能真正关注公民意识的培养，公民才能正确认识自己在国家政治和社会生活中的法律地位，从而形成对国家和社会强烈的责任感和正确的权利义务观。

在教育方法，把“灌输式”、“填鸭式”转变成“引导式”、“启发式”、“对话式”教育，注重“理论教育与实践教育的结合”。原有公民意识教育主要使用的是灌输方法，这种灌输不仅指贬义上的“灌输”，也包括其本来意义上的系统地传授和学习之意。这种灌输的方法，在教授学生有关公民应了解的知识和技能上，是有重要意义的，但对于学生自我意识的形成，对自身地位和责任的认识，灌输的方法不仅难以取得的效果，而且可能导致负面效果，易引起学生对教育内容方法的厌烦情绪和抵制态度。因此，只有通过教育者与被教育者积极开展平等对话，才能使被教育者发挥自己的潜能并能独立地处理种种事务。只有通过学生的亲身实践，才能提高他们实践公民权利履行公民义务的能力和意识，从而培育积极的公民态度，陶冶公民情感，培养公民能力，使公民意识的培养从开放民主的教育方式和手段中真正取得成效。

毫无疑问，在 21 世纪的今天，民主政治是建设社会主义政治文明的重要目标。对于一个国家来说，民主的意义更在于培养与促进公民的成长。发展社会主义民主需要营造与之相适应的政治文化氛围，而政治文化则是以民众政治心理作为支撑的。所以，可以认为，公民意识是当前我国社会主义民主建设不可或

缺的重要基础。我们坚信,公民意识的培养和确立必将直接促进中国朝着稳健、理性、民主、开放、有序的现代化方向发展。

第三节 政治权利

政治权利是一种重要的政治现象,其本质表现为特定的政治关系。在政治生活中,政治权利和政治权力一样,构成了政治关系得以建立的条件。政治生活的很多内容就是围绕政治权利的确立、行使和实现而展开。在现代民主政治中,政治权利在保障和实现民主政治和宪政秩序中发挥着不可替代的功能,具有极其重要的地位和作用。

一、政治权利的含义

政治权利是诸多权利中的一种,所以,要了解政治权利概念,首先必须了解权利的概念。

如同“利益”、“权力”一样,“权利”一词也是人类文明史上的古老概念。在中国,古籍中很早就有关于“权利”的记载,《荀子·君道》中指出:“接之以声色、权利、忿怒,患险而观能无离守也。”后来的《史记》也有明确的“权利”字样,如谓灌夫“家累数千金,食客日数十百人,陂池田园,塞族宾客为权利,横于颍川”。[①]总起来看,这些古籍中的“权利”一词基本上指的是权势和财物。在英语中权利(right)一词本身有两个含义:一是正确的、正当的;二是指某种资格。古希腊的亚里士多德认为:“正义的观念是同国家的观点相关的,因为作为正义标准的权利是调节政治交往的准绳。”[②]后来的斯多葛学派继承了亚里士多德的这一观点,并进一步把权利与理性联系到了一起。近代以来,资产阶级以人权作为反对封建统治、维护自身利益的思想武器。文艺复兴尤其是启蒙运动以来,人们对权利问题的研究日益深入、逐步扩展,由此产生了众多的有关权利的定义,其中的代表性观点有:天赋人权说、权利自由说、权利利益说、权利平等说等。

马克思主义经典作家对权利问题做了深入而科学的研究,在前人的基础上深刻揭示了权利的本质。马克思和恩格斯把权利看做是人与人之间的一种社会关系,认为权利“是社会的产物,是社会的产儿、而不是自然人的产物”[③]。同时,

---

① 《史记·魏其武安民传》。

② 转引自涅尔谢相兹:《古希腊政治学说》,商务印书馆 1991 年版,第 193 页。

③ 《马克思恩格斯选集》第 1 卷,人民出版社 1995 年版,第 377 页。

他们还认为，权利是具体的、历史的，“决不能超出社会的经济结构以及由经济结构制约的社会的文化发展”[①]；权利是统治阶级的利益和意志在宪法和法律中的体现，是维护政治统治的需要。并且认为，权利和义务是统一的，马克思就此深刻指出：“没有无义务的权利，也没有无权利的义务”。[②]

综上所述，可以认为，所谓权利，就是在特定的社会经济基础上，由国家权力确定的社会成员获取自身利益的特定资格，它反映着社会利益的分配关系。而政治权利则是由国家权力确定的社会成员通过政治活动实现利益分配的资格，是公民根据宪法、法律的规定参与国家政治生活的权利。它在本质上反映着单个成员利益与全体成员的共同利益之间的关系。成员个体正是从这种关系中来争取和实现自己的利益的。[③] 我们可以从以下几个方面对政治权利概念作进一步的解剖与分析：

第一，政治权利是以建立在特定经济关系和利益基础上的政治权力为先决条件和后盾力量的。政治权利是由国家权力确定的社会成员通过政治活动实现利益分配的资格，也就是说，这种资格必须通过国家相关的权力机关的确认和保障才能发挥作用。在现代，主要是通过宪法、法律的形式来规定公民参与国家政治生活的权利，这些权利受到宪法和法律的保护。比如，我国的宪法及相关的法律就规定了我国公民享有自由权、民主权、平等权等。

第二，政治权利是对社会成员的某种特定身份的规定。这种身份规定表明：第一，政治权利的内容就是参与政治共同体、参加国家的政治生活。人们有资格在政治共同体和国家的政治生活中进行活动，要求自己的利益得到政治权力的保障。第二，政治权利只是人们在政治生活中实现利益要求的身份和资格，而不是利益本身。因此，实现政治权利只是人们通过政治生活实现自己利益的中介环节。人们拥有政治权利并不等于人们已经在政治生活中实现了自己的利益。不过，如果缺乏政治权利，那他就绝对无法保证在政治生活中实现自己的利益。

第三，政治权利与政治义务是相统一的。关于权利和义务的一般关系，马克思曾深刻地指出：“没有无义务的权利，也没有无权利的义务。”权利与义务具有相对性，并且在生活中是平等地作用于每个成员的。政治权利和政治义务是一切政治权利关系中内含的两极。从利益的实现来看，政治权利表现为社会成员为实现自己的利益在法定范围内进行政治活动的自由，政治义务则意味着社会成员在实现自己利益过程中对社会和他人所承担的政治职责。

---

① 《马克思恩格斯选集》第3卷，人民出版社1995年版，第305页。
② 《马克思恩格斯选集》第2卷，人民出版社1995年版，第610页。
③ 李良栋等：《新编政治学原理》，中央党校出版社2001年版，第148页。

政治权利和政治义务既是矛盾的,又是统一的。首先,政治权利和政治义务是不可分割的。政治权利和政治义务都是社会成员的政治资格,体现着单个政治成员的利益与全体成员的共同利益之间的关系。因此,只要政治资格一经确定,就意味着政治权利与政治义务的同时确定。其次,政治权利和政治义务是互为条件的。履行政治义务是实现政治权利的基础,而享有政治权利是履行政治义务的前提。复次,政治权利和政治义务在数量上是同等的。社会成员拥有多少政治权利也就相应地承担着多少政治义务,反之亦然。再次,政治权利和政治义务都具有强制性,都须由国家法律的强制力保证。国家主要是通过宪法、法律的形式来规定公民的政治权利和政治义务,所以,这些权利和义务都会受到宪法和法律的保障。最后,政治权利和政治义务的最终指向都是利益的实现。政治权利保障政治权利主体个人利益的实现,而政治义务则是保障他人和社会利益的实现。

二、政治权利的特性

政治权利反映着社会成员通过政治权力进行利益分配的情况。随着社会和政治的发展,政治权利的性质、主体、内容和范围也都在不断变化。政治权利首先确认一个人作为某个政治共同体的成员资格,这就决定政治权利是公民其他权利的基础。由于政治权利以政治权力的确定为前提,所以,政治权利的根本性质由政治权力的根本性质决定。在阶级社会中,政治权力的根本性质是其阶级性,那么,由它决定的政治权利也必然具有鲜明的阶级性。在现代国家,政治权利具有以下几方面的特性:

1. 政治权利对于社会成员的政治活动具有规范性

政治权利是社会成员的一种法定政治资格,它在本质上体现着社会政治生活的基本准则,规定着社会成员从事政治活动和承担政治义务的范围、内容和方式,所以政治权利具有规范性的特点。

政治权利的规范性是政治权力制约性的直接体现。政治权利是政治权力的基础和源泉,政治权力是政治权利的前提和保障,二者具有统一性,可以相互转化。政治权力具有制约性,当它在转化为政治权利时,必然会把自己的制约性转化为政治权利的约束性,并且以自己的力量作为政治权利的力量后盾,保障政治权利的实现。这种由政治权力的制约性转化而来的政治权利的约束性,就形成了政治权利的规范性。

政治权利的规范性不同于道德的规范性。由于政治权利的规范是由政治权力的制约性转化来的,并且有政治权力作为保障,所以它是一种强制性的规范;而道德是以个人心理活动与社会习俗调节为主要方式,靠个人的信仰和社会舆论保障实现,因而不具有强制性。同时,由于政治权利是以法律形式存在的规范,因而它还是一种明确、具体的规范,而道德规范却是一种潜在的规范。

政治权利的规范作用主要在于这么三方面:第一,它对于政治权利主体的政治活动的范围、内容和方式具有规范作用;第二,它对于其他社会成员发生的与特定政治权利相关的政治活动范围、内容和方式具有规范作用;第三,由于政治权利是政治权力通过法律、法规形式对社会成员政治资格的确认,因而它对于政治权力的组织承担者如政府、政党与特定政治权利相关的政治活动范围、内容和方式同样具有规范作用。总的来说,政治权利虽然从根本上说是与个体公民相联系的,但它同时规定着由个体公民组织起来的各种政治组织的政治活动。

2. 政治权利意味着社会成员在政治活动中具有自主性

政治权利是人们参与政治活动的一切权利和自由的总称,是社会成员在法律规定的范围内自由从事政治活动的政治资格,因而它具有自主性的特点。从某种意义上说,法定范围内的自主性是政治权利存在的前提。

政治权利的自主性与政治权力的能动性是紧密结合的。政治权利是政治权力对社会成员政治资格的确认,政治权力是政治权利的前提和保障,政治权利与政治权力是不断转化的。在社会政治生活过程中,当政治权力转化为政治权利时,必然会把自己的能动性转变成社会成员实现自己利益的政治资格的能动性,实际上就是对单个社会政治成员的政治能动的资格、范围和方法的规定。这种政治资格的能动性就集中体现为政治权利的自主性。

政治权利的自主性实质上就是法定范围内公民政治意志的自由。公民有选择政治活动及其方式和目的的自由。公民在法律规定的范围内有从事或不从事政治活动,以这种方式或以那种方式进行政治活动以及争取或不争取某种政治目标的自由。但是,值得注意的是,这种自由不是绝对无限的。任何政治权利的自主性都有自己特定的范围和边界,而这种范围就是法定范围,这种边界则必须以不妨碍其他社会成员政治活动的法定自由和不损害社会公共利益为前提,如果越过这个边界,就会走向权利的滥用,成了违法行为。

3. 政治权利是社会成员实现政治利益和其他合法利益的工具

政治权利反映着社会利益的分配关系,是由国家权力确定的社会成员通过政治活动实现利益分配的资格。公民作为政治权利的拥有者,要实现其政治利益,就需要在法定范围内选择运用不同政治权利和相关程序。因此,政治权利对于公民实现其政治利益的目的而言,是一种手段和工具。

政治权利是人们参与政治活动的依据和保障,只有拥有政治权利才能参与国家和社会的政治管理活动,表达自己的政治要求和政治期望,对政策决策过程施加影响。另外,政治权利与社会成员的其他方面的权利,如经济、文化权利等紧密相连,不解决社会成员的经济权利及其他方面的权利,政治权利只能是无源之水、无本之木。同样,没有政治权利的保障,经济和社会权利的实现也会非常困难。因此,政治权利只有与经济及其他权利相结合,才具有实际意义。

4. 政治权利是不断发展的

从历史发展的进程来看,政治权利的性质、内容、范围总是随着社会经济活动、利益关系和政治权力的发展变化而变化。所以说,政治权利是不断发展的。

政治权利的发展,首先是它的内容的扩展。人类社会政治权利的发展是一个权利内容不断丰富和扩展的过程,人们参与政治生活的权利内容经历了由简单到复杂和丰富的过程。当今,世界很多国家的政治权利的内容已经得到了极大地扩展,形成了严密的体系。其次,它体现为政治权利主体范围的扩展。享受政治权利的人群经历了从小到大、从少到多的过程。例如在很多国家,在很长时间内,妇女群体没有选举权和被选举权,因而被排斥在选择公职人员活动外。而现在,绝大多数国家的妇女都已享有了政治投票权,使得政治权利主体范围急剧扩大。再次,它体现在政治权利实现形式的发展变化。随着社会经济和科学技术的发展,人们行使政治权利的手段越来越丰富,使得政治权利的实现更具有可能性和实效性。

此外,由于社会公共权力的主体随着社会形态的变化在不断发生变化,政治权利的主体也因此而发生着变化,这可以说是政治权利性质意义上的变化和发展。

三、政治权利的内容

政治权利是一个历史范畴。在不同的历史时期、不同的国家、不同的社会制度下,政治权利也具有不同的内容。从世界各国的发展过程来看,随着经济的发展,公民政治权利的范围在逐步扩大,内容也在不断丰富。

最早将公民的一些权利规定为政治权利的法律文件是1215年英国的《自由大宪章》。该文件明确规定:未经国会的同意国王不得征税,这标志着公民开始通过法律来限制国家权力,保护自身利益。自此以后,通过公民自身不断的政治抗争与斗争,逐步实现了公民权利和政治权利的广泛法定,最终形成了一套法定的政治权利体系。综合当前各国法律对公民政治权利的规定,其基本内容主要有以下几方面:

(一) 自由权

早在资产阶级革命时期,自由权就被认为是人生而固有的权利。现代资本主义国家绝大多数都在宪法和法律上确认了公民的自由权。社会主义国家的自由权则是人民当家作主的一个重要表现。就政治自由的内容而言,它主要包括人身自由和言论、出版、通信、游行示威、集会、结社、信仰自由等。

人身自由,即在法律范围内,每个公民均有直接支配自身身体的自由,非依法律规定,公民不受逮捕、拘禁、审讯和处罚。

言论、出版自由,即公民有权在法律允许的范围内,公开表达自己的思想和观点,不受任何人和国家机关的干涉。主要包括以口头、书面或其他形式发表自己言论的自由,如演讲、报告、出版书刊报纸等。

公民的通信自由和通信秘密受法律保护,即公民之间的通信往来,如信件、电话等,除因国家安全或者追查刑事犯罪的需要,由公安机关或者检察机关依照法律规定的程序对通信进行检查外,任何组织或者个人不得以任何理由侵犯公民的通信自由和通信秘密。

游行示威、集会结社的自由,是指公民以某种方式表达自己意志和意见的权利。这些行为一般按法定程序进行,并以不妨碍公共秩序和他人行为为界限。集会,是指聚集于露天公共场所,发表意见、表达意愿的活动;游行,是指在公共道路、露天公共场所列队行进、表达共同意愿的活动;示威,是指在露天公共场所以集会、游行、静坐等方式,表达要求、抗议或者支持、声援等共同意愿的活动。集会、游行、示威的自由便是指从事这些活动,不受非法干预或限制的自由。

信仰自由是指公民有信仰任何宗教和不信仰任何宗教的自由,有信这个教派也有信那个教派的自由,任何组织和个人不得强迫公民信仰或不信仰宗教,信教公民举行和参加宗教仪式不受干涉。公民不应因信仰不同而影响其在政治与法律上的地位,不论其信仰如何一律平等。

另外,有的国家对于公民自由权的规定还包括罢工自由、迁徙自由等。

(二)平等权

平等权是指公民平等地享有权利,不受任何差别对待,要求国家同等保护的权利。资本主义国家的公民平等权主要是指公民的政治平等权,尤其是指法律面前人人平等。公民受法律的平等保护;公民同等地承担遵守法律的义务;公民触犯法律时,受到同等的惩罚性制裁。这是资本主义国家政治平等的集中体现。另外,在政治活动中公民资格、机会的平等,尤其是形式上的一人一票权利,也体现着这种政治平等。资本主义社会的政治权利的平等实质上是资本主义生产资料私有制基础上的商品交易关系在政治领域中的反映。然而,由于在生产资料所有权和社会财富占有方面的不平等,市场表面上的平等掩盖着事实上的不平等。同样,在政治活动过程中,公民的政治权利看起来是平等的。但是,由于人与人之间经济、社会地位的不平等,在实际政治活动中公民之间并不会完全享有真正的政治平等。

社会主义国家的政治平等权,是指公民不分民族、种族、性别、职业、家庭出身、宗教信仰、教育程度、财产状况、居住年限,一律平等地享有宪法和法律规定的各项权利。各个政党、团体、单位和个人都要依法进行活动,不得享有超越宪法和法律之上的特权。公民在法律面前一律平等。由于社会主义社会公民政治上的平等是与社会主义公有制基础上的经济、社会平等联系在一起的,所以它在本质上是真实的。

(三)参政权

参政权是指公民依法享有的参与国家政治活动的权利。资本主义国家的参政权包括选举权、罢免权、创制权和复议权。选举权是指具有法定资格的公民有选举和被选举为国家公职人员的权利。选举活动是组织政府的必经程序。由于资本主义国家对选民进行财产、教育、居住年限甚至种族方面的限制,公民的选举权和被选举权实际上受到许多限制。比如,美国公民要充当政治候选人必须先交纳高额保证金;在英国,有色人种当选为议员以上的政治官员被认为是不符合英国传统和惯例的。罢免权是指公民对不称职的公职人员,依照法定程序将其罢免的权利。创制权是指公民对宪法和法律的制定、修改有建议、提案的权利。复决权是指公民对立法机关通过的宪法草案和法律草案有投票决定是否通过生效的权利,例如在丹麦、瑞士等国,宪法的修改须经全民公决。

参政权是社会主义国家公民的最重要的权利。其内容是指符合法定年龄的公民(依法被剥夺政治权利者除外)都享有选举权和被选举权,都有通过法定途径管理和监督国家事务的各项民主政治权利。公民通过选举活动选举产生自己的代表,组成国家的权力机关——人民代表大会,并由人民代表大会组成政府和其他政权机关行使管理国家的权力。人民群众还有参与社会公共生活的权利,在社会事务和公民自治组织中参与和行使管理权和决策权。并且,社会主义国家公民对于国家机关和国家工作人员,有提出批评和建议的权利;对于国家机关和国家工作人员的违法失职行为,有提出申诉、控告或者检举的权利等。公民的监督则是社会主义国家公民参与管理国家事务的重要途径,它能有效地保障国家机关及其工作人员按照人民的意志办事,制止侵犯社会和公民利益的行为。

四、政治权利的意义

政治权利是政治关系的有机组成部分,是社会政治生活的基础之一,是现代民主政治的核心内容。现代各项民主制度的建构和运作是公民各项政治权利直接主张的产物。现代国家权力运作的方向、空间、作用被全面置于公民政治权利的制度体系与框架之中。无论是对于政治权利的主体,还是对于整个社会生活,政治权利都具有重要的意义和作用。

（一）政治权利对权利主体的意义

第一，政治权利有利于维护和实现权利主体的利益。政治权利是由社会公共权力确定的，因而，它总是体现着这种权力主体的意志和要求。而政治权利是权利个体参与政治生活，维护和实现自身利益的资格，它在本质上反映着单个成员的个别利益与全体成员的共同利益之间的关系。对于作为权利主体的每个成员来说，他们正是从这种关系中来争取和实现自己的利益的。因而，政治权利为权利主体实现自身利益提供了政治可能。

第二，有助于增强公民对主流政治文化的认同。政治权利的确定及分享是对社会各种政治力量作出的制度安排的重要组成部分，它反映着主流政治文化和意识形态取向。政治权利的行使实际上是公民政治实践和政治锻炼的主要部分，也是促进公民学习和认同主流政治文化的重要渠道。公民通过行使政治权利，可以对政治生活加强认识，熟悉政治过程，进而熟悉政治生活和政治过程所蕴涵的政治文化。而认同政治文化反过来则能够更好地推动公民政治权利的行使和完善。所以，公民的政治权利及其行使能够使公民直接置身于主流政治文化当中，增强对主流政治文化的认同。公民行使政治权利还能够使公民在认同主流政治文化的基础上，不断推动主流政治文化的发展与变革，以适应不断变化的社会政治环境。任何一个国家的主流政治文化在一定时期都是相对稳定的，而从长期看，则是不断发展的。主流政治文化的发展仰赖于在政治生活中运用政治权利发挥能动作用的公民。因此，从这个意义上说，政治权利及其行使不仅能增强公民对主流政治文化的认同，而且能够推动主流政治文化的发展。

第三，政治权利有利于政治权利主体成员政治积极性的发挥。政治权利是其拥有者的法定政治自由，为了谋求自身的利益，政治权利主体必定要在权利的法定范围之内进行积极的政治活动。所以，政治权利的确定为权利主体积极进行政治活动提供了动力、空间和条件。

第四，政治权利有助于提升公民政治素质。公民政治素质高低是衡量一个国家政治文明程度的重要标志，同时也直接关系到国家的政治发展和政治稳定。公民的政治素质只有通过政治实践锻炼才能提高。民主政治的实践和建设法治国家的实践对培养和提高公民政治素质最为有效。因为在这些实践中，公民需要运用政治权利来实现自己的利益。当公民在实践中看到行使政治权利是保护和实现利益的有效途径时，就能够对政治权利行使过程中的种种程序和问题进行思考，以便改善对政治权利的行使，更好地保护和实现自身利益。而对政治权利的思考和行使反过来会对公民起到相当大的教育作用。从这个意义上说，政治权利的行使能够提升公民的政治素质，而公民政治素质的提升又会对国家的民主政治建设起到至关重要的作用。

（二）政治权利对社会政治生活的意义

第一，政治权利有利于维护政治秩序，保证社会政治生活的稳定。一方面，因为国家权力最首要的任务是确定社会政治秩序，并通过制度设计和各种措施来加以维持。而在现代国家，政治权利作为根本政治制度的内容，是由国家权力确定的。它以法律的形式规定着社会成员政治活动的准则，对公民的政治活动具有规定性。所以，政治权利有利于保障社会政治生活按照政治权力主体的意愿有序地进行。另一方面，由于政治权利本身含有特定社会历史条件下特定的“公平”和“正义”的色彩，所以，政治权利对于权利主体来说具有政治正义的象征作用或实际意义。这就使得政治权利的规定和实施有利于化解社会成员间的政治矛盾，进而保证社会政治生活的稳定。

第二，政治权利能够保证国家权力的正常运行。公民政治权利的普遍确立，有利于分解、弱化和有效避免国家权力的破坏性。这是因为公民的政治权利大大分散了国家的政治资源，大量的政治资源直接掌握在公民手中，使国家权力不能聚集起超常能量而被少数人支配用来控制社会。同时，整个国家权力被整体地置于公众多维和各种形式的监控之下，而使其滥用的可能性大大下降。另外，当国家权力滥用时，公民能通过行使政治权利迅速发现并予以及时揭露和纠正，从而极大地降低了因国家权力滥用而造成的损失和风险。因此，真实有效的公民政治权利有利于保障国家权力的合理、有序运行。

第三，政治权利有利于促进社会政治文明的发展与进步。社会政治权利的明确规定和实现，同时也意味着政治义务的明确规定和有效实现。人们在享有一定的政治权利的同时，必然而且必须要履行相应的政治义务，这就有助于推动社会政治向着规范化、法制化、责任化的方向发展。另一方面，政治权利的明确规定和有效实现，意味着社会公共权力和公民政治权利之间的明确区分和有效互动，意味着政府与公民在政治利益的分配上达成了动态的平衡沟通关系。总的来说，政治权利的确定为公民进行政治活动提供了有效的空间和条件。公民运用政治权利来谋求自己的利益，一方面有利于他们政治积极性的发挥，另一方面也有利于推动政府行为的法治化和政治生态的民主化。

五、充分实现和维护公民的政治权利

政治权利的实现意味着一定的政治利益的实现。但是，政治生活中的利益关系并非一成不变。即便已经获得的政治权利也时刻面临着再度失去的危险，或者是政治实体失去其自主性，或者是某种政治权利失去了社会势力的普遍支持，或者是国家机器命令取消某一类人的某些权利等。所以，为了实现政治实体自身的利益，维护公民已经获得的政治权利是我们必须时刻面对的一项重要任务。

（一）国家应努力创造良好的政治环境，保障公民政治权利的实现

在现代社会，公民的政治权利是由宪法、法律确认的，并受到宪法、法律的保护；同时它又受国家的经济、政治、文化、教育科学技术等因素的制约和影响。所以，我们要实现和维护公民的政治权利，除了完善宪法和相关法律外，还要注重社会政治、经济和文化的发展。

第一，国家要不断完善相关法律体系，为公民政治权利的实现提供法律保障。古老的法律谚语"无救济则无权利"告诉我们：法律对公民权利、自由规定得再完备、列举得再全面，如果在这些权利和自由受到侵犯之后，公民无法获得有效的法律救济的话，那么，这些法律上的权利和自由都将成为一纸空文。因此，国家要不断完善法律体系，不仅要通过宪法和法律确定公民的政治权利，而且也要明确规定公民在政治权利受到侵害时的救济程序，这样，公民政治权利的实现才会得到切实有效的保障。

第二，国家要继续推进政治体制改革，为公民政治权利的实现和维护提供制度保障。政治体制改革实质上就是民主政治建设，即推进政治体制改革也就是推进政治民主化进程，这需要不断健全和完善一系列民主制度。当前，除了坚持和完善社会主义民主制、加强社会主义法制建设、改革和完善党的领导方式和执政方式、改革和完善决策机制、深化干部人事制度改革、继续推进司法体制改革、加强对权力的制约和监督等外，还要把扩大基层民主，尤其要把加强农村村民自治和城市社区自治作为中国在新世纪政治体制创新的突破点。通过制度改革，不断丰富民主形式，扩大公民有序政治参与的渠道，使人们在形式多样的政治实践行为中实现自己的政治权利。

第三，要大力发展社会主义市场经济，发展生产力，为公民有效行使政治权利奠定物质基础和文化基础。经济发展与政治民主化有密切关系，当经济福利水平提高以后，有利于培育人与人之间相互信任感，增强人们对民主制度的向往；有利于提高教育水平，从而提高民主生活所需要的能力；促进中间阶层的扩大等。而且，发展市场经济有利于公民对自由、平等、竞争、法治等各种市场规则和秩序予以合法性、合理性的认同和内化。与此同时，也有利于自由、民主、平等、法治、权利、义务等公民意识随之逐步得到发育，使公民进一步认清自己在社会中的地位、使命和责任，并形成稳定的观念体系，从而促使公民能够主动地行使政治权利。

第四，长期、广泛、系统地对整个社会进行民主教育。美国政治家杰斐逊曾经说过："就我所知，社会的最后决定权只有交给人民自己来掌握，此外，别无更安全的寄托。如果我们认为人民见识不足、判断不周、不能执行他们的权力，补

救的办法不是把权力从他们手中取走，而是通过教育，让他们善于判断。”[①]社会主义民主政治的发展，有赖于教育事业的发展和科学文化水平的普及和提高。文化不发达就会导致大量文盲的产生，而且文盲同时往往又是法盲、科盲、民主盲。科学文化落后必然产生愚昧，没有科学文化就没有现代民主政治，没有现代民主政治公民也不会享有广泛的政治权利，更别提公民的政治参与，所以，要充分实现和维护公民的政治权利，使公民能积极参与政治活动，就必须大力发展教育事业，提高全社会的受教育程度和科学文化水平。

（二）公民应积极参与政治活动，充分实现和维护自身的政治权利

政治权利要求获得政治权利的权利主体必须是人格独立的自由、自主和自尊的完全实体。为此，作为政治主体的公民要实现和维护自身的权利，不仅要树立科学的政治权利观，而且能够发挥自主性去争取和维护权利。

第一，公民要树立科学的政治权利观。现代公民应具备的科学政治权利观念主要包括：(1) 主体意识，也就是主人翁意识。公民具备主体意识，才会积极参加各种社会活动，参与国家事务的管理；才会关心国家大事，关心社会发展；才会自觉地按照法律和道德规范自己的行为，对自己负责，对公众负责，对社会负责，真正成为国家和社会的主人。(2) 政治参与意识。民主的本性就是公民有权参与国家政治生活，这就客观要求公民自觉树立政治参与意识，自觉地意识到自己的主人地位，意识到自己有选举、监督、罢免国家官员的各项权利。(3) 政治监督意识。国家权力是受公民民主权利委托而建立起来的，国家权力必须时刻受公民民主权利的监督，这是社会主义民主题中应有之义。(4) 法律意识。懂得社会主义现代化的民主是制度化、法律化的民主，离开法律，民主就是空的，就会失去规范化的保障。只有依法办事，实现在法律面前人人平等，社会主义民主才能真正实现。科学的政治权利观是公民实现政治权利的思想基础。公民只有知晓自己的各项政治权利及其实现方式，才会使其得以真正实现。

第二，公民要主动参与政治活动。公民作为政治权利的主体，具有主观能动性，他可以主动参与国家的政治生活。公民的政治参与并不是直接参与国家政权管理活动，而是以多种途径来影响政治过程。公民可以通过参与政治活动表达自己的利益和要求。在现代社会，国家为公民参与政治生活提供了多种途径，例如，公民在行使监督建议权时可以通过人大代表或直接向人大常委会反映，可以通过电视、广播、报纸等工具进行监督，还可以采用书信、电子邮件、电话、走访等形式向有关部门举报或反映等。公民应该积极主动地利用各种机会和途径参与政治生活，充分实现自己的政治权利。

---

① 科恩：《论民主》，商务印书馆 1988 年版，第 171 页。

第三,公民要积极维护自己的政治权利。对于每个公民来说,要真正实现自己的政治权利就要懂得维护自己的权利。公民在行使政治权利的过程中可能会受到他人或组织的阻挠或侵害,这时公民要积极努力寻求救济政治权利的途径。既然政治权利是国家以宪法和相关法律的形式予以确认的,那么,公民的政治权利必然是受法律保护的,具有法律强制性。所以,当自身的某一项政治权利受到侵害时,公民可以根据具体的法律规定,主动向行政机关或司法机关提出申请或起诉,最大限度地运用法律这个神圣的武器来维护自己的政治权利,使自己的政治权利得到真正的实现。

第十章

阶级、政党与利益集团

人在本质上是一种社会存在，他在和他人的社会联系与合作中体现为人的存在。正如马克思所说："人是最名副其实的政治动物，不仅是一种合群的动物，而且是只有在社会中才能独立的动物。"[①]人的这种社会性特征意味着，在历史和政治过程中活动的人，并不是单个的、孤立的个人，而是生活在与他人的特定联系中的人类。在一个社会的政治生活中，人们基于利益、需要、地位等因素而自觉不自觉地形成为立场、目标、价值取向相对一致的社会集团。这些社会集团之间的关系构成了一个社会的基本政治格局，它们是政治舞台上的真正的主体力量。阶级、政党、利益集团正是这样一些对社会的政治过程具有举足轻重影响的社会集团。

第一节　阶级

在政治学学科体系中，阶级是一个十分重要的分析概念。在马克思主义看来，政治的本质就是阶级之间的关系，所谓政治，不过是社会各阶级和社会集团围绕国家政权为实现自身利益而进行的活动，阶级性是全部政治的最基本的特征。

一、阶级理论

阶级是一个具有特定含义的历史范畴，它并非自古就有，也不会永世长存。马克思指出，"阶级的存在仅仅同生产发展的一定历史阶段相联系"[②]。在漫长

---

① 《马克思恩格斯选集》第2卷，人民出版社1995年版，第2页。

② 《马克思恩格斯选集》第4卷，人民出版社1995年版，第547页。

的原始社会时期，由于生产力水平极度低下，人们只有共同劳动、平均分配劳动果实，才能维持生活和繁衍。所以，在原始社会里，没有剩余产品，没有私有财产和私有制，因而也就没有阶级。后来，随着社会生产力的发展，劳动生产率的提高，出现了剩余产品。与此同时，发生了农业与畜牧业、农业与手工业的社会大分工。生产力的发展和社会大分工推动了私有制和阶级的产生。由上可见，生产力的发展是阶级产生的最终根源，私有制则是阶级产生的直接原因。这一结论实际上也隐含了阶级发展的最终命运：在将来社会生产力高度发达以后，私有制也将失去存在的条件，那时，阶级作为一种社会现象，将不可避免地走向消亡。

关于阶级，马克思主义的基本观点是：经济关系是一切社会关系的基础，因而，阶级首先是一个经济范畴。恩格斯曾经谈到，“社会阶级在任何时候都是生产关系和交换关系的产物，一句话，都是自己时代的经济关系的产物”①。在经济关系中，最主要的是对生产资料的关系。所以，马克思在谈到阶级时，多次突出强调生产资料所有权的重要意义。他指出，无产阶级之所以为无产阶级，就是因为“他们被排除于这种占有之外而仅有一种商品即自己的劳动力可以出卖，因此他们不得不出卖这种劳动力以占有生活资料。”②列宁有关阶级的定义，被人们公认为马克思主义的经典定义：“所谓阶级，就是这样一些大的集团，这些集团在历史上一定的社会生产体系中所处的地位不同，同生产资料的关系（这种关系大部分是在法律上明文规定了的）不同，在社会劳动组织中所起的作用不同，因而取得归自己支配的那份社会财富的方式和多寡也不同。所谓阶级，就是这样一些集团，由于他们在一定社会经济结构中所处的地位不同，其中一个集团能够占有另一个集团的劳动。”③

列宁的这一阶级定义说明，正是由于人们在一定的生产关系中所处的地位不同，其中特别是对生产资料的关系不同，才使得社会成员划分为不同的阶级。换言之，阶级实际上就是由那些对生产资料具有相同关系的人们所组成的社会集团。

尽管阶级的划分是在一定的经济关系基础上形成的，但阶级作为对一定社会现象的抽象和概括，不仅仅包括经济方面，还包括政治、思想等多方面的属性。事实上，客观存在的阶级，只是由于其成员具有共同的生存条件从而为共同的阶级态度的形成提供了必要的基础。“但在任何时候，阶级地位与阶级态度和行为之间都可能存在着明显的差异。”④马克思在谈到法国农民时说过：“数百万家

① 《马克思恩格斯选集》第3卷，人民出版社1995年版，第739页。

② 《马克思恩格斯全集》第3卷，人民出版社1995年版，第337页。

③ 《列宁选集》第4卷，人民出版社1995年版，第11页。

④ 西摩·马丁·李普塞特：《一致与冲突》，上海人民出版社1995年版，第60页。

庭的经济条件使他们的社会方式、利益和教育程度与其他阶级的生活方式、利益和教育程度各不相同并互相敌对,就这一点而言,他们是一个阶级。而各个小农彼此间只存在有地域的联系,他们利益的同一性并不使他们彼此间形成共同关系,形成全国性的联系,形成政治组织,就这一点而言,他们又不是一个阶级。”① 没有形成统一的阶级意识,没有组织起来的阶级只是一个客观存在的“自在的阶级”。一个阶级只有当具有了共同的阶级意识并组织起来时,才会成为“自为的阶级”,而自为的阶级才是阶级的最后形式,才是完全意义上的阶级。从这个意义上讲,阶级不仅仅是一个经济范畴,而且是一个包括政治、思想在内的社会范畴。

韦伯也保留了阶级这一概念,同时,他也赞成从经济上来限定分层。与马克思不同的是,韦伯仅仅把经济因素当做社会分层的参数之一,他认为,阶级是由具有共同的生活命运的人组成的,而生活命运又是由他们处理商品和技艺以获取收入的能力决定的。财产是一个阶级的特征,但并非阶级的唯一标准。在韦伯看来,阶级状况的关键方面并不是生产关系,而是“市场条件”,也就是交换关系。交换关系是指人们在资本主义市场上靠处理什么商品和技艺来交换他们所能得到的报酬,资本家在进入市场时拥有的是资本,工人在进入市场时拥有的是劳动。

同马克思一样,韦伯也关注阶级觉悟产生的条件。不过,他认为没有单一形式的阶级觉悟。相反,“哪些集团确立了一种与其他集团敌对的共同利益意识,这是一个具体的经验问题。类意识的程度在相当程度上取决于一个社会的一般文化,特别取决于社会内部流行的一套知识观念。”②

不管人们对阶级划分的标准持怎样的看法,大家都承认社会中存在阶级。一般说来,在一个阶级社会中,往往并存着若干个阶级,这些阶级可以分为两类:一类是基本阶级,一类是非基本阶级。基本阶级是指与社会中占统治地位的生产方式相联系的阶级,它们是社会中的主要统治阶级和主要被统治阶级。两大基本阶级之间具有某种特定的社会关系,形成该社会中基本的阶级结构。非基本阶级存在的基础是社会中不占统治地位的生产方式,它在社会经济体系中的作用比较小。

在阶级社会中,阶级结构强烈地制约着社会结构的一切构成方面。一个社会的阶级状况,直接决定着社会结构的整体性质及其运行。例如,一个社会若是由资产阶级和无产阶级两大基本阶级所构成,那么社会结构的性质就是资本主义的。由此可见,一个社会阶级关系的性质和状况,必然会对该社会的政治生活

① 《马克思恩格斯选集》第1卷,人民出版社1995年版,第677页。

② 西摩·马丁·李普塞特:《一致与冲突》,上海人民出版社1995年版,第63页。

产生根本性的影响。统治阶级掌握着国家政权,它的一切政治活动,从根本上讲,都是为了维护自己的阶级利益。被统治阶级建立政治组织,开展政治活动,积极影响或争取国家政权,也是为了实现自己的阶级利益。可见,阶级社会中的政治,往往只能是阶级的政治,政治的实质和内容就是一种阶级关系。不同的阶级由于经济地位和利益方面的不同,必然会形成不同的政治观点和政治态度,产生不同的政治立场和政治行动目标。这种利益上的冲突所导致的阶级之间的对立和冲突,表现为阶级之间的斗争。阶级斗争是推动阶级社会政治变革和社会发展的动力。

二、社会分层理论

阶级分析是我们研究社会结构的基本方法,但仅仅着眼于阶级和阶级关系的分析远远不能保证我们对复杂的社会结构和社会生活形成全面、深刻的认识。事实上,尽管阶级是一支重要的社会力量,但人们并非总是以阶级的身份和立场参与政治的。除了阶级划分以外,人们还会基于其他一些因素形成利益和目标相对一致的各种社会集团。于是,便有了社会分层的理论。

所谓社会分层,是指依据一定的标准将社会成员划分为若干不同的等级层次。社会分层概念的事实依据是:由于种种社会差别和社会不平等现象的存在,全体社会成员不可能处于同一水平的社会位置上,而必然形成各种高低有序的社会层次。例如,权力差别造成了高级官员、中级官员、低级官员、普通群众等不同的等级层次;收入差别造成了高收入阶层、中等收入阶层、低收入阶层、贫困者阶层等不同的社会等级层次。

社会分层可以分为阶级分层和非阶级分层两种基本类型:

阶级分层是指一个阶级内部的成员由于经济地位和取得生活资料方式的不同而形成的不同阶层。这些阶层虽然属于同一个阶级,但它们又具有各自特殊的利益和要求。利益的差别又会进一步导致包括观念、态度、行为取向、生活方式等其他方面的差别。除此以外,各社会形态中,都存在着相对独立的社会阶层,它们不属于社会中的任何阶级,同时,自身又不能构成为一个阶级。独立社会阶层的划分依据与阶级内部阶层的划分依据大体相同。

非阶级分层是指以某种社会差别为依据将人们分为不同的等级层次。非阶级分层常见的划分类型有:权力分层、地位分层、职业分层、收入分层、声望分层、教育分层等。需要特别强调的是,非阶级分层所划分的社会层次,往往也被称为阶层。但非阶级分层与阶级分层实际上有很大的不同:阶级分层必须首先以经济地位的差别和不平等为依据,然后辅以其他方面的社会差别和不平等因素,而非阶级分层则可以以任何一种社会差别或不平等,或以数种的综合作为划分依据。阶级分层和非阶级分层代表了不同的研究方法,前者从经济角度入手,后者则不仅从经济角度入手,也从社会和政治角度入手。

在西方社会学中,最早提出社会分层理论且影响最大的代表人物是韦伯。他主张,社会分层应当依据以下三重标准进行:即经济标准、政治标准和社会标准。经济标准决定于"市场条件",即人们在进入市场时可以用来交换货币的所有物,依照韦伯的说法就是人们拥有的财产和技能。简单讲,就是指人们拥有的财富和收入的多少。政治标准是指权力,韦伯把它定义为:"个人或集团即便在有人反对的情况下也有实现其意愿的机会。"①权力可以产生于对匮乏供给和对生产资料的控制,可以产生于个人或群体在科层组织中的地位,也可以产生于法律和其他一些因素。也就是说,在韦伯看来,产生权力的源泉有多种。社会标准指声望,按照韦伯的观点,声望是指人们对一个人或一种职业的声誉的肯定或否定的评价。一般认为,这一评价取决于多种变量,其中主要的变量有个人的身份、受教育的程度、职业声望、生活方式等。由于声望涉及别人对自己的评价,因此,人们对它的看重甚于对经济收入的看重。

财富、权力、声望三者之间往往是彼此相关、紧密联系的。三者中的任何一个方面都可以转化为其他两个方面。财富可以换取权力和声望,有钱者比别人更有可能做到"有权有势",有权者会比别人有更大更多的"致富机会",也有些人会仅仅因为富甲一方或手握权柄就使得人们心存敬畏。

韦伯的分层理论对以后的社会学发展产生了巨大的影响,目前西方社会学家的社会分层研究,基本是在韦伯的理论模式基础上进行的。

三、阶级、阶层与政治

一个社会阶级、阶层的具体状况及其相互关系,决定着社会政治体系的性质和运行模式。因此,运用阶级分析的方法去研究政治,乃是马克思主义的基本思路。对于阶级、阶层与政治的关系,我们可以从以下两个方面进行分析:

首先,阶级、阶层及其相互关系对一个社会的政治过程产生着决定性的影响。政治的实质就是阶级关系。唯物史观认为,政治上层建筑并非一向就有,而是阶级社会的产物。在阶级社会中,国家的政治权力掌握在统治阶级手里,它的一切活动都是以自己的根本利益为出发点和最后归宿的。所以,阶级关系从根本上决定了一个社会政治体系的活动方向和政策取向。对被统治阶级来说,它的各种政治活动也必然受其阶级立场和阶级利益的影响和制约。当然,现实的政治过程是复杂的,阶级关系对政治的影响并非总是直接而明显的,同时,我们

---

① 西摩·马丁·李普塞特:《一致与冲突》,上海人民出版社1995年版,第68页。

也必须注意到，并不是所有的政治活动都具有阶级的色彩。

具体说来，阶级、阶层对政治的影响表现在：第一，阶级、阶层的地位和身份决定了人们的基本政治立场。阶级、阶层尽管划分的标准不同，但都是以某种共同性为基础而形成的社会集团，阶级更强调经济地位和经济利益方面的一致性，阶层则意味着人们在某种社会地位和社会特征方面具有一致性。这种一致性使得人们在采取政治行动时拥有相同或相似的利益要求和社会条件，因而会形成共同的政治立场。第二，阶级、阶层的地位和身份影响着人们对政治的价值评价。人们对各种政治对象的评价，要受种种因素的影响，如个人的认知能力、个性倾向、生活经历等，但最主要的还是受个人的阶级立场制约。现实社会中的人总是属于一定的阶级或阶层，阶级或阶层的利益与需要，赋予了人们以不同的评价尺度和标准，评价因此会不可避免地打上阶级的烙印。第三，阶级、阶层的身份地位影响人们政治态度的形成。政治态度一般指人们对政治生活各个方面的反应倾向。阶级阶层的共同身份以及大体相似的生活条件，容易使人们对政治生活形成相同的感受和反应倾向。以政治参与为例，大量的经验研究表明，社会身份是影响人们政治参与态度的重要因素。赫尔德的研究结论是："在从有效参与到有限参与的连续集（continuum）上，对许多工人阶级、妇女、非白人公民来说，现代自由民主制的位置恰好在最后端。"[①]第四，阶级、阶层的地位身份影响人们的政策选择。在多数情况下，政府的政策具有利益倾向性，对不同的阶级或阶层会产生不同的影响。因此，不同的阶级或阶层从自身的利益出发去选择自己的政策立场，或支持或反对或保持中立。

其次，一个社会的政治体系和政治过程也会对阶级、阶层及其相互关系产生重大影响。国家总是阶级的国家，因而，政治体系的性质及其整个活动过程，必然会具有强烈的阶级色彩，它在维护统治阶级利益的同时，势必要压制被统治阶级的利益。也就是说，在同一个社会中，不同的阶级或阶层从政治那里得到的是不同的东西。统治阶级掌握着国家权力，拥有了对各种社会资源的支配权，从而能够更有效地实现自己的利益。物质方面如此，意识形态方面也是如此。正如马克思和恩格斯所说："统治阶级的思想在每一时代都是占统治地位的思想。这就是说，一个阶级是社会上占统治地位的物质力量，同时也是社会上占统治地位的精神力量。"[②]而对被统治阶级来说，它的阶级地位决定了其经济上受剥削、政治上受压迫的命运。正因为如此，国家政权成了全部政治的根本的、核心的问题。各个阶级的全部政治活动最终都是围绕着夺取或维护国家政权展开的，只有掌握了国家政权，一个阶级才能建立自己对整个社会的统治，实现自己的政治

① 戴维·赫尔德：《民主的模式》，中央编译出版社 1998 年版，第 338 页。

② 《马克思恩格斯选集》第 1 卷，人民出版社 1995 年版，第 98 页。

理想,达到维护和发展本阶级利益的目的。

同时,一个社会的政治体系及其运作过程,也会对该社会的阶级关系产生重大影响。阶级矛盾是阶级关系的反映,当阶级关系趋于紧张时,阶级矛盾必然会变得尖锐起来,这时就会出现激烈的阶级斗争,甚至引发革命。当然,从根本上讲,阶级关系和阶级矛盾决定于社会的经济结构,在这一结构的性质发生变化之前,经济关系的性质是不会改变的。但是,我们也必须看到,一个社会阶级关系和阶级矛盾的具体状况,也与政治运作有关。征诸历史,这方面的例子俯拾皆是:具有让步性质的改良政策往往有助于缓和阶级关系和阶级矛盾,而赤裸裸的镇压和专制则势必恶化阶级关系、激化阶级矛盾。

第二节 政党

现代社会政治发展的实践表明,由于政党政治的日益发展,政党在各国政治生活中的地位和作用日渐突出,已经成为与国家不同的、独立于国家的一种权力实体,对社会的政治过程产生着举足轻重的影响。政党的崛起及其对社会和政治生活影响的日益扩大,是近代以来各国政治发展过程中最为令人瞩目的现象。

一、*政党理论概述*

政党是近代社会的产物,它与资本主义的兴起和民主政治的发展息息相关。经济、政治、科技的革命性发展,导致了社会结构的深刻变化,社会的经济基础和上层建筑也随之而发生了根本性的变革。正是在这样一种大的历史背景下,政党脱颖而出,逐渐成为现代社会政治运作的基本构成要素。很显然,市场经济和民主政治是政党产生、存在、开展活动、发挥作用的现实基础。在一个不存在竞争的、专制的国度里,根本没有真正意义上的政党的容身之处。

与其他一些重要概念一样,关于什么是政党,人们也是见仁见智、众说不一。西方学者倾向于把政党与选举、组织政府等内容联系起来把握其内涵,如有的认为政党是为适应选举而建立的政治组织,也有的认为政党是为谋求公职和控制政府的活动与政策而建立的组织等等。而在马克思主义看来,政党最本质的特征是它的阶级性。马克思和恩格斯在《共产党宣言》中明确指出,政党是在阶级基础上形成的,任何政党都是代表一定阶级利益的组织。因此,所谓超阶级政党是根本不可能出现的。所以,马克思主义的政党定义是:一定阶级或阶层中政治上最活跃的积极分子为维护和实现本阶级、阶层的根本利益,旨在取得或维持政权,或影响政治过程而结合起来的政治组织。

当然,这并不意味着,社会上的各个阶级都有代表自己利益的政党组织,或一个阶级只有一个政党。由于各国国情的不同,各阶级内部各阶层、集团之间局部利益上的不同,以及政治态度和价值取向上的差异,一个阶级内部也可能产生两个甚至两个以上的政党。也有些阶级由于自身的或外在的原因,没有代表自己根本利益的政党组织。

政党属于上层建筑,但又不同于国家政权机关,它不是国家机关的组成部分;政党属于社会组织,但又同一般的社会组织有明显的区别;政党代表着一定的社会集团的利益,但又不是利益集团。一句话,政党具有区别于其他各种社会或政治组织的显著特征:

1. 政党是一个阶级根本利益和整体利益的最高代表

一个社会中,除了政党之外,还会有其他各种类型的政治性组织存在,这些组织都代表和反映着某个阶级或阶层的某些方面的利益。政党与它们的区别是,它是一个阶级根本利益的代表。决定一个阶级根本命运的是它与国家政权的关系,以及由此决定的它在社会和政治生活中的地位。政党以夺取和行使、或者影响国家权力为主要的活动方向,这使它有条件和能力去实现、维护阶级的利益。掌握政权的执政党自不待言,处于在野地位的政党也可以通过各种途径和方式影响政府的政策,最大限度地维护本阶级的利益。

政党之所以是阶级的核心力量和根本利益的最高代表,还与它的构成有关。政党不可能是由一个阶级的所有成员组成的,而是由其中最积极、最活跃、最先进的分子所组成。这一点决定了它比普通的阶级群众更了解本阶级的根本利益所在,决定了它更有能力承担起整个阶级委托的使命。马克思和恩格斯在谈到共产党人与普通的无产阶级群众的区别时指出,“他们胜过其余无产阶级群众的地方在于他们了解无产阶级运动的条件、进程和一般结果。”①

2. 政党有明确的政治目标和为实现目标制定的政治纲领

政党不同于一般的社会组织,它的活动领域主要集中在国家的政治生活中,活动方向直接指向国家政权。政党在政治活动中希望在一定时期内达成的结果,便是它的政治目标。根据时限的不同,目标有近期、中期和长期之分。

为实现目标,政党一般都要制定自己的一整套行动纲领,提出治理国家的方案或行动口号。纲领一般包括党的政治信仰、政治主张、政治目标、一定时期内的任务和政策,以及实现这些内容的途径和方法,集中地表达和反映所代表阶级、阶层或社会集团的根本利益和意志。因此,政治纲领是一个政党阶级性质的体现,也是它区别于其他政党的标志。

不同的政党有不同的政治纲领,这是由政党所代表的阶级的不同利益和使

---

① 《马克思恩格斯选集》第1卷,人民出版社1995年版,第285页。

命决定的。政党的一切行动都是围绕实现政治纲领中所规定的目标和任务而展开的。

3. 政党有系统的组织机构和一定的组织纪律

政党要有效地发挥其政治功能,必须建立从中央到基层完整的组织机构体系。通过严密的组织将党员凝聚在一起,形成一支统一的力量,这样的政党才会具有强大的政治行动能力。当然,不同类型和性质的政党,组织化程度和水平也不尽相同,有的结构严密,有的则相对松散。

政党要维持其组织化的存在,需要通过一定的章程和纪律来保证。各类政党都有自己成文或不成文的纪律规定,以约束和规范党员的行为,统一全党的意志,强化党的行动能力和影响力。

一般说来,无产阶级政党有严密的组织体系和严格的纪律规定,这是由它的阶级性质和历史使命决定的。严格的组织纪律有助于提高党的战斗力和政治活动效能。而一些资产阶级政党则结构松散、纪律松弛,如美国的民主党和共和党,党员既无入党手续,也无退党程序,进出自由,随意性很大。当然,也有一些资本主义国家的政党组织还是相当严密的,纪律性也很强,如法国的保卫共和联盟要求党员议员进行效忠宣誓,表示忠于党的目标,如违反投票纪律,就会被开除党籍。

政党现象遍及全球,由于各国的社会性质、阶级关系、文化传统、发展水平等方面的差异,更由于各个政党的阶级基础、历史使命的不同,政党的类型是相当复杂的。按照一定的标准对政党进行适当的分类,是政党理论研究的重要一环。如何对政党进行分类,取决于采用什么标准。国内有学者认为,政党分类应当按以下标准进行:政党所持理念的本质和角色;集权程度;对党员的控制能力;团结性。[①] 国外政治学界对政党分类的标准也众说不一,有的主张,政党应当依据以下四项标准进行分类:谁支持这个政党?党员政策如何?代表党参加竞选的候选人怎样产生?党的目标是什么?[②] 也有的认为,应当根据政党的组织程度和方式、党的选举力量、党所信奉的意识形态来划分政党类型。[③] 总的说来,各种分类方法都有自己的道理,但我们认为,政党划分最重要的标准应当是它的阶级属性。这是因为,阶级性是政党最本质的特征。

---

① 杨光斌:《政治学原理》,中国人民大学出版社 1998 年版,第 196 ~ 201 页。

② Michael Roskin 等,"Political Science: An Introduction", Prentice-Hall, 1997, pp. 211-212.

③ Marcus E. Ethridge & Howard Handelman, "Politics in a Changing World", St. Martin's Press, 1994, pp. 137-145.

二、政党的作用和功能

政党起源于欧美,而后逐渐向全球扩展。在今天的世界上,几乎没有那个国家不存在政党。除极个别情况外,各国的政治活动都通过政党来进行。可以说,政党已经成为主宰各国政治过程的主要因素。政党的兴起及其在国家政治生活中地位和作用的日渐突出,乃是近代以来政治发展中最令人瞩目的现象。

政党政治之所以风行一时,自有其深刻的原因。从根本上讲,是因为它适应了现代社会政治发展的需要,具有保证政治体系正常运行的重要功能,在政治生活中发挥着关键性的作用。从这个意义上说,现代政治就是政党政治。

由于政党的类型相当复杂,它的作用无论内容还是方式,也都不尽相同。在社会主义国家,无产阶级政党是整个社会的领导核心,指导着国家大政方针和基本路线的制定、实施;在资本主义国家,政党是保证资产阶级民主政治正常运转的核心机制。就一般情况而言,政党通常承担着以下一些功能:

1. 联结社会与国家的纽带

用系统论的语言讲,政党是一种重要的“输入装置”,它的功能是使公民的需要和愿望能够被政府所了解。没有政党的代表,单独的个人会显得孤立无助,其愿望、要求也容易被政府忽视。人们之所以会在利益的基础上组织起政党,原因就在于政党作为一种组织能够把单独的个人结合成一个整体,将个人的力量集合起来,从而对政治过程和政府政策的形成产生更大的影响。从这一点来看,政党发挥着联结公民与政府的桥梁的作用,它是将社会与国家连接起来的机制。公民通过参加政党或投票选举某个政党的代表,来间接地影响政治决定。在最低限度上,政党使人们感到自己并不是完全无能为力的。这一信念有助于维持政府的合法性,理由之一是,甚至独裁体制的国家,如纳粹德国,也保留了一个政党的存在。

2. 利益的综合和表达

阿尔蒙德认为,政党是当代社会专业化的利益综合机构,利益综合是政党的一项重要功能,它在体系、过程和政策各个方面都有重大意义。所谓利益综合,是指“把各种要求转变成重大政策选择的功能”。利益综合是一个过程,它是由把各种要求汇合进政策选择并动员支持这些政策选择的资源的过程所组成的。“当一个政党的大会先听取工会和企业组织、种族集团和城市贫民的申述和要求,然后玩弄权术,讨价还价,调和这些互相冲突的利益,使之成为能得到许多人支持的某种形式的政策声明,这时政党就是在进行利益综合。在选举日工作人员和选民动员投票支持某党也是在进行利益综合。”[①]由此看来，政党的利益综合功能就是把各种不同的、甚至相互冲突的利益综合进一个更大的组织中。这一功能有助于减少由于各种利益团体之间的冲突而可能引发的政治混乱和不稳定。

在利益综合的基础上，政党需要将它所代表的阶级、阶层或集团的利益，通过政治目标、纲领和政策等形式反映出来，并在参加竞选、议会党团活动、组织政府执掌政权的过程中实现或部分实现其利益，这就是政党的利益表达功能。充分地实现利益表达功能，是政党赢得民众支持、扩大影响、增强势力的重要前提。

3. 补充政治领导

每一个政治体系都必须有一定的补充政治领导的途径和手段。通过政党补充政治领导的制度化过程，是先进、稳定的政治体系的关键特征。否则，如果没有一种产生新领导人的制度化安排，当现任领导人去世、辞职或被解职时，政府的运行常常会面临危机。在一些国家中，成功的政治人物往往需要通过选举的阶梯逐级攀升，最后才能成为全国性领导职位的竞争者。未来的政治领导人物在进入政府执掌政权之前，需要首先成为党内的精英，然后才可能获得提名，实现其担当政治领导的抱负。

不仅在实行民主政体的国家如此，在一些民主制度尚不发达的国家，政党同样也具有补充政治领导的功能。在这些国家中，政治活动家通常也都是从党的队伍中产生的，那些受到政治领袖赏识、忠诚于意识形态、有才华的人很有可能被选拔出来，担任党内或国家的领导职务。

由于政党在精英形成和政治补充方面具有独特的功能，一些研究者指出了政党政治中存在着“寡头政治铁律”。根据这一规律，政党将日益朝着官僚化和寡头政治结构发展。

4. 制定或影响政策形成

政党作为一定的社会集团的利益代表，追逐国家权力，参与制定或影响政策形成，乃是其不可动摇的活动方向和存在的理由。只有通过参与制定或影响国家的政策，政党才能使自己所代表的利益上升为国家意志，借助于国家政权机关加以实现。这就是为什么一切政党的活动都是围绕国家权力而展开的真正原因。

由于政治体制方面的不同，政党参与制定或影响政策形成的具体途径、方式和策略也不尽相同。如果决策是中央集权式的，那么，政党的目标必定是参加具有全国性影响的联盟。如果实行的是联邦制和地方分权，政党就可能要致力于控制地方政府。如果存在一个权力很大、而且又不是由立法机关选举产生的行

---

① 阿尔蒙德等：《比较政治学：体系、过程和政策》，东方出版社 2007 年版，第 209 页。

政当局,那么,这里便成了政党角逐的中心。相比之下,在一些真正的议会制国家,议会将成为政党活动的中心,这是因为内阁要制定和实施政策,必须控制议会的多数。

5. 动员和社会化功能

现代民主政治的最大威胁,莫过于公民对政治的冷漠。因而,如何激发人们的政治热情和参与兴趣,同样是现代社会政治发展面临的重要课题,在这方面,政党发挥着关键作用。通过竞选活动,政党将分散的单个选民动员和组织起来,使他们作为一个团体介入政治过程。"没有政党的广告宣传,公民不会有多大兴趣关注选举。"[①]在政党形成初期,这种政治动员功能表现得更为明显,许多政党就是从社会运动中发展起来的。

政党的社会化功能和它的政治动员功能密切相关。政党通过动员和组织民众参加选举、出席政治集会、开展各种形式的政治活动,一方面使个人逐渐形成对社会政治生活的基本认识,了解自己的政治角色和政治作用,了解现存体制下的政治"游戏规则";另一方面,也培养着人们的政治价值观和政治态度。所以,政党同家庭、学校、团体、媒介一样,发挥着传播政治文化的重要功能。

6. 政治稳定的功能

对于一些发展中国家来说,在社会转型期如何保持政治稳定,是它们面临的一项重要课题。政治安定需要政府权威来保障,而政府权威又植根于强大的政党力量。著名学者亨廷顿在分析了发展中国家的现代化经历后指出:一个现代化政治体系的安定,取决于其政党的力量。一个强大的政党能使群众的支持制度化。政党的力量反映了大众支持的范围和制度化水平。凡达到目前和预料到的高水平政治安定的发展中国家,莫不至少拥有一个强大的政党。同有强大政党的体系相比,在没有强有力政党的政治体系中,更容易出现暴乱、骚动和其他形式的不安定。[②] 这是因为,在社会转型期,原有的政治秩序逐渐被打破,旧有的社会政治组织逐步丧失了维持政治平衡的功能,而新的政治机制又不可能一夜之间就完备起来,于是强大的政党组织就成了维持变革社会中政治秩序的中坚力量。

三、政党制度

政党存在的目的就是要参与政治,控制或影响国家权力的行使。政党通过何种途径进入政治过程,以什么方式执掌和干预国家权力,这里就产生了一个政

---

① Michael Roskin 等,"Political Science: An Introduction", Prentice-Hall, 1997, p. 206.

② 塞缪尔·亨廷顿:《变化社会中的政治秩序》,上海世纪出版集团 2008 年版,第 341 页。

党制度的问题。换言之，所谓政党制度，是指一个国家在长期的历史发展过程中，在一定的社会、政治、文化环境下逐渐形成的政党参与政治过程、控制和干预国家政权的模式。政党制度对一个国家的政治生活有重大影响，正因为如此，古德诺认为，“要明智地研究政治的功能问题，就必须考察政党体制”①。

关于政党制度，有几点值得强调：其一，政党制度所揭示的并不是某一个政党的存在特征，而是指一个国家中各个政党的相互关系及其活动模式。其二，政党制度所描述的是一个国家中有机会赢得选举的政党的数量和各党之间竞争的程度和范围。一个国家中有多少政党存在，它们之间的关系怎样，必然会对政治体系和过程产生重大影响。其三，在多数情况下，一个国家的政党制度并非是由法律规定好的制度安排，而是历史形成的一种习惯形式。换言之，它是一种“法外制度”。

由于种种因素的影响，各国的政党制度各有不同。决定一国政党制度的变量，不外乎以下几种：一是社会经济结构，这是决定政党制度最终样式的根本因素；二是社会内部各阶级、阶层的力量对比，以及各种政治力量集结或分化组成政党的状况；三是选举制度，是选区制，还是比例制；四是历史传统和特定的国际背景。综观各国的政党制度，大体上分为以下几种类型：

1. 两党制

两党制是指在一个资本主义国家存在两个处于垄断地位而又势均力敌的政党，两党通过竞选而轮流执政的一种政党制度。在实行两党制的国家，并不是说只存在两个政党，而是说在这些国家中，除了两大政党之外，其他政党由于规模和影响都比较小，只能参与或影响政权，不可能单独掌握政权，从而无法打破两党轮流执政的政治格局。

两党制最早起源于英国，后来逐渐流行到一些前英国殖民地或受英国影响较深的国家，如美国、加拿大、澳大利亚、新西兰等国家。其中，英国和美国是两个最典型的两党制国家。西方国家的两党制具有以下特点：第一，两个政党在国家政治和社会生活中长期居于统治地位，基本上把持了从中央到地方的各级国家权力机关。以美国为例，历届国会选举和总统选举及各州议会和州长均为两大政党所垄断，无党派人士寥若晨星。英国在一战前是由保守党和自由党把持政权，战后，自由党逐渐衰落，工党取而代之，从而使英国继续维持两大政党垄断朝政的政治局面。第二，两大政党力量和规模相差无几，形成一种势均力敌的竞争关系。但是，这种竞争并不具有多大的实质性意义。由于两党具有共同的政治和社会基础，虽然在政策倾向上有所差异，但在重大的根本性问题上其立场和政策取向没有任何区别。因而，两党的关系实际上是一种相互补充、相互纠偏的

① F. J. 古德诺：《政治与行政》，华夏出版社 1987 年版，第 16 页。

关系。

2. 多党制

多党制是指在一个国家中多党并立,同时存在着两个以上的政党,各党或单独或联合其他政党参加竞选,由在竞选中获得多数席位的政党单独执政,或联合其他政党共同执政。

多党制起源于法国,以后陆续为大多数资本主义国家特别是西欧和北欧国家所采用。多党制国家具有这样几个特点:第一,党派林立。多党制国家参加议会选举的政党少则三五个,多则十几个、几十个乃至上百个。第二,党派联合。它分为两种情况,一种是共同的利益驱使几个党在竞选活动、执政活动及政治活动中结成联盟,共同对付某个政党;另一种情况是,几个相互对立而又势均力敌的政党,由于都无法获得议会的绝对多数而单独执政,由其中的一个大党联合其他小党组成执政联盟。第三,政府更迭频繁。这是由组成联合政府的政党联盟的复杂性决定的。联合执政的各个政党由于共同的需要暂时走在了一起,但利益基础的差别使它们很难保持长时间的合作,一旦出现政见分歧,各党便可能分道扬镳,导致政府垮台。

3. 一党制

一党制是指一个国家的政权完全由一个政党控制和把持的政党制度。在这种政党体制下,有的国家从法律上完全禁止执政党以外的其他政党的合法存在,有的国家虽然在法律上允许多个政党的存在和活动,但它们无法与执政党争夺或分享政权。

一党制分为两种形式:一是法西斯一党制,以墨索里尼统治下的意大利和纳粹德国为典型代表。法西斯一党制的特点是,实行法西斯党一党专政的极权统治,禁止其他政党的合法存在;对内宣扬愚民政策和奴隶主义,进行赤裸裸的恐怖政治;党政合为一体,党的首领将党政军一切大权集于一身;对外宣扬沙文主义和种族主义,推行扩张政策和侵略战争。二是民族主义国家的一党制,主要流行于二战后获得民族独立的一些发展中国家。如二战后非洲大陆新独立的国家中,大多数选择了一党制或事实上的一党制。到 1990 年初,在 45 个非洲国家中,有 29 个国家实行一党制;有 9 个国家实行多党制,这 9 个国家中,又有 7 个国家长期由一党执政。①

4. 共产党领导的多党合作制

共产党领导的多党合作制是目前我国政党制度的基本形式。这一政党体制的内容是:中国共产党是由宪法明确规定的唯一执政党,是国家和社会的领导核心;各民主党派承认和接受共产党的领导,并作为参政党与执政的共产党一道共

① 刘陆天:《发展中国家的政府权威和政党政治》,《政治学研究》1997 年第 3 期。

同管理国家；执政党与参政党的关系是一种"长期共存、互相监督、肝胆相照、荣辱与共"的新型政党关系。

中国共产党领导下的多党合作和政治协商制度，是中国具体国情的产物，也是在长期的革命和建设过程中逐渐建立和发展起来的。这一政党制度的优点主要体现在：有利于社会主义民主建设，有利于充分调动各方面的积极因素，有利于保持国家的稳定，有利于国家的统一大业。

第三节 利益集团

在当今世界上，大多数组织化程度较高的现代社会中，都有利益集团的存在和活动。利益集团是阶级和国家之外的又一种对社会政治生活产生重大影响的社会集团。在一些西方国家中，尤其是美国，利益集团在多元化的决策程序中起着独特的作用，这种作用不仅是当代美国政治的一大特色，而且也构成了美国政治体系不可分割的有机部分。即使在实行高度中央集权的国家，也会静悄悄地形成一些利益集团，这些利益集团也会以各种形式对国家政策的形成施加影响。[①]

一、利益集团的含义

何谓利益集团，人们的表述不尽相同。戴维·杜鲁门指出，利益集团是指"一个持有共同态度并对社会上其他集团提出某种要求的集团"。[②] 罗伯特·达尔则认为，"从最广泛的意义上讲，任何一群为了争取或维护某种共同利益或目标而一起行动的人，就是一个利益集团"。[③] 阿尔蒙德的定义是，利益集团"仅仅是指因兴趣或利益而联系在一起，并意识到这些共同利益的人的组合"。[④] 也有的学者认为，利益集团是"一种试图影响对其成员有重要意义的某个领域公共政策的组织"。[⑤] 以上有关利益集团的各种定义，尽管在文字表述上有所不同，内容方面却没有大的区别。概括说来，第一，利益集团是一定个人的集合体；第

① 参阅 H. G. Skilling & F. Griffiths, "Interest Groups in Soviet Politics", Princeton University Press, 1971.

② David B. Truman, "The Governmental Process", New York, Knopf, 1971, p. 37.

③ Robert A. Dahl, "Democracy in the United States", Boston, 1981, p. 235.

④ 阿尔蒙德等：《比较政治学：体系、过程和政策》，东方出版社 2007 年版，第 180 页。

⑤ Marcus E. Ethridge & Howard Handelman, "Politics in a Changing World", St. Martin's Press, 1994, p. 150.

二,这些集合在一起的个人具有共同的利益要求和愿望;第三,他们集合在一起的目的是为了表达、维护和促进共同的利益。所以。利益集团是人们为表达和实现共同的利益而结合在一起的社会团体。

从人类社会发展的角度而言,利益集团是一个历史的范畴。在不同的社会历史条件下,利益集团具有不同的内容。人类社会最初的利益集团是基于一定的血缘关系和地域范围而形成的原始人群体。随着社会分工和私有制的发展,社会的利益分化进一步加剧和复杂化,出现了各种不同性质和类型的利益集团。其中,阶级、阶层是阶级社会中最稳定的利益集团。利益集团所追求的利益可能是特殊的,也可能具有广泛的社会意义。由于各个利益集团追求的利益性质不同,它的活动范围和形式也不一样。因此,利益集团不是一个纯粹的政治性概念。但是,利益集团要想实现它的存在目的,又必须与国家权力发生某种关系,关注并致力于影响政府政策的制定和实施。从这个意义上讲,任何利益集团都是潜在的政治性社团,离开现实政治斗争去研究利益集团的活动和实质是不可能的。

利益集团与人们经常提到的“压力集团”、“院外活动集团”,在内涵上没有什么区别,只是由于场合的不同,使用上的不同而已。当利益集团成为政治角色而企图影响公共决策和公共权力,使自己的特殊利益获得实现的时候,它就成为压力集团。所谓院外活动,其本来意思是指利益集团的代理人在议会走廊或门厅(Lobby)里对议员进行游说,以影响其投票行为。今天,院外活动这一术语已经被人们在更为广泛的意义上使用,泛指对国家各种权力机关施加影响或压力的活动。这样,院外活动集团就成了和压力集团、利益集团含义一致的术语。

利益集团在某些方面与政党有些类似,利益集团产生的目的,就在于通过联合为集体来更好地促进和维护团体成员的利益;而政党的存在价值,也在于维护和实现它所代表的阶级、阶层或集团的利益。从这一点来看,政党也属于利益集团的范围。但是,二者毕竟不属于同一类型和性质的组织,因而,区别也是十分明显的。

首先,从目标上看,政党的活动目标在于夺取或掌握政权,而利益集团则仅仅致力于影响公共政策和公共权力,它本身并不图谋组织政府。所以,政党千方百计地力图使自己的党员或候选人进入政府或议会;而利益集团的活动仅止于游说决策者或议员,使之制定与本集团利益相一致的政策和法案。当然,有些利益集团是为了某一个具体的政治目标而形成的,但多数利益集团的目标都是非政治性的。

其次,从成员构成来看,绝大多数政党都希望获得尽可能广泛的支持,以赢得选举。因此,政党必然要把各种具有不同利益倾向和背景的人吸纳到党的队伍中来,其成员结构比较复杂。与政党相比,利益集团的成员具有更多的共同性，成员结构相对简单，例如，工会的成员大多都有着基本相同的工作和生活条件，类似的教育和文化背景。

再次，从组织数量上看，由于政党的存在价值和目的就是为了夺取、掌握、行使国家权力，这一性质决定了在一个国家内不可能存在大量的政党。残酷的政党竞争也执行着优胜劣汰的不二法则，一些势单力薄的小党受大党的排挤，逐渐退出竞争舞台，自生自灭。即使在多党制国家，政党的数量至多也不过几百个。利益集团则情况不同，只要有利益差别，就会造成不同的利益集团。而且，随着利益的日趋分化，利益集团的数量将有增无减，无限膨胀。在当今各国，尤其是资本主义国家，存在着名目繁多、种类复杂，数量庞大的利益集团。

二、利益集团的分类

对活跃在社会政治生活中形形色色、名目繁杂的利益集团进行分类，有助于我们加深对它的认识和了解。由于研究者角度及所持标准不同，形成了各种不同的分类方法。较有代表性的分类方法有：

1. 按利益集团的组织程度划分

这种划分方法以阿尔蒙德为代表，他认为，从组织的角度出发，利益集团可分为四种类型，即非正规性利益集团；非社团性利益集团；机构性利益集团；社团性利益集团。[①]

非正规性利益集团是指在突发事件中形成的运动性或骚乱性群体，它通常以不满或抗议的形式自发地表现出来，出现得快，消失得也快。非正规性利益集团的突然形成，一个重要的原因是，社会中各种成分缺乏有组织的集团，或无法通过现存的有组织的集团充分代表自己的利益。这时，一个偶然的突发事件便会触及人们蓄积的不满，使具有潜在利益的人们迅速行动起来。非正规性利益集团的特点是，它没有形成促进本身利益和保持其连续性的专门角色。

非社团性利益集团也没有一个专门的组织，但与非正规性利益集团不同的是，它是建立在共同意识到的种族、语言、宗教、地区和职业利益的基础上的，或者是以家族关系和血统关系为基础形成的。由于这些持续的经济和文化联系，它比非正规性利益集团有更多的利益连续性。非社团性利益集团又分为两种情况：一种是人们具有共同利益，但还没有按社团或机构的方式有效地组织起来；另一种是较小的、面对面的宗族关系、血统、经济或种族集团，这里也存在长期连续性以及只是间断性的专业化利益表达。

机构性利益集团存在于立法部门、行政机构、政党、公司、军队、教会组织之

① 阿尔蒙德等：《比较政治学：体系、过程和政策》，东方出版社 2007 年版，第 182 页。

中。除了正式的组织程度较高以外,这类利益集团的特征与面对面的亲属关系和血统集团多少有些相似,其他的社会交互作用网被用来提供一个可以付诸应用的组织基础,并可能提供在政治舞台上表达要求的共同利益。机构性利益集团的组织基础,为其提供了许多资源和接近权力的机会,因而,它们的特殊利益要求就特别容易表达出来,并能够较少障碍地得到实现。例如,政府的某些职能部门或某一级地方政府,常常充当所属部门或所在地区的利益表达者。

社团性利益集团是从事利益表达的专门机构,它们是为了表达某些特定集团的目标而专门建立起来的。这类利益集团的组织,有一批专职人员集中致力于利益表达目标的专业化工作,此外,还有制定利益和要求的工作程序。与其他的利益集团相比,社团性利益集团的组织基础使它们具有更为有利的条件,使它们能够在公共政策制定和执行的日常过程中监护本集团的利益。在现代社会中,这类组织十分普遍,它们相对具有公开表示目标和提出要求的合法性。由于其在利益表达方面的重要性,社团性利益集团越来越引起人们的关注和重视。

2. 按利益集团所代表的利益背景划分

顾名思义,利益集团是建立在共同利益基础上的人的集合体,不同的利益集团代表着不同的利益要求。因此,按利益背景进行划分,是利益集团分类的一种重要方法。在西方国家,尤其是在利益集团比较活跃的美国,对社会政治生活影响较大的利益集团主要有以下几种:

(1) 工会组织。工会的主要任务是代表会员处理与资方的关系,通过谈判、组织罢工等形式维护和促进工人的权益。同时,工会组织也常常会涉足政治领域,对政治决策过程施加影响和压力,推动议会制定和通过有利于劳工的法案。工会组织比较关心的问题主要有:就业、最低工资、工作时间、劳动安全、社会保障、养老金计划、价格控制、民权等。就工会组织与政治体系的关系而言,它施加政治影响和压力的形式和手段一是进行院外活动,对政府官员和国会议员进行游说;二是为参加竞选的候选人和政党提供竞选资金和大量的选票。在一些国家,比如美国,工会组织已经成为任何参加竞选的候选人和党派丝毫不敢忽视的左右选举结果的重要因素。

(2) 工商界团体。在西方国家,这类组织历史悠久、实力雄厚,影响极大。它们的主要任务和目标是,通过影响政治过程来维护和促进本行业的利益。例如,在 20 世纪 50 年代,科学研究开始揭示吸烟对人体的危害,这一研究成果向人们暗示,总有一天会有专门的法律限制吸烟以及香烟的销售和广告。美国烟草业的企业主们对这一政府行动前景的第一个反应,是于 1958 年建立了烟草工业协会。该组织的任务之一是向公众传播有关烟草业的历史作用、它在经济中的地位等方面的信息,改善公众对烟草工业的理解。同时,动员组织行业力量进行院外活动,力求阻止不利于烟草业的政策和法案出台。据统计,截止到

1986年,美国各州立法机构审议的反吸烟的560项议案中,几乎90%未能通过;国会审议的160项相关议案中,没通过一项较为重要的提案。[①] 工商界利益集团的影响力由此可见一斑。

(3) 公共利益组织。这类组织所关心的不是某种具体的经济利益,而是对整个社会具有普遍价值的公共问题,如环境保护、消费者权益、人权保障、健康保险、人类生活质量的提高等。战后以来,公共利益组织在西方国家日益增长,成为影响公共政策的一支重要力量。

(4) 种族、妇女、宗教利益团体。这类团体主要致力于为某一性质的群体利益而斗争。如在妇女运动中产生的妇女利益团体,它的主要目标就是实现性别平等,提高妇女的社会地位,维护妇女的合法权益;种族利益团体的任务则是反对种族歧视、追求种族平等,维护少数族群的利益。

除了以上两种划分方法以外,对利益集团还可以根据其他一些标准进行分类,比如,以社会性质为标准,利益集团可分为社会主义国家的利益集团和资本主义国家的利益集团;以利益集团与政府和政党的关系为标准,可将其分为竞争性利益集团、合作性利益集团、非自主性利益集团和桥梁性利益集团等。

三、利益集团的运动形态

利益集团存在的目的就在于通过影响公共权力和公共政策,来维护和促进所属群体的利益。利益集团为达到自己的目的所采用的方式和手段,便是它的运动形态。通常,各种利益集团的运动形态,不外乎以下几种:

1. 进行院外活动

院外游说活动是各种利益集团影响政治过程的最主要、也是最直接有效的方式。它的基本内容是,利益集团通过其代理人对国会议员和政府官员的游说活动,来影响立法过程和行政决策。从事院外活动的利益集团代理人,大多是受其雇佣的职业游说者,他们包括律师、公共关系专家、退休官员、离任议员等。院外活动人士的工作内容首先是建立和维持同议员们的联系渠道,如举办社交聚会、鸡尾酒会、提供免费旅行、赠送礼品等。实际上,议员本身也愿意同这些利益集团的代理人保持联系,尤其是对那些企图连任的议员来说,同院外活动人士的合作是至关重要的。友谊的建立和联系渠道的形成,使院外活动者能够面对面地进行游说活动,陈述他们的观点和立场,寻求立法者和政府官员的支持。其次,出席国会各委员会和小组委员会的公开听证会,也是院外活动的重要内容。在听证会上作证,阐述利益集团的主张,散发宣传材料,以影响国会的表决过程

① 参见 A. L. Fritschler, "Smoking and Politics", Prentice-Hall, 1989.

和结果。再次,院外活动者还负有了解立法机构中事态发展相关信息的使命,提醒所代表的集团在适当的时间采取相应的行动。

2. 影响公众舆论

公众舆论本身就是一种强大的压力,即使是专制国家,统治者也绝不可能完全置舆论于不顾,一味地倒行逆施。在民主体制下,如果能够获得公众舆论的支持,利益集团将会很轻易地说服立法者和政府官员作出对他们有利的决定。因此,通过各种途径和方式影响公众舆论,就成了大多数利益集团主要的运动形态之一。利益集团通常会投入大量的时间和金钱进行公关活动,宣传它们的观点和主张,解释它们的政策,以推动舆论的形成,影响舆论的走向。利益集团公关活动的另一个任务,是建立、维持或改进自身在公众中的形象,以争取公众对它的理解和支持。利益集团公关宣传活动的主要目的,是为它们最终影响公共政策和公共权力营造一个良好的舆论氛围和社会心理基础。如20世纪六七十年代的美国,反战团体通过刊登反战广告、召集群众大会、组织募捐、策动罢课、组织示威游行的方式,激发公众的反战情绪,在社会上形成了日益强大的反战舆论,最终成为促使尼克松总统决定结束战争的重要因素。

3. 影响选举

以种种方式影响选举过程和结局,也是利益集团一种重要的活动形态。利益集团影响选举的主要方式有:为竞选者提供资金;为竞选者做宣传,以影响舆论和选民的投票倾向;为竞选者提供志愿者和其他有关服务。这样做的利益回报是,一旦所支持的候选人当选,他们势必会在立法或行政过程中更倾向于一度支持过他们的利益集团。

反过来,对于参加竞选的候选人来说,利益集团的支持也是他们竞选成功的重要条件。在当代资本主义国家,重要的选举所耗费的金钱难以计数,利益集团的捐助正好满足了候选人的资金需要,双方可谓一拍即合,利益互补。

为了对选举实施影响,许多利益集团都设有"政治行动委员会"这类的机构,专门负责处理相关事务。据统计,1978年全美共有政治委员会1 360个,所提供的竞选资金高达3 510万美元。[①] 这笔庞大的资金,无疑会极大地影响选举过程和结果。

四、制约利益集团影响力的相关因素

一个社会中存在着大量的利益集团,但各个利益集团的政治影响力并不一样,甚至相差悬殊。造成这种情况的因素主要有:

---

① 吴首天:《美国政治压力集团的演变、运动形态及种类》,《政治学研究》1988年第2期。

1. 规模。一般来说,规模越大的利益集团,影响力也越大。规模大,意味着团体的人数众多,这本身就是决定利益集团力量的重要资源,也是它们影响选举过程的重要砝码。在社会和政治生活中,规模庞大、人数众多的团体所发出的声音,是任何政治力量都不敢忽视的。即使是举行集会、游行,也是人数越多,影响越大。当然,规模只是决定利益集团政治影响力的因素之一,一个团体影响力的大小,还有赖于它的其他一些特征。

2. 团结性。一个利益集团,如果内耗不断,缺乏凝聚力,即使它有充裕的资金、较高的社会地位,其影响力也会大打折扣。所以,内部的分裂必然会严重地削弱一个团体的行动能力。分裂的团体难以发出统一的声音,更不会得到来自立法和行政系统的积极回应。

3. 领导。领导也是导致利益集团影响力差异的重要因素。好的领导有助于所在团体在公众中树立良好形象,有助于和政治系统的有效沟通,也有助于吸引更多的成员和维持团体的统一与团结。所以,在其他资源不变的情况下,好的领导更有利于利益集团的成功。

4. 社会地位。在一个社会中,人们对不同的职业有着不同的评价,有些职业受人尊敬,有些则不然。这样,以共同职业为基础而形成的利益集团,在社会声誉、社会地位方面也就有了差异。而不同的社会地位又会在很大程度上影响到一个利益集团的政治影响力。

5. 经济状况。经济状况虽然与社会地位有一定关系,但却是另外一个因素。金钱本身就是一种重要的资源。财力充沛的利益集团会有更多的机会、更大的能力、更丰富的资源开展活动,如竞选捐款、院外游说、广告宣传等。可见,对利益集团而言,金钱虽然不能产生权力,但可以帮助它们影响权力。

第十一章

市民社会与政治国家

无论在理论上还是在实践上，国家与社会的关系始终是人们十分关注的一个重大命题。中国市场取向的经济和政治改革，实质上包含着调整并重新确立国家与社会关系的深刻内容。改革使旧的计划经济体制下的那种带有强烈传统色彩的全能主义政治国家模式开始动摇，无所不在、高度集中的政治权力逐步收缩并趋于分化，社会力量逐渐生成、壮大，并开始具有越来越大的活动空间和能量。由此，国家与社会的关系在新的历史条件下重新整合并寻求新的平衡。

市民社会理论的核心，正是国家与社会的关系。它所关注的焦点，是如何划分"公共领域"与"私人领域"的合理界限，以及国家与社会之间任何保持适度平衡和确立一种建设性互动关系。

第一节　市民社会理论概述

市民社会自从古希腊时代出现以来，经历了文艺复兴和启蒙运动时代，后经黑格尔，直到马克思才揭示了市民社会与国家的真实关系。从社会结构看，真正意义上的市民社会，是伴随着资本主义的兴起逐渐成长起来的。市民社会的形成具有十分重要的历史意义。

一、*市民社会概念的由来*

"市民社会"（Civilis Socictas）一词来源于拉丁文，其历史渊源最早可以追溯到古希腊时代，亚里士多德在《政治学》一书中就曾使用过这一名词，用来指城邦作为一种依宪法而建立起来的独立自足的社会团体的性质。[①] 实际上,亚里士多德这里所说的市民社会指的就是城邦国家。古希腊时代,城邦既是国家又是社会,当时还不存在政治国家与市民社会的区分。

按照安东尼·布莱克的解释,“市民社会”一词的含义最早是由西塞罗于公元1世纪提出的,用来指业已发达到出现城市的文明政治共同体的生活状况。14世纪以后,市民社会概念开始为越来越多的人所使用。当时的欧洲人继承了西塞罗的用法,用“市民社会”一词来表示不同于野蛮人和前城市文化的商业城市文明。[②]

到了文艺复兴和启蒙时代,随着近代资本主义的兴起,市民社会理论应运而生。“市民社会”概念开始具有了新的含义,用来指与“自然状态”相对的社会状态。在洛克那里,市民社会是“指由货币经济、在像自由市场一样的地方随时发生的交换活动、给开化而聪明的人带来舒适和体面的技术发展,以及尊重法律的政治秩序等要素构成的一种日臻完善和日益进步的人类事务的状况。”[③]洛克虽然意识到了政治领域和非政治领域的区别,但在他的观念中,二者都属于市民社会。

在近代西方思想界,黑格尔是最早将政治国家与市民社会进行明确区分的重要代表人物。他认为,契约论思想家所阐述的国家理论,存在着一个根本的缺陷或错误,这就是它混淆了国家与社会的根本区别。契约论者所谓通过契约建立起来的共同体,其实并不是真正的“政治国家”,而只是“市民社会”。这种市民社会是人们基于私人利益的一种联合,是人们为物质生活需要而相互依赖的制度。所以,它只是一种形式上的共同体。黑格尔虽然正确地区别了市民社会与政治国家,但在二者的关系上却陷入了唯心主义的泥潭。他把国家看做是绝对自在自为的理性东西,是人类社会生活关系的最高、最完美的形式。国家高于市民社会,是决定家庭和市民社会的力量,家庭和市民社会的存在必须以国家为前提,从而完全颠倒了二者的现实关系。

马克思在使用市民社会概念时,继承吸收了黑格尔的用法,用以指称私人利益关系领域。马克思和恩格斯在《德意志意识形态》一文中指出:“在过去一切历史阶段上受生产力制约同时又制约生产力的交往形式,就是市民社会。”他们认为市民社会这一名称“始终标志着直接从生产和交往中发展起来的社会组织。”[④]在市民社会与国家的关系上,马克思彻底批判和否定了黑格尔的唯心主

① 亚里士多德:《政治学》,商务印书馆1981年版,第1页。

② 《布莱克维尔政治学百科全书》,中国政法大学出版社2002年版,第132页。

③ 《布莱克维尔政治学百科全书》,中国政法大学出版社2002年版,第132页。

④ 《马克思恩格斯选集》第1卷,人民出版社1995年版,第87~88页。

义观点，指出不是国家产生市民社会，恰恰相反，而是市民社会决定国家，强调市民社会"在一切时代都构成国家的基础以及任何其他的观念的上层建筑的基础，"[①]从而揭示了市民社会与国家的真实关系。市民社会决定国家的理论是标志着唯物史观开始诞生的第一原理，它在唯物史观的形成过程中，占有十分重要的地位。

进入20世纪以后，随着国家垄断资本主义的发展，古典自由主义所主张的政府不干预经济的传统模式受到动摇，逐渐发展为国家对经济事务的全面干预。这样，在新的历史条件下，资本主义国家与社会的关系需要在新的基础上寻找新的平衡。因此，市民社会理论依然受到当代思想家的热切关注。葛兰西便是继马、恩之后又一位对市民社会理论进行过深入研究并作出了重大贡献的马克思主义理论家。葛兰西主张重新理解市民社会，他把市民社会界定为在一切文化领域中散布统治阶级意识形态论的组织和技术手段。这样，市民社会首先就具有文化的功能，并且通过统治阶级的领导权表现出"国家的伦理内容"。[②] 法兰克福学派的重要代表人物哈贝马斯也曾对市民社会理论进行过深入研究，他认为，市民社会是独立于国家的私人领域和公共领域。私人领域指以市场为核心的经济领域，公共领域指社会文化生活领域。他主张重建非商业化、非政治化的公共领域，恢复市民社会中私人自由、自主和自治，使人在自主的交往中确立自身的意义和价值。

当代西方学术界对市民社会概念的界定，基本上沿用了哈贝马斯的模式，即主要是指与政治国家相对应并独立于政治国家的社会公共生活领域，它由一系列民间自治的非政治组织和团体所构成。胡安·林茨和阿尔弗雷德·斯特潘的观点代表和反映了西方学术界的主流看法。他们认为，市民社会指的是政治体的某个场所，自我组织、相对自主的团体、运动和个人在这里表达价值要求，建立社团和联盟，推进他们的利益。市民社会可以包括各种社会运动和来自各个社会阶层的社团。而政治社会所指的场所是，政治行为者为公共权力和国家机器的合法控制权而展开争夺的地方。[③]

纵观市民社会概念的演变过程，我们可以将这一概念的基本含义总结如下：市民社会是指对应于政治国家的社会公共生活领域，是一种独立于政治国家的由各类自主、自治、合法、非政治的民间组织和团体构成的社会力量。

---

① 《马克思恩格斯选集》第1卷，人民出版社1995年版，第131页。

② 戴维·麦克莱伦：《马克思以后的马克思主义》，中国社会科学出版社1986年版，第255页。

③ 胡安·林茨、阿尔弗雷德：《走向巩固的民主制》，猪口孝等编：《变动中的民主》，吉林人民出版社1999年版，第60页。

二、市民社会的形成

“市民社会”与一般意义上的“社会”,是完全不同的两个概念。社会是人群按照某种关系形式的结合,只要有人群的地方就有社会,政治权力王国属于整个社会体系的有机组成部分。而市民社会则是在社会发展的基础上成长起来的,它的形成需要进一步的条件。换言之,“社会”是始终存在的(当然,它也要以人类的诞生为前提),市民社会则是人类社会发展到一定阶段的产物。市民社会得以产生的根本前提,是社会能够生长出一个独立于国家权力的公共生活空间,实现社会与国家一定程度的分离。

在古希腊时代,城邦既是国家又是社会,不存在政治国家与市民社会的区分。在中世纪的欧洲,政治国家与市民社会仍未实现分离,二者之间没有明确的界限,而是高度重合的。在当时的历史条件下,由于政治权力无孔不入,渗透于社会生活的各个领域,根本不可能产生一个独立于国家权力控制之外的社会生活王国。正如马克思所说:“在中世纪,财产、商业、社会团体和人都有政治;国家的物质内容是由国家的形式设定的。每个私人领域都具有政治性质,或者都是政治领域;换句话说,政治也就是私人领域的性质。”[①]中世纪的东方社会,情况大致相同,甚至有过之而无不及。市民社会与政治国家呈现出高度重合的特点。

真正意义上的市民社会,是伴随着资本主义的兴起逐渐成长起来的。在商品经济条件下,社会的经济生活必须遵循市场规则,符合市场规律,方能得以正常运行。政治权力对经济生活的硬性和过度干预,势必妨碍市场机制功能的正常发挥,影响经济的健康成长,从而损害某些社会集团的利益,激起社会的反弹。所以,市民社会只能是资本主义时代的产物。

首先,资本主义市场经济的发展,奠定了市民社会与政治国家分离的经济和社会基础。市场机制的确立和经济的发展,导致了社会结构的日趋分化和利益的多元化,不同的人群受利益驱动必然会走向联合,以加强同国家讨价还价的力量,寻求来自国家的让步、妥协和正义,更好地维护和促进自身的利益。“城市化、工业化、识字率的增加,通讯的日趋便捷促进了越来越多的人在工作与家庭生活以外的背景下建立联系,找到相互之间的共同利益,并能够利用宪法保障的言论、集会和结社自由与志同道合者密切合作以促进这些利益。”[②]市场经济的发展也拓宽了市民社会的活动空间,使个人和组织能够在一定程度上摆脱政治

---

① 《马克思恩格斯全集》第3卷,人民出版社1995年版,第42页。

② G. Poggi, “The State: Its Nature, Development and Prospects”, Polity Press, 1990, p. 62.

权力的束缚,从而造就了生气勃勃的市民社会力量。

其次,资产阶级政治革命和资本主义民主政治的发展,从制度上为民间组织的产生、活动提供了空间和保障。资本主义政治进步的主要表现之一,是它彻底解除了束缚人身自由的种种超经济强制,从法律上确立了公民的基本政治权利。人身自由、言论自由、结社自由等权利的实现,以及宪政体制的建立,为社会生活一定程度的自治创造了前提,从而使国家与社会的分离成为可能。没有充分的结社自由,就不会有发达的公民自治组织;没有发达的公民自治组织,就不会有健康的市民社会。

再次,技术方面的进步为社会生活的组织化创造了客观条件,使人们之间的广泛联合与统一行动具有了现实基础。交通、通讯技术的发展,大大加强了人们之间的联系和相互影响,使具有相同地位和共同利益的人群能够通过快捷、方便的信息沟通形成共识、产生联合并采取集体的行动。所以,离开技术进步这个条件,作为市民社会主要标志的民间自治组织的大量出现是不可想象的。

市民社会的产生具有十分重要的社会历史意义。

第一,市民社会的出现,意味着社会结构的重大变化。随着市民社会的产生,传统的国家与社会的关系发生了变化。分散的个人通过某种纽带,以某种方式结合为市民社会,这一方面使得社会生活进一步组织化,另一方面也为个人参与社会、表达利益和要求提供了有效途径。由于强大的社会中间力量的兴起,社会运行机制必然会发生相应的变化,这就要求有新的制度安排来适应它。

第二,市民社会的兴起,必然会对社会的政治进程产生重大影响,对原有的政治体系及其运作模式提出挑战。人们普遍认为,市民社会是现代民主政治产生、发展、巩固的重要基础,也是民主体制正常运行的必要条件,它一方面为民主政治的发展提供强大的动力,另一方面还能有效地监督和制约国家权力的无限膨胀。有关市民社会与民主政治的关系在第三节作专门的论述,这里就不多谈了。

第三,市民社会的自主、自治有助于降低统治成本,缓解政治国家的压力。市民社会的兴起,使许多原属国家的功能转移到了民间,国家无须再直接面对社会生活中的所有矛盾和问题。这意味着市民社会在替代国家部分管理职能的同时,也承接了其中的责任。而且,由于市民社会的缓冲作用,统治上层的变动不会对社会生活产生太大冲击。这对于保持社会的秩序与稳定,无疑具有十分重要的意义。在市民社会发展缓慢、政治权力的影响无所不在的地方,政治的不稳定会直接导致社会的动荡;而在市民社会相对发达的国家,政局的动荡并不会对社会秩序与稳定构成直接威胁。

第二节 市民社会的特征和类型

市民社会是一种介于个人与国家之间的中间现象,存在于社会的公共生活领域。因此,市民社会不包括个人和家庭生活,也不包括纯粹内向型的团体活动,如健身和娱乐性组织。同时,营利性的企业或活跃于政治生活中的政党一类的政治组织,也不属于市民社会的范畴。根据不同的标准,市民社会也有不同的类型划分。

一、*市民社会的特征*

一般而言,市民社会具有以下几个方面的特征:

1. 组织化

市民社会首先是一种组织化的社会生活,换言之,它是一种独立于政治国家的有组织的社会力量。组织化乃是市民社会区别于社会这一概念的根本特征。所谓组织化主要是指市民社会的主体并非单个的个人,而是社会公众以组织、社团、运动、集会等形式的结合。市民社会的意义和功能在于:它是社会大众以集体行为的方式在公共领域表达他们的利益、诉求、感情,交流信息,与政治国家产生互动,致力于改进国家的结构和功能,督促政府官员尽忠职守。所以,市民社会所追求的并非是个人的利益,而是公共的目标。它反映的是来自民间的集体努力。正是在这个意义上,市民社会成了联系个人与国家的中介。

分散的、非组织化的个人不能称之为市民社会,因为它无法构成一种与政治国家相抗衡、相对应的力量。来自个人的分散努力,难以形成统一的集体意见,无法形成强大的社会压力,因而也就难以触动统治精英的感觉神经。市民社会将分散的个人资源和能量加以整合,使民间零散的呼声通过组织的方式转化成公共建议,如此便有力地强化了社会与国家之间的联系与互动。所以,组织化可以被看做是市民社会的第一要旨。

市民社会中的组织,并非都是严格意义上的有固定章程和严密结构的正式组织。所谓组织化仅仅是强调市民社会的主体是某种形式的个人的集合体,有时可能只是指个人的简单集合,如集会、游行、示威等形式的临时联合。即便如此,市民社会的产生仍旧是历史的产物。

2. 自主性

市民社会作为一个与政治国家相对应的范畴,自主性是它的根本特征。自主性所强调的是市民社会组织的独立和自治,即它们的产生、维持和活动均不受政治国家的控制和操纵，而是独立于政治系统控制之外的民间力量。惟其如此，市民社会的价值和功能才能得以体现。作为社会系统的重要平衡力量，自主性是市民社会对政治国家和统治精英进行有效制约和监督的根本保证，同时，也是它弥补、延伸、替代政治国家某些职能的必要条件。

市民社会的自主性表现在以下几个方面：第一，市民社会的组织和团体既不属于也不依附于任何国家权力机构，独立运作，自我管理。第二，市民社会组织的产生，不是政治力量策划或操纵的结果，而是具有相同利益和共同要求的一群人为维护和促进他们的利益，实现共同的目标自发而生的产物。第三，市民社会的组织完全是或主要是靠自筹经费，如来自民间的志愿捐款、成员的会费等维持日常的活动。经费独立是保证其自主地位的重要条件。市民社会组织的成员可以自由地进入或退出组织，他们参加组织的活动完全是出于自愿，不存在任何形式的强迫。

3. 非政治性

非政治性是市民社会区别于政治社会的重要特征，也是市民社会组织不同于政党的基本原因。非政治性意味着市民社会组织并不追求总体性的政治利益，并不谋求控制和行使国家权力，这是它同一般的反对党或其他一些政治团体的根本区别。相反，市民社会组织远离政治权力王国，它们的活动方向和目标在于表达、维护、实现局部的社会公共利益。市民社会的某些组织和团体，其活动领域或涉及的问题可能具有强烈的政治色彩，如民间的反战团体、人权组织、选举监督机构等。但它们的活动仅仅局限于各自的领域，追求局部而非总体的目标，更没有任何谋求权力的政治目的，因而并未改变其市民社会的属性。这同反对党借此类问题攻击执政党以求取而代之的初衷有着本质的不同。

当然，市民社会组织的目标有时可能同某个政党的纲领、政策相吻合，形成暂时的一致，甚至结成同盟，并肩战斗。但只要这种同盟是非战略性的、暂时性的，市民社会组织也并未因此而被政党所控制，那么，它依旧属于市民社会的范畴。

4. 公开性与合法性

市民社会虽然是一种与政治国家相对应的社会力量，但它并不寻求同政治国家的全面对抗，更无意推翻现存的政治结构，相反，市民社会组织认同国家权威的原则和法律规则，在法律范围内活动。而且，它的繁荣和安全有赖于制度化的法律秩序的保护。也就是说，市民社会以公开、合法的形式开展活动，追求自己的目标。这就使它同民间的一些秘密社团、黑社会组织从根本上划清了界限。

市民社会以维护和促进公共利益为宗旨，因而它不会主动寻求同政治国家的对抗。只有当国家的某些政策或施政行为不能有效地保护甚至侵害了公共利益时，或者当政治国家超越了政治权力的边界范围，侵犯了市民社会的自由和权利时,二者才可能发生对抗。但这种对抗仅仅局限于某项具体的政策或某个具体的问题,而非全面的、根本性的对立。就市民社会而言,它会动用各种合法的资源,以种种合法的手段、方式,如集会、游行、征集签名、院外游说等来动员舆论,向国家施加压力,督促其修改完善政策,改变施政行为,或作出某种让步、妥协,以求得问题的制度内解决。所以,市民社会的存在并不会削弱政治国家的权威。相反,"它们还通过提供新的方法表达政治利益来提高民主政治的合法性。"①市民社会中一些组织的功能活动,能够在一定程度上有力地加强和补充政治国家的某些功能,如民间的反犯罪团体、反毒品组织、环境保护组织等,其活动方向与政治国家追求的政策目标本质上并无二致。另一方面,政治国家还可以通过市民社会这一中介,及时了解、掌握公众的意愿、要求、呼声、希望,并作出相应的积极反应,保持国家与社会之间的良性互动。

二、市民社会组织的分类

市民社会的主体包括了一大批正式和非正式的组织,以及活跃于社会生活各个领域的各种团体、协会、运动、群体等形式的人的集合体。大致说来,市民社会组织可划分为以下一些类型:

1. 经济类组织。主要指各种生产性和商务性组织,包括那些旨在维护和促进部门利益、协调行业内部关系的各种行业协会、联盟及致力于推进社会经济结构改革、调整不同部门、地区和人群之间的经济利益和关系的各种运动、团体、同盟等。

2. 文化类组织。主要指各种宗教性和伦理性组织、团体及其他旨在维护集体权利、价值、信仰、理念、符号、生活方式的社会团体。文化性组织的存在,对于促进社会文化的多元发展,保护社会大众的思想和信仰自由,具有十分重要的意义。

3. 教育和信息类组织。这类组织包括各种致力于生产和传播(出于营利或公益目的)知识、思想、新闻、信息的团体和组织。这类民间组织的存在,有助于打破政治国家和统治精英对信息与思想的垄断和封锁。而信息的自由流动乃是现代民主政治发展的重要条件。

4. 发展类组织。主要指各种致力于社区建设的组织和团体。它们通过集中个人的资源和能力,推进社区的基础设施建设,改革和完善社区的公共机构,提高社区居民的生活品质。这类组织对于推动社区的发展,实现社区生活的自

---

① 拉里·戴蒙德:《民主政治的三个悖论》,刘军宁编:《民主与民主化》,商务印书馆1999年版,第130页。

治管理方面,发挥着重要作用。

5. 问题引发的组织和运动。这类组织的产生,根源于某些社会问题的存在,如民间的环境保护组织、消费者权益保护组织,以及妇女、儿童、少数民族、残疾人、失业者等少数族群和弱势群体的权益保护组织,反犯罪、反吸毒团体等。这些组织的活动方向在于寻求问题的制度内解决,实现社会正义。

6. 市民团体。主要指关心政治生活、积极介入政治过程的各种组织和团体,如人权保护组织、选举教育和动员团体、选举监督组织、揭露腐败现象的团体等。这些组织的活动旨在改进政治制度,使其更加民主。监督国家权力的运行,使之更加规范。

除了以上各类组织和团体之外,市民社会的主体还包括各种利益团体,以及活跃于意识形态市场的各种力量,更为广义的自主的文化和知识活动组织,如大学、思想库、出版机构、戏剧、电影和文学艺术等组织和团体。

需要特别指出的是,市民社会并不是一个等同于国家或正式的政治系统之外所有组织的"后效范畴",即并非任何独立于政治国家控制之外的组织,都可以被称作市民社会。除了自愿、自生、自主这些特性外,市民社会还同社会中的其他一些组织有若干重要区别。首先,如前所述,市民社会组织承认现行制度安排,在法律范围内活动,因而不同于那些挑战统治权威与法律秩序的秘密社团和地下组织。其次,市民社会是联系国家与个人的中介,是与政治国家相呼应的概念,那些边缘性、内向型组织,由于其活动及目标与公共利益无涉,与政治国家不存在直接互动,故不能视作市民社会的范围,例如健身俱乐部、登山团体、钓鱼协会等组织即是如此。再次,市民社会组织以某种方式与政治国家发生直接或间接联系,但并不寻求从总体上支配政治。换言之,它并不准备谋求对国家权力的控制,或在政治权力结构中寻找一席之地,其目标至多只是改革权力结构而非取而代之。这样,政党一类的组织,即便被排除在现存国家权力结构之外,也不属于市民社会的范畴。

当然,各种社会组织的属性并非总是一成不变的,因而市民社会的界限也不是固定不变的。当某个组织的活动方式与目标发生了变化,它就可能进入或游离出市民社会了。这就是说,组织目标的多样性和变化性,经常会使某些组织暂时超越市民社会的界限。

第三节 市民社会与民主政治

毫无疑问,民主政治的建立和发展,是一个社会政治现代化的核心内容和根本标志。尽管在不同的文化和制度背景下,人们对民主的内容及其具体的实现形式有不同的理解,但对民主本身的价值却是一致予以肯定的。由于民主的价值具有普遍的意义,人类社会的各个民族、国家,无论早晚,最终都将卷入这一历史进程。但是,民主化进程的启动与发展,以及民主政治制度的建立、巩固,都离不开相应的社会历史条件的支持。其中,市民社会的兴起和发展被广泛地认为是民主政治得以确立不可或缺的社会基础和重要条件。

一、市民社会的民主建设功能

在西方政治思想史上,托克维尔最早意识到了市民社会与民主政治之间的必然联系。他在《美国的民主》一书中分析道,民主的发展依赖于一定的社会条件,而一个独立于国家的多元、自主、生气勃勃的市民社会正是民主制度建设必不可少的重要条件。托克维尔以社会权力制约国家权力的思想为后来的许多政治思想家和理论家们所继承,罗伯特·达尔便是其中的一位重要代表人物。他认为,独立的社会组织是民主制度非常值得需要的东西,这种组织不仅是民主化的直接结果,也为民主过程本身的健康运作所必需。胡安·林茨与阿尔弗雷德·斯特潘更加明确地肯定:"在民主化进程的所有阶段上,一个有活力、独立的市民社会的价值都是无可估量的"[①]

市民社会对于民主制度的意义如此重要,那么,它在民主化进程中究竟能够发挥哪些作用呢?换言之,它的民主建设功能如何体现?市民社会作为一个与政治国家相对应的概念,是位于国家与个人之间的中间领域,它由大量自主、独立、公开、非政治性的团体和组织所构成。相对独立、自我管理的市民社会团体和组织,有力地强化了社会与国家之间的互动关系,形成了社会对国家权力的有效平衡与制约。市民社会的民主建设功能正是由此而生。概括说来,市民社会在民主化进程中的作用主要表现在:

1. 监督和制约国家权力

亨廷顿指出,市民社会"制约国家权力,从而为实现社会对国家的控制以及作为这种控制最有效方式的民主制度提供了基础"。[②] 市民社会组织将分散的个人资源和能量聚集在一起,使民间的零散呼声转变为团体的诉求,从而对国家权力机构及政府官员形成强大的社会压力,使之必须对法律和公众的意愿负责。市民社会对政治权力的制衡作用,首先体现在对政治腐败和滥用权力现象的监督上。政治腐败是世界性的毒瘤,也是对民主制度合法性的最大威胁。防止权

---

① 猪口孝等编:《变动中的民主》,吉林人民出版社 1999 年版,第 61 页。

② S. P. Huntington, "Will More Countries Become Democratic", Political Science Quarterly 99, no. 2 p. 204.

力滥用，抑制和革除腐败，固然离不开制度内的工具，来自民间的社会监督同样是十分重要的。尤其是转型初期的国家，由于缺乏有效的法律和成熟的科层制度来抑制腐败，市民社会的作用就显得更为突出。当然，民间组织并非执法机构，它们对腐败现象的调查揭露未必能保证得到广泛的反应，也未必能使腐败者受到惩罚、丧失名誉或受到遏止，但却有助于促成这方面的结果，并推动市民社会采取行动。其次，市民社会也是推动制度改革的重要力量。随着市民社会的发展与成熟，致力于通过改革来扭转和控制政治及官僚的腐败，也是其重要的活动方向。在一定意义上，这比揭露个别腐败案例更加重要，更带有根本性。

2. 培养和深化民主价值文化

市民社会在刺激政治参与，增强民主制度下公民的民主技术和效能，培养、提高公民的民主权利与义务意识方面，同样发挥着重要作用。民主的最大威胁，在于公众的冷漠和消极。公民志愿参加各种民间社团活动，乃是民主实践和文化的根基，也是经济活力的源泉之一。托克维尔认为，这种志愿性的团体是免费的民主大学校，所有成员均可以从中学到团体生活的理论，并培育人们在更高层次、更大规模上参与与合作的社会资本。①

民主习惯与技能的形成，并不仅仅是团体生活的一种偶然的副产品，市民社会不仅是培育公民民主参与习惯、兴趣、技能的大学校，也是深化民主文化的价值，如宽容、温和、愿意妥协、尊重不同观点的重要场所。这些民主的价值和原则，只有在实践中才会变得越来越稳定，而参与市民社会便是一种重要的实践形式。此外，市民社会也培育着人们达成一致、解决纠纷的能力、尊重争论的态度和通过合作解决内部沟通问题的方式方法。正如有的学者所分析的那样，市民社会中"身份和利益各不相同的社会单元，由于对国家（甚至可能对政党）保持独立性，不仅能够限制统治者的武断专横行为，而且也可以有助于造就更好的公民：他们对别人的偏好有更深的了解，对他们自己的行为更具自信，在为了公共福祉而情愿奉献方面更加具有文明的心灵。"②总而言之，市民社会要为民主的发展和巩固作出贡献的话，它的使命就不能仅仅停留在制约、监督国家权力的层面上，还必须参与到弥补和完善国家的事业中来，增强国家的民主合法性和效能。

3. 利益的多元表达

市民社会促进民主的又一种方式是，它为公民的利益表达、集中、代表提供了政党之外的多种渠道，这对于那些传统上受到排斥的社会集团，如妇女和其他

---

① A. D. Tocqueville, "Democracy in America", Vol. 2 New York, p. 124.

② 菲利普·施米特、特丽·林恩·卡尔：《民主是什么，不是什么？》，刘军宁编：《民主与民主化》，商务印书馆 1999 年版，第 27 页。

少数族群接近权力显得尤其重要。只有通过来自下层的持续压力,才能不断地推进政治和社会平等,从而提高民主政治的质量和合法性。拉里·戴蒙德对此总结道:"一个充满活力的市民社会不但提高了民主政治的责任能力,而且提高了民主政治的代表性和生命力。"①

研究表明,市民社会的多元性,将导致利益的广泛性,从而有助于分散政治冲突的各种倾向。当个人拥有多种利益并可以通过参加各种不同的组织来追求和促进这些利益时,他们更有可能与政治利益和观点不同的人建立联系,进行合作。这有助于减少他们观点中的斗争成分,产生一种更为开放和先进的政治观,有助于不同意见者的相互宽容、让步和妥协。

4. 直接推进民主进程

许多市民社会组织本身就具有推动民主的直接目的,对这类组织而言,争取和维护民主是他们基本的甚至是唯一的使命和活动方向。如不受官方控制的独立自主的选举监督组织,在遏止选举舞弊、增强选民的选举信心、证明选举结果的合法性方面发挥着重要作用。尤其在那些民主进程刚刚起步,选举制度尚不完善的国家,它们的作用就更加突出。市民社会中一些致力于民主建设的民间团体,在改革选举制度、推动政党的民主化、促进政府的分权和开放、加强立法机构、增强政府的责任感等方面的作用,同样不可低估。甚至仅仅引发人们在制度选择问题上的争论和注意,也是对民主进步的重要贡献。当然,市民社会还能够动员广泛的民众支持,形成巨大的民间压力来推进某种制度的改革。如人权组织和团体致力于民主改革,维护公民的基本权利,监督司法公正,保护少数派的权利,促进个人自由,这些活动无疑都有利于社会的进一步民主化。在任何时候,自由、平等、权利、正义都是民主社会必不可少的构成要素。

5. 加强民主的社会基础

市民社会中的一些组织即便与政治民主没有明确的联系或不关心政治,仅仅将其活动集中于社区发展,也能够加强民主的社会基础。基层的发展有助于减轻政府所肩负的期望压力,从而减轻政治的紧张度。同时,这些组织将公民集结在一起以推进共同的利益,为社区以外更大范围的合作准备了条件。市民社会的存在,也有利于信息广泛、真实的传播,从而使得民众能够追求集体的目标、维护他们的利益和价值。独立的社会组织也可以为公众提供官方说法以外的有关政府活动的信息,某些信息可能只有通过它们的艰苦调查才能收集起来。经验研究表明,信息的广泛、自由流动,是民主社会不可或缺的构成要素。此外,市民社会还具有培养、训练、补充政治领袖的功能,为政治系统输送高质量的管理

① 拉里·戴蒙德:《民主政治的三个悖论》,刘军宁编:《民主与民主化》,商务印书馆 1999 年版,第 130 页。

和组织人才。

总之,市民社会通过加强公民和国家之间的联系与互动,为公民得以共同努力影响政治活动的运作过程提供了一条管道。市民社会的存在及其活动,加强了政治体系的责任、包容和效能,提高了它的合法性,并最终加强了政府的管理能力。正如托克维尔所言,"结社自由在激起社会的一阵骚动之后,最终加强了国家。"[①]

二、影响市民社会民主功能发挥的变量

市民社会在多大程度上成为推进民主的积极力量,要受多种因素影响。在现实生活中,并非所有的市民社会组织或团体都能在民主建设中发挥同样的作用。要想成为民主制度坚实的社会基础,市民社会本身必须具备孕育民主的适当条件。这些条件的发展越充分、越成熟,越有利于社会的民主化进程。影响市民社会民主功能发挥的变量有:

1. 内部运作模式。我们在前面谈到,"市民性"(Civicness)一词本身就意味着一个组织具有自主管理其内部事务的特征。自主和自治是市民社会成为政治系统重要制衡力量的根本性前提,也是其弥补、延伸、替代政治国家某些职能的必要条件。正如泰勒所强调的,公共领域中自治的式微会危及自由社会的稳定。[②] 然而,市民社会组织的自治性并不能保证它的内部运作必然符合民主的原则。做不到这一点,它的民主建设功能就会大打折扣。市民社会组织要成为"民主的大学校",其决策及内部资源和权力的分配必须体现出程序性、透明性、责任、参与、代表制、轮换制等民主原则。它的内部决策和管理越民主,其成员才越有可能熟悉、掌握民主的基本知识和技能,培养民主意识和民主精神,形成民主文化和价值观,从而为整个社会的民主化奠定基础。反之,如果它的管理模式中奉行这样一些原则:惩罚不同意见者,搞领袖崇拜,权力在黑幕中运行,就不可能为社会的民主进步发挥建设性的作用。民主其实不仅仅是一个政治字眼,也是一种修养、行为及文化,它要求人们在内心应该存有理性、尊重、包容的精神。若只有制度的形式而缺乏民主的实质,这样的民主是不会有生命力的。

2. 制度化水平。如同政党一样,制度化的利益团体有助于民主政体的稳定性、预见性和可控性。当利益以结构化、稳定的方式组织起来时,交易、妥协、合作便有了条件。各种社会力量也无须为持续不断的结构重建付出代价。如果市民社会组织期待存在一个较长时期,其领导人更有理由对自己的成员负责,更倾

---

① A. D. Tocqueville, "Democracy in America", Vol. 2, New York, p. 126.

② 查尔斯·泰勒:《公民与国家之间的距离》,《二十一世纪》1997 年第 4 期。

向于对团体利益和政策目标作长远打算,而不是以一种不妥协的方式寻求短期利益的最大化。制度化与程序性有着非常密切的关系。制度化的组织要求建立固定、公开、严格的运作程序。亨廷顿为政治体系的制度化确立了四项标准:适应性、复杂性、自治性和内部协调性,[①]这一标准同样适用于市民社会组织。适应性要求组织必须使自己的目标、功能和结构适应不断变化的社会和政治环境;复杂性要求组织具有垂直的深度,即建立在较低层次公共领域活动的、追求相同目标的基层组织;自治性要求组织摆脱国家权力和组织领导者个人的控制;内部协调性要求组织成员在组织的使命、功能界限、解决纠纷的程序等问题上形成共识。很显然,在其他条件不变的前提下,制度化水平越高的市民社会组织,推进民主的功能就越强大。

3. 多样性与不完全性。多样性本来就是市民社会的题中之意,任何真正的市民社会组织都不能声称代表了其成员的所有利益。某种利益或事务有几个不同组织的呼吁,会产生更大的压力,社会成员也会有更多的机会选择其他不同的组织来表达和促进自身的利益。在此意义上,组织之间的某种程度的竞争是有益的。对于利益群体而言,多元化就像保险政策一样,有助于分散风险。也就是说,当一个组织由于某种原因趋于衰落或走向瓦解时,并不意味着某种利益从此不再有自己的组织代表。多样性的另一面就是单个组织的不完全性,即任何市民社会的组织都只能代表其成员的某个方面的利益。这种不完全性极大地影响着市民社会的民主价值。李普塞特认为,那种寻求将其成员囊括于一种总体性环境中,向他们灌输一种僵硬的包容一切的意识形态和信仰体系的一体化组织或政党,会削弱和伤害民主。[②] 如果这一观点成立的话,我们可以进一步推论:多元的、有限的市民社会组织会加强民主。

4. 组织和团体的数量。市民社会的组织和团体越多,公民越有可能成为更多团体的成员,组织表达的社会利益和活动的范围就越广。市民社会团体越多,这些团体就越有可能发展出专门性功能和目标,而不会去寻求成为代表其成员全部利益的一体性组织。托克维尔在谈到美国的民主时承认,建立或加入组织似乎成了美国人的一种习惯,它构成了美国政治文化的核心特征。数量庞大的市民团体,会产生以下结果:其一,人们更有可能发展信任、信心及合作与联合的技巧,更有可能当新的需要、情况、利益产生时,组成新的团体;其二,人们更有可能从丰富的团体生活中了解和熟悉政治知识、培养发展宽容精神、寻找共同的利益和目标,从而创造更为民主的政治文化。

5. 目标和手段。市民社会组织如何在社会的民主进程中发挥建设性的作

① 塞缪尔·亨廷顿:《变化社会中的政治秩序》,上海世纪出版集团 2008 年版,第 10 页。

② 西摩·马丁·李普塞特:《政治人:政治的社会基础》,上海人民出版社 1997 年版,第 63 ~ 64 页。

用，同它追求什么样的目标，使用何种手段有着密切的关系。一般说来，那些最高纲领派组织，毫不妥协的利益集团或是目标和手段都不民主的团体，无助于社会民主的稳定、健康发展。至于那些试图征服国家和其他竞争者、挑战法律规则和国家权威的团体，我们很难将其归入市民社会的范畴，它们的存在只会给民主进程带来伤害。

三、中国市民社会的发展与政治变革

传统的中国封建官僚政治，是一种非常典型的全能主义政治。它的基本特点是国家政治权力在社会生活中处于压倒一切的优势地位，没有边界限制，可以渗透和扩张到社会的各个领域，其触角甚至深入到个人的家庭生活。一切社会生活都要以政治国家为中心展开，受其影响和支配。在这样的背景下，根本不会有市民社会生存的空间。

新中国成立后，由于“左”的因素的影响，社会生活被高度政治化，传统的全能主义政治不仅没有消失，反而得到了进一步的强化。十年“文革”期间，全能主义政治被强化到了无以复加的程度，独立的市民团体的生存空间被压缩到几近消失的地步。

改革开放以来，尤其是随着社会主义市场经济体制的逐步确立，中国社会的整体结构正处于前所未有的巨大变迁之中。原有的社会政治权力关系和利益结构不断被调整和重构。规模空前、影响深远的改革进程，从根本上动摇了全能主义政治的存在基础，有力地促进了市民社会的发育与成长。

首先，社会主义市场经济的发展，为市民社会开辟了广阔的活动空间。随着政治权力在社会经济领域中的渐次收缩，经济生活不再是政治权力的一统天下，人们面前出现了一片可以自由发展的广阔天地。

其次，社会主义市场经济的发展，创造了多元化的社会利益结构。所有制结构的改革，导致了多种经济成分并存的局面，从而推动了社会结构和利益关系的变化。利益需求的多元化，是独立的民间利益团体产生与发展的强大动力。

再次，社会主义市场经济的发展，加速了文化的世俗化，塑造着市民社会的意识形态，市场经济改变了人们的观念、意识和生活态度，使他们不再执迷于狂热的教条，而是重视现实和个人努力，关心自身利益和社会的进步。利益观念和主体意识的强化，必然会推动人们加强横向联系，通过联合来有效地维护和实现自己的利益。

改革开放以来中国市民社会的发育成长，意味着社会的经济基础正在发生重大的变革，于是，政治上层建筑也开始面临严峻的挑战。从长远来看，市民社会的成熟将有力地推动中国政治的全面转型。

第一,市民社会的成长推动政治关系的变革。市民社会的发育成长,本身就意味着各种社会政治权力的重新调整和再分配。传统的高度集中的权力中心,随着市民社会的发展逐步分散为大量相对独立自主的权力中心。

第二,市民社会的成长推动政治结构的调整。市民社会的发展呼唤和催生着新的政治秩序。而新政治秩序的形成,又须以政治结构的调整为前提和保障。政治结构调整的首要内容是改革政府机构,实现政府职能的转换。政治权力必须适应社会发展的需要,从广泛的社会领域中逐步撤出,把社会的权力还给社会。

第三,市民社会的成长推动政治文化的转型。政治文化由传统向现代的转型,关键是要培育现代政治文化的社会生长机制,而以市场经济为基础的市民社会正是这样一种机制。"现代政治文化只有深深地扎根于市民社会的土壤之中,才能形成普遍的民众精神,最终实现政治文化形态的转型。"①

① 徐勇:《市民社会:现代政治文化的原生点》,《天津社会科学》1993年第4期。

第十二章

政治发展

政治是一种需要“发展”的东西。在人类社会的进化过程中,政治生活的内容、形式也在不断地发展变化。我们必须承认的一个基本事实是,所有的文明社会都或多或少地存在发达程度不同的政治遗产与现实政治结构。因此,无论就历史还是现实而言,政治发展贯穿于整个人类文明史,是社会发展进步的基本内容之一。人们对社会政治生活的历史与现实的分析、考察,实际上就是一种政治发展研究。然而,将政治发展作为一项专门的理论课题进行研究,却是二战以后的事情。

第一节　政治发展概述

二战结束以来,随着发展问题的日渐突出,发展理论应运而生。不同的学科从不同的角度出发,关注和探讨发展问题,发展成了各学科谈论的热门话题。政治发展就是在这样的背景下进入人们的研究视野。

一、*政治发展研究的兴起*

政治发展研究发轫于20世纪50年代的美国,它的兴起有着深刻的历史背景。二战结束以后,随着非殖民化运动的迅猛发展,殖民统治体系土崩瓦解,在亚、非、拉地区相继诞生了一系列新的民族独立国家。这些新独立的民族国家,不仅面临着发展经济、消除贫困、改善民生的问题,而且还有一个政治制度的选择和建立以及政治制度如何有效运行的问题。对西方国家而言,为了继续在实际上对这些新兴国家予以控制和施加影响,就必须了解这些国家政治结构的现状和现实政治需求,并尽可能地向它们推销西方的政治制度模式和政治文化观念,以对抗社会主义阵营的影响。从这一点来看,战后西方政治发展研究的兴起,部分地缘于“冷战”的需要。

但是,我们也必须实事求是地承认,并非所有西方学者的政治发展研究都是出于为政治服务的目的。在他们的研究中,有许多是属于严肃的学术探讨。他们的研究成果,为我们认识、研究发展中国家过去、现在和将来的一系列政治问题提供了极有价值的线索和思路。

除了现实政治需要的推动外,政治发展研究的兴起也有它的理论背景和学术渊源。亨廷顿和多明格斯在谈到政治发展研究迅速兴起的原因时,强调了区域研究的发展和政治学的“行为主义革命”。他们认为,在20世纪60年代期间,论述政治发展的有关著述层出不穷、随处可见,“这一局面在很大程度上是两股学术活动潮流汇合在一起的结果”。一股学术潮流是40年代末和50年代区域研究的发展。第二次世界大战以前,研究比较政治的学者限于当时的政治条件,把注意力几乎完全局限于欧美地区。二战后,一些大学都制定了区域研究计划,用以扩大美国的知识和了解这些国家和大陆。在各主要基金会的积极鼓励和支持下,“学者们来到了先前是奇异陌生的土地,他们写出的东西很快成了论述某些国家和地区的政治和机构的巨大文库。”促使研究政治发展的第二股潮流,“来自以后称之为政治学的‘行为革命’。这就须把理论的严密性与经验研究相结合并通过系统的多国比较来考验普遍性。要求理论严密的愿望促使政治学家插足并从当代主要的心理分析学派那里吸收了诸如结构、功能、输入、输出、反馈和体系这样一些概念。这些概念给政治学家提供了可以在分析和比较不同国家的政治中运用的系统的框架。”①

国外的政治发展研究,从其发展过程来看,大致可分为三个时期:

20世纪50年代是政治发展的酝酿发育时期,由于受研究和发展援助实践的促动,一部分政治学家开始有意识地从事政治发展领域的研究。但从总体上看,这一时期的政治发展研究尚未成为政治学研究的真正热点,学术活动并不活跃。

20世纪60年代到70年代中期,是政治发展研究的活跃期。在这一时期,政治发展研究在政治科学中备受重视,许多学者投身其中,取得了累累硕果。在这一时期,政治学家们特别重视从不同的角度对政治变迁、政治进步和政治发展进行宏观的理论探讨,出版发表了一系列重要成果。其中,美国的“科学研究协会比较政治委员会”(SSRC)对推动政治发展研究发挥了巨大的作用。该委员会在宾德等人的主持下,共出版了九卷有关政治发展研究的专题著作。有学者认为,这套丛书“大大地丰富了政治发展理论建构的材料来源,同时也反映出政治

① 亨廷顿、多明格斯:《政治发展》,载格林斯坦、波尔斯比编:《政治学手册精选》(下卷),商务印书馆1996年版,第148页。

发展的理论研究工作达到了登峰造极之境。”①

进入20世纪70年代中期以后，政治发展研究进入了低迷期，其特点是人们不再努力去建立具有普适性的一般政治发展理论和模式了，而是开始强调实证分析的重要性。政治学家转而寻求建立更具经验基础的相关理论，着重较低抽象层次的实际工作，并取得了两个方面的显著效果，一是致力于公共政策研究；二是在方法论上重新强调经济学的重要性。所以，有学者评论说：“虽然从一般理论模式的建构方面看，70年代中期以后的政治发展研究处于低迷期，但从它转向对发展中国家的公共政策选择的研究这种比较务实的情况来说，仍然是政治科学中一个比较活跃和有前途的领域，因此，似乎不能说从70年代中期以后政治发展研究已经到了‘衰竭期’”。②

二、政治发展的含义

从字面上看，“政治发展”一词的含义如此简单，以致似乎没必要作更多的解释。然而，实际情况正好相反。从这一概念问世以来，学者们一直对它的含义争论不休，迄今仍未形成共同的结论。之所以出现这样的情况，原因在于人们的认知兴趣、分析框架、参照系统和研究目的的不同。亨廷顿和多明格斯曾经就此做过系统总结。他们分析道，政治发展一般从以下四种不同的方法上加以使用：一是地理意义上的政治发展。在这里，政治发展是指亚洲、非洲、拉丁美洲等贫困和工业落后的发展中国家的政治。从一般意义上讲，对这些国家政治的某个方面的任何研究，差不多都可以冠之为政治发展研究。二是派生意义上的政治发展。在这里，政治发展被认为是指更为广阔的现代化进程中的政治方面或政治结果。三是目的意义上的政治发展。在这里，政治发展被看做是朝向某种政治体系的目标或状态的进展。四是功能意义上的政治发展。在这里，政治发展被定义为朝向工业社会所拥有的政治特征的发展过程。从这一意义上讲，政治发展不是现代化的政治结果，而是一个有效发挥功能的现代社会的政治必需。③

著名学者派伊在《政治发展面面观》一书中对各种不同的政治发展界说进行了总结，把它们概括为以下十种：(1) 政治发展是经济发展的先决条件，是适应并促成经济成长的政治形式的生成过程。(2) 政治发展以工业化国家的政治形态为目标。工业生活使政治形态出现许多相同之处，因而不管是否实行民主政治，所有工业社会都有一套相同的政治行为和施政的标准，这套标准就是政治

① 陈鸿瑜：《政治发展理论》，桂冠图书股份有限公司1987年版，第8～9页。

② 姚建宗：《国外政治发展研究述评》，《政治学研究》1999年第4期。

③ 格林斯坦、波尔斯比编：《政治学手册精选》(下卷)，商务印书馆1996年版，第151～153页。

发展的状态,也是所有非工业国家努力的目标。(3) 政治发展就是政治现代化,而这种政治现代化又是以当代西方的政治形式为发展理想。换言之,政治发展就是指建立西方式的政党、行政组织和立法机关,注重政治结构的成就、效率和制衡机制。(4) 政治发展是民族国家的运转和建设过程,它包括把混沌而无组织的民族主义情感转换为公民精神,把民族主义和公民的期望转换为推行政策和计划的国家制度。(5) 政治发展是指行政与法律的发展,即建立有效的官僚行政组织,建设法律与行政秩序。(6) 政治发展是政治动员与政治参与的过程,即政治发展就是把臣民转变为积极而忠诚的公民,它包括公民角色、新的忠诚标准和政治介入等面向。(7) 政治发展就是建立民主政治制度,即把政治发展等同于政治的民主化过程。(8) 政治发展是稳定而有序的政治变迁过程,是一个社会能够理性而有目的地控制政治过程,引导社会变迁的方向。换言之,凡是政治过程被动地为社会变迁所控制,这种政治就谈不上发展。(9) 政治发展是政治系统能力的提高过程,其中主要是政治动员和权力行使能力的提高过程。(10) 政治发展是多元社会变迁过程的一个侧面,它与社会的其他方面的发展互为条件和动力。①

自 20 世纪 80 年代我国引入西方政治发展理论的研究以来,学者们也从不同角度对政治发展的含义进行了深入探讨,提出了自己的观点。需要指出的是,港台地区的学者们早在 70 年代就对政治发展进行了深入而广泛的研究。

台湾学者陈鸿瑜认为,政治发展的概念可以界定为“一个政治系统在历史演进过程中,其结构渐趋于分化,组织渐趋于制度化,人民的动员与支持渐趋于增强,社会愈趋于平等,政治系统的执行能力也随之加强,并能度过转变期的危机,使政治系统之发展过程构成一种连续现象”。②

王邦佐、孙关宏等认为,政治发展有广义和狭义之分。就广义上讲,政治发展是指政治体系向着更高级形态的变迁过程。就狭义而言,政治发展是指政治体系内部结构、体制、功能和运作的科学化、合理化,是现代化过程中的政治变迁。政治学所研究的政治发展,主要是指狭义的政治发展,即在现代化过程政治体系内部的政治发展。③

杨光斌认为,政治发展是与经济发展相伴生的概念。在现代政治学中,政治发展既是指某种过程,又是指政治变迁的结果。作为结果,政治发展是一个复合概念,它包括若干不同的成分或方面。作为过程,政治发展是指政治目标的运动

---

① L W. Pye, “Aspects of Political Development”, Little Brown, 1966, pp. 32-48.

② 陈鸿瑜:《政治发展理论》,桂冠图书股份有限公司 1987 年版,第 30 页。

③ 王邦佐等主编:《新政治学概要》,复旦大学出版社 1998 年版,第 291 页;孙关宏主编:《政治学》,复旦大学出版社 2002 年版,第 243 ~ 244 页。

或政治运动的方向。政治发展目标是多方面的,政治现代化是一个重要方面。[①]

燕继荣认为,从学术角度看,政治发展概念通常在广义和狭义两个层面得到使用。就广义来说,政治发展是指政治体系向着更高形态的变迁过程。就狭义而言,政治发展是指政治体系内部结构、体制、功能和运作方式的合理化、制度化和科学化。一般来说,政治学研究更多的关注于狭义概念,即政治体系内部的发展变化,尤其是现代化过程中的政治转型。

李元书认为,政治发展是通过扬弃代价,以寻求不断发挥人的政治潜能的政治体制和政治生活方式的过程,以及这些体制和生活方式的生长过程。[②]

综观有关政治发展的各种不同界说,人们的分歧主要集中在以下三个方面:

第一,政治发展是否等同于政治现代化。许多人认为,政治发展是政治现代化的同义语,二者在本质上是一致的。在他们看来,政治发展不过是现代化整体进程的一个方面。但是,也有学者,如亨廷顿就认为,这两个概念完全有区分的必要。他的观点是,政治发展仅仅体现政治进化的实际状况,它既包含着可能导向政治现代化的积极发展,也包含着同现代化目标相逆的政治衰败。而且,将二者等同起来,也限制了政治发展这一概念的时空适用性。比如,我们无法用政治发展的概念来讨论古希腊城邦国家的变革。[③]

第二,政治发展究竟是一元的还是多元的概念。换言之,政治发展仅仅是指某种特定的政治现象,还是多种政治现象的综合?流行的看法是,政治发展是一个包含多种现象的综合变迁过程。这是因为,“没有任何单一的‘天平’能够用来测量政治发展的水平”[④]。如果政治发展是一个多元概念,它究竟应该包括哪些内容,仍属见仁见智,难有定论。与此相反的看法是,政治发展如果包含了过多的内容,也就降低了其作为分析工具的有用性。它意味的东西太多,最后会使它什么都不能意味。因此,政治发展应当是一个一元的概念,它只标示某种现象的演进。例如,亨廷顿就坚持认为,政治发展是指政治体系制度化水平的提高。

第三,政治发展究竟是一个描述性概念,还是一个目标性概念?也就是说,它到底是指一个社会政治变迁的实际状况,还是发展的趋势或目标。如果是描述性概念,政治发展是指一个社会中政治系统变迁的具体情况。如果是目标性概念,政治发展则是指变迁的方向,亦即朝着某种特定目标演进的过程。如派伊就认为,政治发展是朝着以下三个方向运动的过程:个人的日趋平等、政治系统效能的增长、政治系统体制和结构的日趋分化。

---

① 杨光斌主编:《政治学导论》,中国人民大学出版社 2000 年版,第 251 页。

② 李元书:《政治发展导论》,商务印书馆 2001 年版,第 7 页。

③ 参见 C. E. Black,“Comparative Modernization”, New York, 1976, p.41.

④ L.W. Pye,“Communications and Political Development”, Princeton, 1963, p.16.

为了避免引起逻辑上的混乱,本书将政治发展的外延作了限制。我们这里所讨论的政治发展,是指一个社会的政治系统在现代化进程中的演变趋势。具体讲,我们所要探讨的是在现代化这一特殊的社会历史发展阶段中,政治体系带有某种必然性的变革过程和规律。它既可能是变革的实际状况,也可能是变革的必然趋势。我们在这里不打算将现代化进程中政治领域内的一切变化都包括在"发展"的概念之内,而是要研究现代化过程所造就的历史力量将把政治推向何方,以及政治体系如何变革才能成功地回应现代化所提出的挑战。

三、政治发展的特点

政治发展作为一种社会历史现象,具有以下一些特点:

1. 政治发展的必然性。政治发展是任何社会在现代化进程中都必然会经历的一个历史过程,其最深刻的根源在于社会的基本矛盾运动。当社会的经济基础发生了变化,它的政治上层建筑或迟或早也必然会发生相应的变化。正如马克思所说,手推磨产生的是封建社会,蒸汽机产生的是资本主义社会。而在资本主义发展的每一个阶段,"都有相应的政治上的成就伴随着"。政治发展必然性的规律告诉我们,当发展的机会来临时,一个社会的政治体系必须回应现代化进程对它提出的挑战,通过改革来调整各种社会政治关系,实现政治权力的重新分配与组合,完成权力运作模式的转变,以适应已经变化了的社会经济基础。回避挑战或抗拒变革,最终只能加速原有政治体系的崩溃。历史上,这样的例子不胜枚举。

2. 政治发展的进步性。所谓进步性是指,人类的政治生活和政治形式总的说来是一个由野蛮到文明、由落后到先进的不断进化的历史过程。政治发展的方向与人类历史发展的方向是一致的,尽管在这个过程中不可避免地会出现一些曲折和反复,但总的方向是前进的。同其他领域的发展一样,政治发展也不可能是一个一路欢歌的过程,社会转型期的体制改革和重建或许需要付出重大的代价,但阵痛后所得到的收获将远远超出所付出的代价。正如有的学者所分析的那样,"从长远的眼光看,政治发展扩大了人类在政治、文化和物质上的财富"①。

3. 政治发展的多样性。在政治发展的理论研究中,一些西方学者的理论模式带有浓厚的西方本位主义或欧美中心论的色彩。他们总是有意无意地以欧美国家政治发展的历史经验来解释发展中国家政治变迁的历史过程,以西方的政治价值标准来评价发展中国家的政治现状,以欧美国家现行政治体制为模式来

---

① 李元书:《政治发展的含义、特征和研究意义》,《学习与探索》1996 年第 6 期。

设计发展中国家政治发展的理想蓝图。西方学者在方法论上的致命缺陷是忽略了人类社会生活的复杂性和多样性的特点。事实上,由于各国国情不同,历史背景、经济水平、文化传统及人口素质的差异,政治发展的起点、模式、道路也不可能完全一样。发展中国家在政治发展的过程中不能照搬西方国家的政治模式。何况,即使是西方国家,其政治体制模式也各不相同。总之,在政治发展的道路上,很难找到普遍适用的标准模式。

4. 政治发展的普遍性。所谓普遍性可以从两个方面得到解释:其一,政治发展是任何民族国家都要经历的一个历史过程,是一种全球性的现象,没有哪个国家能够逃脱政治发展规律的制约。其二,尽管各个国家政治发展的起点、道路、模式不尽相同,但不能否认其中存在着一些共同的、规律性的东西。这些共同的规律反映的是人类社会政治发展的一般趋势,具有普遍的意义。而政治发展理论研究的主要任务之一,就是探索、分析和总结这些规律性的内容。

5. 政治发展的目的性。所谓目的性,是指政治发展尽管有其自身的规律,但却并非是一个完全自发的运动过程。政治发展需要通过人的活动来实现,而人在活动中总是带有某种目的性的。在政治发展的过程中,人们通过发挥自身的主观能动作用,去积极地推动政治体系朝着设想中的目标发展。从这个意义上讲,政治发展是一个主观与客观相统一的过程。

第二节　政治发展的动力和一般趋势

政治发展,是内部和外部各种因素共同作用的结果。政治发展的动力也是来自于经济发展、社会动员和外部压力等多方面的。在众多动力的推动下,政治发展呈现出多维度的发展趋势。

一、政治发展的动力

前已述及,政治发展是现代化进程中的必然现象。那么,深藏在这一必然现象背后的根源是什么呢?对此,人们的见解也不完全相同。譬如,有的学者认为,政治体系发展的动力主要来自政治领导人的“狂热和努力”,因为每一位统治者都希望“利用他或她掌握的统治工具来扩大和维护其权力基础。增加其管理和动员社会资源的效能和权力。”[①]如此,便促成了政治发展。这种观点显然

---

① G. Poggi ,“The State: Its Nature, Development, and Prospects”, Polity Press, 1990, p.101.

有失偏颇。造成政治发展的因素固然很多,而且也包含着政治领导人的变革努力,但最主要的,或是更深层的因素,必须到政治以外的领域中去寻找。

现代化是一个多方面的社会整体变迁过程,它涉及的范围之广,几乎包括了人类思想和活动的一切领域。在现代化进程中,经济、政治、文化等各种因素相互关联、相互影响、相互促进,互为条件。其中,任何一个方面的发展都是以其他方面因素的发展为条件和动力的。所以,一个社会的政治发展,是内部和外部各种因素共同作用的结果。概括说来,推动政治发展的最主要的动力因素包括:

1. 经济发展

历史唯物主义认为,政治属于上层建筑。它是由社会的经济基础决定并服务于这个基础。经济增长是现代化进程的中心内容,离开经济的发展,其他的社会变化,如工业化、城市化、教育的普及、识字率的增加、通讯的便捷、人口的大规模流动等都无从谈起。从这个意义上看,经济因素是瓦解旧的传统社会、缔造新的现代社会的根本性力量。当社会的经济基础发生变化以后,作为上层建筑重要组成部分的政治体系,终究会发生相应的变化。也就是说,经济增长蕴涵着政治发展的动因和力量。

一方面,经济发展不断动摇和瓦解着传统政治形式赖以建立的基础,为新的政治形式的生成积累因素。经济增长是推动政治变革的最为有力的催化剂。经济的发展及与此相伴随的一系列深刻的社会变化,使传统的政治形式变得无效和不可能,从而日益丧失了存在的合法性和合理性。传统的统治方式无法满足新的经济生活的要求,二者之间的差距随着经济的不断增长而日趋扩大。于是,政治领域内体制变革的冲动也就孕育而生了。借用阿尔蒙德的说法,"当政治体系现存的结构和文化非经进一步的分化和世俗化就不能应付新面临的问题和挑战时,发展就会来临了。"①

在现代化过程中,经济因素的成长要求行政管理更具效能;要求政治体系具有全方位的体制创新能力;要求国家有能力建立和维持与社会变迁相适应的新的经济和社会秩序;要求政府努力为本国的经济成长创造更有利的国际条件;要求政治权力确保其以法制为基础的权威性,以便更有效、更充分地动员社会资源,支持经济增长;要求政治系统运用行政力量消除内部关卡及地方贸易壁垒,为商品、技术和人力的自由流动创造条件;要求政府建立和维持大规模的教育体系,通过政策杠杆促进科技发展,为经济的进一步起飞提供动力;要求政府集中有限的资源发展重要基础产业,进行基础设施建设;此外,市场经济的发展还要求政治系统的运作必须规范化,以保证行政力量对经济的干预限定在不妨害经济成长的合理范围内,如此等等。正是这些源自经济发展的内在要求成了推动

① 阿尔蒙德等:《比较政治学:体系、过程和政策》,东方出版社 2007 年版,第 23 页。

政治发展与变革的决定性因素。它的外在表现就是全社会从精英到一般民众越来越强烈的政治变革呼声。

在现时代，维持经济的增长，使社会大众摆脱贫困、走向富裕，乃是一个政权建立其合法性的首要基础。所以，如果政治体系对经济发展提出的挑战缺乏有效的回应，甚至完全拒绝变革，势必会严重危及自身的生存。正如有的学者所说，“政治的安定性只有在工业化发生以后才开始受到最大的考验”①。

另一方面，经济发展也为政治变革创造着条件、准备着基础。从人类历史的发展看，一个社会政治进化的程度总是和它的经济发展水平密切相关。这一点，已得到许多学者实证分析资料的反复证明。② 在小生产的自然经济基础上，只能产生封建的政治形式。而现代的政治体系只有在社会化大生产的基础上才会形成。经济因素对于政治发展的意义表现在如下几个方面：其一，经济发展将逐渐打破传统的地域和身份界限，加剧社会结构的分化，促成广泛的社会流动和社会各单位之间的日益相互依赖，从而为统一的政治社会的形成提供了可能；其二，经济发展将逐步提高社会大众的教育和文化水平，这是广泛的政治参与和民主政治建设的最基本的条件。对此，列宁早就告诫我们：“文盲是站在政治之外的……不识字就不能有政治。”③其三，从趋势上看，经济发展有助于平等的经济和社会关系的形成，这将促使政治系统开放性的增强，扩大政治权力的基础。人们普遍认为，贫穷会加剧不平等，而经济的发展则有助于社会绝大多数成员在收入和地位方面更趋平等化。因此，从长远来看，“平等主要是经济发展的结果”④。平等的发展将更多的人卷入政治过程，政治权力为世袭特权集团所垄断的传统政治格局将越来越难以维持。其四，经济的发展也为政治的发展与变革提供了物质技术基础。物质手段和设施是行政活动的要素之一，经济发展为国家机器的运转提供着日趋先进的装备和技术，推动了行政模式的转变。如新闻出版、广播电视、国际互联网等信息传播媒介的发展，交通通讯技术的改进等，对政治系统运作模式的变革起着直接的推动作用。

总之，经济的发展从各个方面要求并推动着政治的发展。在任何社会里，其经济系统的运行都要求有与之相适应的政治形式来配合。所以，当经济起飞以

---

① 金耀基：《从传统到现代》，广州文化出版社 1989 年版，第 211 页。

② 有关这方面的资料和论述请参阅罗伯特·达尔：《现代政治分析》，上海译文出版社 1988 年版，第 116 页；R. Wesson，“Politics：Individual and State”，Prentice – Hall，1988，pp. 19-21；G. Poggi，“The State：Its Nature，Development and Prospects”，Polity Press，1990，p. 62.

③ 《列宁全集》第 33 卷，人民出版社 1959 年版，第 59 页。

④ 托·R. 戴伊、哈·齐格勒：《对平等问题的国际研究》，载《国外政治学》1989 年第 6 期；有关平等与经济发展的关系问题，同时请参阅 C. E. 布莱克：《现代化的动力》，四川人民出版社 1988 年版，第 115 页，前引 R. Wesson，“Politics：Individual and State”，pp. 20-21.

后,政治方面的变革乃大势所趋。否则,如果经济要求和政治形式之间的差距太大,其中的"一种制度终将毁坏另一种制度。"①

2. 社会动员

社会动员这一术语由多伊奇首先提出,它指的是人们所承担的绝大多数旧的社会、经济和心理义务受到侵蚀而崩溃,并开始逐渐获得新的社会化模式和行为模式的过程。② 随着现代化的迅速推进,社会生活开始发生一系列深刻的变化,如城市化的发展,识字率的增加,大众传媒的公开化,沟通渠道的日趋畅达等。这些变化为人们的工作和生活提供了新的背景、条件和内容。传统的价值与规范受到猛烈冲击而渐趋瓦解。人们开始告别传统,逐渐接受与这些变化相适应的新的行为模式、价值、规范、态度和期望。这是一种深刻的生存方式上的转变,它意味着人们对生活有了新的理解,并以这种新的理解来对待和追求生活。这样,社会的政治系统便开始面临社会动员所产生的压力和挑战。

首先,政治系统如何整合以适应社会成员新的政治期望和政治要求。变化了的社会生活条件所造就的新的政治理念,无论如何难以在旧的政治框架内得到体现。如社会动员激发了大众的参与冲动,而传统政治则从制度上排除了广泛的政治参与的可能性。因此,随着社会动员的加剧,来自社会大众的政治变革呼声,必然会日趋强烈。政治体系如果不能通过体制内的变革来回应这一挑战,就有可能引发体制外的冲突甚至大规模的社会动荡。

其次,政治系统如何面对和应付社会动员所产生的新的力量和因素。社会动员所造就的新的生活内容乃是无法回避的客观事实。降低甚至完全无视它的存在是不可能的。选择只有两种:抗拒或顺应。如果是后者,还有一个如何顺应的问题。如果是前者,社会将为此付出沉重代价。不管历史最终作出了何种选择,都不能否认这样一个事实:社会动员为政治系统的重新整合提供了基础、契机和动力。

再次,政治系统如何应付社会动员期所难以避免的种种社会问题和"失范"现象,恢复、建立有效的社会控制机制。社会动员是一个过程,在这一过程中,传统社会的价值和规范体系受到直接冲击并渐趋瓦解,逐渐丧失了社会调节的权威和功能。而新的社会规范、价值观念、行为模式又一时很难为社会成员所普遍接受,并立即发挥调控作用。这样,社会转型期自然会出现一定的失控甚至无序状态。人们无所依从、漫无目标,产生了信仰危机、道德危机,从而导致大规模离轨行为的发生。因此,尽快有效地恢复社会控制能力,便成了政治系统在这一局面下的唯一选择。而社会控制能力的提高又有赖于以现代法制和道德规范为核

① 阿·托夫勒:《权力的转移》,中央党校出版社 1991 年版,第 268 页。

② 参见 S. N. 艾森斯塔德:《现代化:抗拒与变迁》,中国人民大学出版社 1988 年版,第 2 页。

心的新的社会控制机制的形成。政治变革的动因也就从这里产生了。

3. 外部压力

不同的国家进入现代化过程的时间有早有晚,据此,学术界将最早实现现代化的欧美社会称为“早发型”现代化,而把随后进入现代化过程的发展中国家的现代化称为“后发型”现代化。“早发型”现代化模式最突出的特点,是它的自发性,即这些国家的现代化是由于其内部现代性因素的不断积累扩大和社会创新而引发。所以,也有人将其称之为“原发型”或“内生型”现代化模式。与此不同,“后发型”现代化模式的国家,则是在外力的刺激下走上现代化道路的,因而,这种模式也被人称为“外发型”现代化。

近代以前,东方社会长期处于停滞状态。在凝固、僵化的社会结构中,追求变革的冲动极其微弱。近代以来,西方资本主义的大规模入侵,彻底打破了东方社会封闭、自守的状态,从根本上动摇了传统的社会结构。正如马克思所说:“不列颠的蒸汽和科学在印度斯坦全境彻底摧毁了农业和手工业的结合。”①对印度来说,“英国的干涉……破坏了它们的经济基础;结果,就在亚洲造成了一场前所未有的最大的、老实说也是唯一的一次社会变革”②。外部势力的大规模入侵,打断了东方社会发展的正常进程,使之直接面对现代性的挑战。而传统社会结构的解体,又给它带来了一种新的机会。

面对西方殖民者的船坚炮利,东方社会的全面落后暴露无遗。这种落后不仅体现在经济、科技和军事上,也反映在制度中。于是,社会中的一些有识之士开始意识到,要想摆脱落后挨打的局面,必须追赶世界文明发展的步伐,实现富国强兵;而要富国强兵,就不能仅仅停留在技能器物层次上“师夷之长技”,还必须进行制度层面尤其是政治体制上的革故鼎新。政治变革的冲动由此产生,并随着民族危机的加深而日趋强烈。近代日本的“明治维新”和中国的“戊戌变法”便是这一历史过程的真实体现。

所以,大多数发展中国家都是在外部压力下走上现代化道路的,这一事实使得“外发型”现代化模式具有了完全不同于“内发型”模式的全新的特点。

二、政治发展的一般趋势

在现代化过程开始后,由于经济发展、社会动员、外部压力等各方面因素的影响,社会的政治系统必然会受到触动而有所变化。也就是说,在原先的社会基础已经发生了变化的情况下,统治机器要维持其最基本的功能,必须有某种形式

---

① 《马克思恩格斯选集》第1卷,人民出版社1995年版,第764页。

② 《马克思恩格斯选集》第1卷,人民出版社1995年版,第765页。

和程度的变革。然而,这种变革的方向和趋势是什么?依旧是一个需要具体分析的问题。艾森斯塔德曾就此评论说,传统社会政治秩序的崩溃,并不必然意味着会由西方式的制度和秩序来取而代之。事实上,会产生各种不同的后传统秩序。① 亨廷顿也持类似的观点,他认为,现代化过程必然会瓦解传统的政治体系,但未必意味着向现代政治体系的大踏步前进。我们所能预料的与其说是新的政治形式的到来,不如说是旧的政治形式的崩溃。简而言之,现代化的展开,只是"意味着传统政治体制的变革,还常常意味着它的解体,但它未必就会朝着现代政治体制的方向作显著的运动。"②

上述学者的分析有一定的道理。传统政治形式瓦解后,政治系统的发展走向及其具体样式取决于多种相关变数,如社会的传统文化、具体的国情、大众和精英的取向、所面对的外部环境等。然而,现代化毕竟是一个客观的历史过程,有其自身内在的规律。尽管我们很难断定一个社会的政治系统在现代化进程中进化与变革的具体状况,但至少在理论上还是能够把握其发展的一般趋势的。这就是说,现代化进程本身对社会的政治系统提出了一些规律性的要求,从而客观上规定着政治系统变迁的基本方向。而政治系统在多大程度上能够成为推进现代化的有力杠杆,又取决于它在现代化所要求的变革方向上能走多远。通观各国,尤其是发展中国家的现代化历程,政治发展与变革的一般趋势是:

1. 政治权威的强化。布莱克在其《现代化的动力》一书中明确地承认,随着现代化的进展,"政府的责任和权威大大超过了从前,通过税收与无数其他的控制与服务,它以前所未有的程度影响了全体公民的生活。"而且,多数公民受教育程度的提高,"发达社会中以各种形式表现出来的实际权力比传统社会扩散更广。"③在现代化浪潮的冲击下,旧的规范体系迅速瓦解和失效,而新的规范体系一时难以形成并立即填补空缺。这时,极易出现所谓的"失范综合症"。所以,迅速有效地强化政治权威便显得十分必要和迫切。东亚一些国家和地区现代化成功的经验说明了这一点。从某种意义上讲,政府对社会的调控能力与程度,本身就是政治发展水平的一项重要标准。亨廷顿甚至认为,政府统治程度的差别要比"民主国家和独裁(国家)之间的差异更大"。④ 这里必须特别指出的是,政治权威的强化只是意味着政治系统对社会干预程度的加深和职能行使有效性的强化,它既可能与专制或极权政治相联系,更可以和民主化的进步相吻

---

① 参见 C. E. Black, "Comparative Modernization", New York, 1976, p. 131.

② 塞缪尔·亨廷顿:《民主政体发展的历程和民主化的历程》,《国外政治学》1989 年第 5 期;《变化社会中的政治秩序》,上海世纪出版集团 2008 年版,第 25 ~ 28 页。

③ C. E. 布莱克:《现代化的动力》,四川人民出版社 1988 年版,第 56 页。

④ 塞缪尔·亨廷顿:《变化社会中的政治秩序》,上海世纪出版集团 2008 年版,第 1 页。

合。有权威的政府未必就是专制的政府。

2. 政治系统职能范围的扩大。在现代化进程中,社会的组织程度逐渐提高,国家不再是一个纯地理意义上的概念,而是日益整合为一个有机的体系。社会的各个要素和单位之间的联系日趋密切,以致每一个问题似乎都具有全局性的意义,都必须借助于政治途径才有可能获得解决。另一方面,现代化不仅使国家要面对日益复杂的旧的课题,如协调冲突、维持秩序、安排和组织社会生活,而且还必须面对并解决大量的新问题,如环保、教育、就业、住房、社会福利等。这些问题是现代化开始之前政府所不曾遇到的,现在已从自己狭窄的地段中走出来,上升为政治问题。由此,政治决策与活动的对象开始包罗万象,职能范围大为扩展,政治的触角逐渐延伸到了居民生活的几乎一切领域。人们处处可以感受到国家的存在。政治权力运用范围的广为扩散,乃是现代化进程中的普遍现象。

3. 政治体系科层化。科层制是指作为统治机器的政治体系的现代组织形式。它通过分层设科的组织制度,将承担管理任务的众多机构和人员以严格、规范的形式组织为一个分工明确、协调良好、运转自如的有机体系,从而有效地完成大规模的管理任务。

科层制并非从来就有,也不可能产生于工业化社会之前。韦伯认为,商品货币关系的发达,管理任务在数量和性质上的变化,是科层制赖以建立的基础。现代化是以工业化为中心的,在这一进程中,社会分工日趋细密、社会生活日趋复杂,以自然经济为基础的传统管理形式在组织制度上已无法适应现代管理的需要。管理领域内发生革命性变化就成了现代化进程的内在要求,而科层制正是适应这一需要的产物。它以传统的管理组织体制无法相比的严密、合理、有效、稳定等优越性而成为“国家履行其复杂多变的管理职能的特别有效的形式”。[①]当然,科层制的建立和运行,离不开具体的社会土壤和文化背景,因而必然会产生各种不同的形式和变种。但它作为一种与现代化相适应的管理体制,是各国在现代化进程中管理组织形式演变的必然归宿。

4. 政治运作制度化。政治运作制度化是指政治系统能够保持稳定的、受到尊重的和反复重现的行为模式。在亨廷顿看来,政治制度化是政治发展的基本内容,也是衡量一个社会政治发展水平的首要标准。只有提高政治制度化的水平,才能应付现代化所带来的各种问题和混乱失控的现象。因此,“制度化程度低下的政府不仅仅是个弱的政府,而且还是一个坏的政府。”[②]政治制度化包括三个要素:政治权力的非个人化,政治组织的一体化,政治运作的程序化。这三

---

① G. Poggi, “The State: Its Nature, Development and Prospects”, Polity Press, 1990, p. 89.

② 塞缪尔·亨廷顿:《变化社会中的政治秩序》,上海世纪出版集团2008年版,第22页。

项要素有机关联、互相影响、缺一不可。

5. 政治参与大众化。社会大众的广泛参与是现代化过程中政治发展的又一必然走向。随着现代化的发展,传统的地位、身份、出身等先赋差别逐步缩小并趋于消失,这就为平等的社会关系的形成创造了必要条件。而平等的社会关系又是大众普遍参与政治的基础和前提。与此同时,现代化日益将大众利益卷入其中,从而客观上激发起社会各阶层日趋强烈的参与冲动。人们希望通过参与来维护和扩大自身利益。政治系统对社会各个层面的全面开放,成了全社会的一致诉求。最后,如前所述,经济的发展和技术的进步又为广泛的政治参与提供了物质技术基础,使政治的民主化成为可能。

第三节 政治发展的类型

在政治发展类型的探索中,巴林顿·摩尔在《专制与民主的社会起源》中详尽地考察了英国、美国、法国、中国、日本和印度的历史发展,提出了走向现代化国家的三条道路。第一是通过成功的资产阶级革命开辟的道路,这些国家有英国、美国和法国,即西方民主道路。第二是资本主义的反动形式,即法西斯主义,这些国家有意大利、德国和日本。第三条是以俄国和中国为代表的共产主义(社会主义)革命的道路。由于各国国情、历史、政治体制、经济发展水平、文化、社会等各种因素的不同,政治发展呈现出不同的发展类型。从总体上看,政治发展的类型可以分为早发现代化国家的政治发展和发展中国家的政治发展两种类型。

一、早发现代化国家的政治发展

早发现代化国家主要是西方发达国家。这里所谓的"西方",主要是指以欧美为代表的西方发达资本主义国家。之所以把西方发达国家作为政治发展的重要类型来研究,主要是因为两个方面的原因。首先,从制度层面看,资本主义国家虽然也属于剥削阶级专政的国家,"但是,由于它破除君主专制和世袭等级特权,推行以议会制、普选制等等为特征的政治民主,因而可以说代表了剥削阶级专政的国家类型所能达到的最高发展水平。"[①]其次,在体制层面,发达国家的政治发展属于一种内生的现代化模式。在长达几百年的政治发展过程中,它们不仅完成了由传统向现代的转变,而且作为历史上的先行者,对发生在欠发达国家

① 严强等:《宏观政治学》,南京大学出版社 2008 年版,第 221 页。

的晚近的现代化具有重要的示范效应，尽管这种示范效应不能够完全提供可以直接照搬的绝对经验。

西方国家的现代化进程最早，伴随着政治现代化和政治发展。在文艺复兴、资本主义运动、工业化以及城市化背景下，新兴资产阶级在经济上取得了重大发展，资本主义商品经济的充分发展需要一个能够维持秩序的政治权威，更需要一个具备变革能力的权威。而君主制度成为了政治发展的障碍。因此，以克服君主专制为目标的政治制度变革称为历史必然。西方早发现代化国家的政治发展具有一定的特征。概括来看，这些早发现代化国家都经历了国家建设、民主化和福利化三个阶段，同时又存在这差别。这大体上也可以分为三种具体的发展模式：

1. 渐进—妥协的发展道路，以英国为典型

英国式的发展道路被看做是以渐进妥协的方式实现政治发展的典型。“联合王国被普遍视为是建立在渐进的与和平的，而不是激烈的和不连续的变动至上的体系模式。”[①]在英国，传统的强大作用使得英国的基本制度架构得以合法化，并且使英国成为没有一部正式的成文法而在现代民主国家中独树一帜。英国的政治体制具有很强的适应性，能够不断适应变动的环境。在政治体制方面，宪法体现了那些被寄希望于保持稳定和抵制变动的事物。这种渐进原则的来源有四种类型：第一种而且是最为重要的一种是形成其体制的强大传统。第二种是某些象征意义超出其文字内容的里程碑式的文件，如大宪章。第三种是一些议会法案。第四种是普通法中的一些原则。

当然，英国式道路被称作是渐进改革，并不意味着这条道路不存在任何形式的暴力冲突。事实上，在封建王朝完成英国统一大业，资本主义商品经济在稳定政治秩序的保障下获得一定程度的发展之后，力量不断壮大的新兴资产阶级与专制独裁的封建王权在 17 世纪中叶发生过一场互不妥协的暴力对抗。只是这场对抗，虽然演化成为内战，付出了血的代价，但没有最终解决新旧政治形态的更替问题。这个问题是由 1688 年的“光荣革命”用旧瓶装新酒的方法在一种相对平静的气氛中解决的。其基本结果是，作为旧政权的代表和象征，国王在形式上仍然得以保留，但是已经变成虚位，实权则转移到资产阶级把持的议会手中。1688 年的“光荣革命”以一种不流血的方式实现了新旧政权的更替，建立资产阶级专政的君主立宪制，这被许多人看做是英国政治发展的一大特色。这一特色的原因在于英国具有较为悠久的议会传统。英国近代的政治发展表现为限制王权以加强议会力量的过程。与此同时，“国王与议会作为矛盾双方的彼此退让，

① 迈耶、伯内特等：《比较政治学：变化世界中的国家和理论》，华夏出版社 2001 年版，第 98 页。

也是条件之一”。[1] 这并不否认冲突的存在和作用。没有冲突，特别是新兴阶级和社会集团向专制王权施加强大压力的不懈斗争，历史就没有前进的动力。不过，如果没有建设性的合作，也就不会有持久的社会稳定，从而也就不会减轻推动历史进步所付出的代价。渐进式道路有两个基本要素：一是人民的坚决的、长期的、有组织的斗争；二是旧统治者适时的让步。走英国式道路的国家在政治上相对稳定，是一条民族共进的道路。英国正是在“冲突与融合的动态平衡中，找到了一条渐进变革的发展道路。”[2]

2. 激进—革命的发展道路，以法国为典型

与英国的渐进—妥协发展道路相对照，法国走的是一条激进革命的发展道路。这条道路与法国的历史文化、国情等密切相关。16 世纪时，法国已经发展成为最为集权的国家之一，并且在实际上牢牢控制着市民税收，成为西方高效率的君主制度的典范。这使得法国成为了高度中央集权的君主制度。18 世纪末，法国的资本主义生产关系在封建社会母体内获得了充分的发展。资产阶级不仅在经济上非常强大，而且在政治上也逐步成熟。伏尔泰、卢梭等人的启蒙思想的传播为资产阶级革命树立了理论旗帜，同时也在更大范围内完成了对广大民众的政治动员，再加上法国的封建等级制度和专制势力极其僵化和反动，使得法国大革命具有了毫不妥协的激进性质。

法国大革命给人印象深刻的是其暴力特征，它不是以相对缓和的渐进变革方式，而是以空前激烈的暴力革命方式向封建统治阶级和封建制度开战的。整个革命过程非常严酷，但是通过暴力铁锤的打击，长期统治法国的封建制度被彻底摧垮。恩格斯评价说：“法国大革命……是完全抛开宗教外衣、在毫不掩饰的政治战线上作战的首次起义；这也是真正把斗争进行到底，直到交战的一方即贵族被彻底消灭而另一方即资产阶级完全胜利的首次起义。……在法国，革命同过去的传统完全决裂，扫清了封建制度的最后遗迹。”[3]大革命的持续影响使法国与其他西方国家相比在许多重要方面显得独一无二。

3. 保守—改良的发展道路，以德国为典型

在工业化的民主国家中，“恐怕再也找不出一个国家像德国那样在意其过去的潜在影响，也没有一个国家像德国那样同时又努力想摆脱这种影响的了”。[4] 19 世纪的德国资产阶级力量相当薄弱，没有强有力的资产阶级革命，相

---

① 严强等：《宏观政治学》，南京大学出版社 2008 年版，第 223 页。

② 钱乘旦、陈晓律：《在传统与变革之间——英国文化模式溯源》，浙江人民出版社 1991 年版，第 69 页。

③ 《马克思恩格斯选集》第 3 卷，人民出版社 1995 年版，第 710 页。

④ 迈耶、伯内特等：《比较政治学：变化世界中的国家和理论》，华夏出版社 2001 年版，第 204 页。

对软弱的资产阶级为获取经济上的好处，便依赖旧统治者容克地主阶级，完成了现代工业社会所需要的政治经济变化，工业发展迅速。在普法战争等一系列军事战争胜利之后，德国于1871年在俾斯麦和普鲁士贵族严厉的权威主义统治下完成了统一，这使为实现德国国家主义的目标的斗争达到了高潮，这一奋斗目标是将所有讲德语的人统一于唯一的德国之下，但结局是经历了短暂和脆弱的民主时期后便形成了法西斯主义统治。在西方民主制国家中，德国当然不是唯一有过独裁经历的，但人们的注意力总是集中于德国的纳粹时期，这段持续了12年的独裁统治给人们留下了深刻印象。

德国式道路是一条民族失败之路，国家在战争中失败，民族忍受屈辱，社会在强制中接受改造，民族在毁灭中再生。德国式政治发展道路的特点是：不肯主动前进，总是死抱过去的传统。这样，传统成了包袱，一种无形的力量最终把国家推向深渊。

当然，上述三种政治发展道路并不能够完全涵盖所有早发现代化国家的发展过程。不过，作为早发现代化的类型，其政治发展在体制层面上呈现出以下几个特点：(1)法理型权威形式。资本主义政治秩序和政治制度的最终确立，都体现为常态的法理型权威形式的建立过程。统治阶级的意志是通过对法律权威的遵从而得以表达和贯彻的。这要求所有的人，无论是普通民众，还是领袖，或者官员，都必须忠实于法律，受法律的约束。(2)功能型结构体系。作为公共权威的政治系统是以官僚科层制为代表的行政管理系统，在行使社会管理职能的时候，必须注重实际操作的规范性，根据合理化的技术指标来实现职能分工。这具有精确、迅速、连续、统一、稳定、可靠等优点。(3)效率型决策机制。它确认世界的合规律性以及这种规律的可理解性，主张把各类目标还原成技术问题，用统一的标准、规范的程序来加以切实有效的解决。(4)参与型价值分配。欧美资本主义国家中公民通过工人运动和群众抗议运动，获得了更公平的财富分配、更可靠的社会保障和更广泛的民主权利。公民参与价值分配的合法渠道得到了一定程度的拓展。尽管如此，早发现代化国家的政治发展也并不是完美无缺的，它们政治发展的经验值得发展中国家吸取，但是一些发展中的教训也需要发展中国家引以为戒。

二、发展中国家的政治发展

第二次世界大战以后，随着世界殖民体系的崩溃，大批民族国家获得解放和独立。发展中国家即指这些独立前尚停留在前资本主义时代并长期受帝国主义国家和殖民主义国家掠夺剥削的国家。二战之后，亚洲、非洲、拉丁美洲诞生了一批新兴的民族国家，它们是在摆脱殖民宗主国的统治之后获得独立的。这些发展中国家的起点各不相同，发展的战略、模式和政策也存在很大的差异。这些国家大都在本民族资产阶级或民族领袖的领导下完成了民族独立的历史任务，但在政治现代化道路上，却表现出各种各样的特点，进行了多方面的试验。它们之中有的宣称实行"社会主义"，有的追求"第三条道路"，有的则试图移植西方政治制度。但是，这些国家无论是在解决经济现代化还是政治现代化问题的过程中，都遇到很多困难。伴随经济发展的是暴力事件迭出，政权更迭频繁，政府领导不力，贪污腐化严重，新旧价值观冲突激烈，社会政治极不稳定。

1. 发展中国家政治发展的特征

发展中国家的政治发展总体上表现为后发性。广大发展中国家是在早发现代化国家的示范效应之下，摆脱了宗主国的殖民统治后才开始政治发展历程的。与这些早发现代化国家相比，发展中国家的政治发展是一个外生的、后发的过程。早发现代化国家在政治发展的过程中所面临的一系列政治发展问题，比如民族国家建立、政治一体化、科层化、民主化等，这些问题是逐个解决的，而对于广大发展中国家而言，这些问题则是交织在一起，并且是同时出现的。因此，发展中国家的政治发展是外生的而不是自然的。正如亨廷顿所指出的："欧洲和北美的现代化过程延续了几个世纪，大体上来说，每次只解决一个问题或对付一种危机。但是，除了西方，世界其他地区在现代化进程中，中央集权、民族融合、社会动员、经济发展、政治参与、社会福利等等，不是依次而至，而是同时发生。所谓先行实现现代化的国家给后来实现现代化的国家所起的'示范作用'，不过是先吊起它们的胃口，接着就使他们大失所望。"①具体而言，发展中国家的政治发展呈现出以下几个特征：

第一，发展中国家的政治发展处于早发现代化国家的示范效应和激烈的国际竞争中。

发展中国家的政治发展是在早发现代化国家的示范效应中得以进行的。以英国、法国、德国为代表的早发现代化国家，在长达几百年的发展过程中，已经基本解决了诸如民族国家建立、政治一体化、科层化、民主化等问题。而发展中国家则面临着这样一系列问题。在发达国家的示范效应之下，发展中国家必须制定出赶超型的发展战略来加快政治发展的进程，从而才有可能在将来追赶上发达国家。与此同时，发展中国家的政治发展所面临的国际环境已经发生了重大变化。世界进入了多极化、全球化的时代。各种政治、经济、社会和生态问题都在全球范围内起作用。国与国之间的竞争也日趋激烈，这种竞争不仅仅是国际地位的竞争，也是资源、市场等多重方面的竞争。早发现代化国家所确立的优势压缩了发展中国家的发展空间，同时也提供了一些发展机遇。在这种情况下，发

① 塞缪尔·亨廷顿：《变化社会中的政治秩序》，上海世纪出版集团 2008 年版，第 36 页。

展中国家的政治发展就面临着激烈的竞争与各种选择。

第二，发展中国家的政治发展基本上是一种被动型发展。

早发现代化国家的现代化过程和政治发展进程是内生的，逐步发展和形成的。经过长达几百年的发展之后，早发现代化国家已经在全球范围内确立了其经济、政治等多重方面的优势地位，在国际政治上有着主导话语权。世界范围内的规则和运作体系大都由早发现代化国家所掌控。而以自由、民主、平等、政府能力、政府效率、人权等为特征和目标的政治发展成为全球化时代所共同承认的价值体系。发展中国家的政治发展不能脱离于全球化的背景。这种政治发展是被动的，是一种外诱型的政治发展。广大发展中国家为了能够实现国家独立和繁荣富强，必须大力发展经济，推进民主化进程，以期能够获得发达国家的认同。而这对于那些经济基础特别薄弱、社会结构特别混乱的新型的第三世界国家来说并非易事。

第三，殖民主义的统治、文化传统因素等对政治发展也产生了不可忽视的影响。

大多数发展中国家都曾经先后沦为发达国家的殖民地或者半殖民地，因而其正常的发展都被中断过。而作为殖民地或者半殖民地的历史对发展中国家的政治发展有着不可估量的影响。在殖民地或者半殖民地时期，发展中国家作为发达国家的原料产地、产品倾销市场，其工业化程度、工业规模、产业发展的门类、政治制度、社会风俗等多个层面都受到其宗主国的深刻影响。因此，广大发展中国家即使在独立之后的政治发展仍然很难在短期内摆脱这种影响。与此同时，广大发展中国家历史上的文化传统因素也会成为其政治发展的关键变量。发展中国家的文化传统包括各自的宗教传统、文化习俗、社会风气等。这些传统因素也会成为影响政治发展的重要环境因素。

2. 发展中国家面临的问题

广大发展中国家的政治发展过程由于受到早发国家的示范效应、全球化背景、文化传统等多重因素的影响，其发展过程注定不会一帆风顺。亨廷顿和科尔曼、派伊等政治学家都指出了发展中国家的问题。

早在 1965 年，亨廷顿就在《政治发展和政治衰朽》一文中，根据政治制度化和政治参与两个变量之间的关系，指出了伴随着政治现代化的过程，发展中国家由于两个因素之间的比例失调，从而导致发展中国家的政治衰朽，也即发展中国家所面临的问题。1968 年，亨廷顿在《变化社会中的政治秩序》中详细阐述了政治衰朽。他认为，在 20 世纪，政治上不发达和经济上的落后一样，都集中在亚洲、非洲和拉丁美洲这些处于政治发展的国家之中。除了少数例子之外，二战之后的这些国家的政治演变都出现了政治衰朽的特征："种族和阶级冲突不断加剧；骚动和暴力事件层出不穷；军事政变接二连三；反复无常、个人说了算的领导人物主宰一切,他们常常推行灾难性的社会和经济政策;内阁部长和公职人员肆无忌惮地腐化;公民的权利和自由遭受恣意侵犯;政府效率和公务水平日益下降;城市政治集团纷纷离异;立法机关和法庭失去权威;各种政党四分五裂,有时甚至彻底解体"①。

亨廷顿详细论述了发展中国家所面临的问题:政治动乱、腐化和普力夺政体。具体而言,第一是政治动乱。发展中国家出现了国内的种族冲突、叛乱等政治动乱现象。政治动乱往往出现在处于现代化过程中的国家。亨廷顿认为"现代性孕育着稳定,而现代化过程则滋生着动乱"②。换句话说,发展中国家之所以出现政治动乱,是由于为实现现代性所进行的努力。导致政治动乱的因素主要有三个:社会动员、经济发展和不平等。第二是腐化问题。对处于现代化过程中的社会来说,腐化问题更加严重。所谓腐化,是指"国家官员为了谋取个人私利而违反公认准则的行为"③。亨廷顿认为,由于现代化所带来的价值观、财富和权力的增加,以及政治体制的输出从而导致腐化的产生。亨廷顿考察了腐化的危害。在他看来,发达的传统社会能出现少量的腐化会改善和促进经济发展和现代化,但是如果腐化盛行,那么腐化的蔓延就对社会有害无益了。腐化破坏了社会信任结构,也影响到社会公平。腐化的蔓延导致整个社会成员不是基于诚实劳动,或者公平民主的方式来参与政治生活、获得财富和职位,他们更多的是通过贿赂的方式来为自己谋取私利。严重的腐化也导致整个社会中普通公民与统治者阶层之间产生内在的矛盾和冲突,这种矛盾和冲突会造成政治统治的合法性危机,从而容易引起动乱或者政变。第三是普力夺政体。发展中国家在政治发展中往往会出现军人干政的普力夺政体。亨廷顿认为,军人干政的原因是"不发达国家中的一种更加广泛的社会现象的特殊表现,这种更加广泛的社会现象即指各种社会势力和制度普遍带有政治性。在这些国家里,政治缺乏自治性、复杂性、连贯性和适应性"④。

而在科尔曼、宾德、派伊等人合著的《政治发展的危机与时序》一书中,他们总结了发展中国家面临的问题,可以归纳为五种危机:政治体系的认同危机、合法性危机、命令贯彻危机、参与危机、分配危机。具体而言,首先,认同危机是转型社会面临的最严重的危机,也即如何完成共同的认同感。新兴国家的人民必须能够解决"传统遗产和现代实践二者,及地域主义与宇宙世界观二者之间的

① 塞缪尔·亨廷顿:《变化社会中的政治秩序》,上海世纪出版集团2008年版,第2~3页。
② 塞缪尔·亨廷顿:《变化社会中的政治秩序》,上海世纪出版集团2008年版,第31页。
③ 塞缪尔·亨廷顿:《变化社会中的政治秩序》,上海世纪出版集团2008年版,第45页。
④ 塞缪尔·亨廷顿:《变化社会中的政治秩序》,上海世纪出版集团2008年版,第162页。

矛盾”,[①]否则发展中国家就无法建立一个稳定的现代民族国家所需要的坚定的认同感。其次,合法性危机在许多新兴国家中意味着“宪政上的问题,指对权威之合法本质的认同和政府之适当责任之间出现了差距。”[②]这牵涉两个问题,一个是有关政府的基本精神及民族努力的基本目标是什么的情感问题。另一个也是涉及对经济和社会生活控制程度的问题。第三是命令贯彻的危机。新兴国家在行政上面临的困境是行政命令无法贯彻到下层行政单位,其原因是传统社会的政府和人民之间的关系非常淡泊、松散。而现代社会要求政府权力扩展,在此过程中出现了严重的统治者与广大群众之间的裂痕。第四是参与危机。“当人们要求参与的速度出现不稳,以及当新参与者的流动造成现行制度的紧张时,参与危机就发生了”。[③] 多数发展中国家所面临的参与问题,是如何把各种不同欲望的参与者导入有效的组织内,然后用法律加以控制管理。最后一个是分配危机。“分配危机理论涉及政府权力如何影响社会的财货、劳务和价值观念之分配的问题。”[④]当然,分配不仅仅是财富,还涉及权力分配。不同的权力分配方式,所造成的危机程度也不一样。

从亨廷顿、科尔曼、宾德、派伊等政治学家的论述中,我们可以看出发展中国家所面临的问题是多元的,而且是同时发生的,这与早发现代化国家的政治发展存在着很大差别。发展中国家在政治发展过程中还需要处理诸如传统与现代的矛盾、稳定与变革的矛盾、自主与开放的矛盾等。总体来看,发展中国家所面临的问题多,彼此之间的差异很大。当然,发展中国家仍然需要在全球化的国际背景下谋求由传统社会向现代社会的飞跃与转变。

第四节 政治发展的目标

政治民主与政治稳定是发展中国家现代化过程中政治发展的两大目标。人们普遍认为,建立高度发达的民主政治,是任何国家政治发展所追求的最高价值目标。尽管一个社会的政治发展过程可能会历经反复和曲折,但从长远来看,其基本的运动方向无疑是指向民主的。所以,民主政治被公认为是政治现代化的核心目标。然而,民主政治的建设与发展,又需要一个相对安定而有秩序的环境。稳定的社会政治秩序是民主政治健康发展的前提和基础。很难设想在一个

---

① 陈鸿瑜:《政治发展理论》,桂冠图书股份有限公司 1987 年版,第 149 页。
② 陈鸿瑜:《政治发展理论》,桂冠图书股份有限公司 1987 年版,第 149 页。
③ 陈鸿瑜:《政治发展理论》,桂冠图书股份有限公司 1987 年版,第 150 页。
④ 陈鸿瑜:《政治发展理论》,桂冠图书股份有限公司 1987 年版,第 151 页。

混乱和动荡的社会环境中,会生长出成熟的民主果实。由此可见,对于发展中国家而言,政治民主与政治稳定彼此联系,不可分离。政治发展的任务就是处理好二者之间的关系,在维持稳定的前提下建设民主政治。

一、政治发展与政治民主

二战后新独立的发展中国家在摆脱殖民统治以后所面临的重要课题之一,是如何构建其政治体制。当时,无论是西方学者还是一些第三世界国家的领袖,都对新独立国家民主政治的建立和发展抱有乐观的态度,认为随着社会经济的发展,发展中国家在政治上自然会走上民主轨道,甚至主张通过直接移植欧美国家的政治体制模式来加速民主化的进程。然而,时隔不久,这种乐观的期望被无情的事实所粉碎。原先曾一度建立起来的民主政体相继垮台,集权统治、军人专政纷纷出现,取代了短暂的民主政治。亨廷顿总结道:“在本世纪 60 年代和 70 年代初期,全球性偏离民主化轨道的现象非常令人印象深刻。根据一项统计,在 1962 年,世界上有 13 个政府是由政变产生的;到 1975 年,这一数目则达到了 38 个。根据另一项统计,在 1958 年世界上 32 个民主国家中有三分之一的国家到 70 年代中期时已变成了威权主义国家。”①

由于民主化运动的暂时受挫,悲观主义的看法开始占据上风。一些人转而怀疑民主政治在发展中国家的适用性,甚至对民主价值的信念也开始发生动摇。于是,诸如民主是无效的、无能的、会带来混乱的,集权是有效率的、睿智的和目标坚定的等说法盛行一时。

然而,“历史的辩证法再一次颠倒了社会科学的理论”。从 70 年代中期开始,民主化运动再度勃兴,变成了几乎是势不可挡的世界潮流。这就是亨廷顿所称的“第三波民主化浪潮”。根据他的统计,1973 年时,全世界只有 30 个民主国家,而非民主国家则高达 92 个。到 1990 年,民主国家增加到 58 个,非民主国家减少到 71 个,全世界约有 45% 的独立国家拥有民主体制。②

二战后发展中国家民主化运动的曲折经历告诉我们,尽管民主的形式是多种多样的,民主政治作为政治发展的理想目标是毋庸置疑的。各个国家限于条件和基础的不同,实现民主政治的道路和模式也必然会有所不同,但它们或迟或早终将过渡到民主体制。

与专制政体相比,民主政体具有巨大的优越性。这种优越性的根本体现,在于它反映了人类社会发展的内在的规律性要求。

---

① 塞缪尔·亨廷顿:《第三波:20 世纪后期民主化浪潮》,上海三联书店 1998 年版,第 20 页。

② 塞缪尔·亨廷顿:《第三波:20 世纪后期民主化浪潮》,上海三联书店 1998 年版,第 25 ~ 26 页。

首先,政治民主和经济发展之间存在着正相关的关系,即经济的发展必然会促进民主政治的发展,而政治民主的进步又会促进经济的发展。一些著名的政治学家如派伊、亨廷顿、李普塞特、阿尔蒙德等人均对此深信不疑:"有极其令人信服的证据表明,经济发展对民主化有巨大的积极作用。总之,如果你要想造就民主,就请促进经济增长。"①而对于政治民主对经济发展的促进作用,学者们也从各种不同的角度进行了探讨。其中,派伊的观点颇有代表性,他从以下四个方面对此进行了详细说明:其一,历史显示,许多经济落后的社会都由中央集权统治。减少中央集权,增加大众参与,有助于刺激快速的经济成长;其二,任何政治系统都必须面对人民的各种需求,这些需求多数与物质分配无关。在一个多元社会里,人民的广泛参与,可满足诸如认同等许多需求,此时对经济资源分配的需求就会相对降低。反之,人民的所有需求只能用经济方法来满足,这就会对国家有限的资源带来无法负荷的压力,其结果终究有害于经济的发展。其三,如果政治系统的整合与适应两项功能要素能够由竞争性政治中的参与来完成,经济发展的目标就比较容易实现。反之,若经济发展成为实现整合与适应功能的主要手段时,必不利于经济发展。其四,认为民主政治效率低并无事实依据。以两次世界大战为例,民主国家的效率并不低于极权国家。事实上,一个鼓励大众参与的民主政府远比专制而压制竞争的独裁政府,更能有效地动员大众参加经济发展的工作。②

其次,民主政治有利于促进一系列社会价值的实现。民主政治之所以成为人们共同追求的目标,根本的原因在于它具有一系列专制政体无法相比的优越性,更有助于满足人类多方面的需求。罗伯特·达尔在《论民主》一书中,系统地总结了民主政治的十大长处:第一,民主有利于避免独裁者暴虐、邪恶的统治。"专制统治使人类付出的代价,比起疾病、饥荒和战争毫不逊色。"尽管民主政体并非没有严重的污点,但与非民主政体相比,更有助于避免滥用权力的专制统治。第二,民主保证它的公民享有许多的基本权利,这是非民主制度不会去做、也做不到的。民主不仅仅是一个统治过程,权利是民主政治制度不可缺少的组成部分,因此,民主体制内在地就是一种权利体制。权利是民主政治过程最为关键的一种建筑材料。第三,民主较之其他可行的选择,可以保证公民拥有更为广泛的个人自由。第四,民主有助于人们维护自身的根本利益。每个人都有自己的需求模式,彼此不太可能相同。我们的需求能不能满足,满足到什么程度,取决于选择的自由,取决于我们按照自己的目标、偏好、口味、价值、义务和信念塑

① 塞缪尔·亨廷顿:《第三波:二十年之后看未来》,刘军宁编:《民主与民主化》,商务印书馆 1999 年版,第 421 页。

② 唐光华:《白鲁恂:政治文化的沉思者》,允晨文化实业股份有限公司 1982 年版,第 197～198 页。

造自己生活的机会。对于满足这些需求的因素,我们和多数人一样,肯定希望能够由自己把握。而民主,与人类曾经设计的其他任何政治体制相比,为这种自由和机会提供了最好的保护。第五,只有民主政府才能为个人提供最大的机会,使他们能够运用自我决定的自由,也就是在自己选定的规则下生活。第六,只有民主政府才能为履行道德责任提供最大的机会。第七,民主较之其他可能的选择,能够使人性获得更充分的发展。人性中好的品质实际上能否获得发展,发展了多少,取决于许多环境条件,其中就包括他所处的政治体制的性质。"要保证人们发展这些品质,仅仅有民主政府并不够,但少了它绝对不可能做到。"第八,只有民主政府才能造就相对较高的政治平等。第九,现代代议制民主国家彼此没有战争。第十,拥有民主政府的国家一般比非民主政府的国家更为繁荣。

尽管民主政治是发展中国家政治现代化的最高目标,但我们必须看到,在通往民主的道路上并不存在普遍适用的标准模式。由于发展中国家的具体国情、文化传统、经济发展水平、人口素质等因素的影响和制约,完全照搬西方式的民主模式显然是行不通的。对于发展中国家来说,民主政治的建设必须从本国的具体国情出发,从最基础的工作做起,探索一条适合自身特点的政治现代化道路。

二、政治发展与政治稳定

发展中国家现代化进程的历史经验表明,社会变迁过程中所反映出的各种利益、矛盾和冲突急剧增加,因而容易引发社会和政治的动荡。面对发展进程中频频发生的社会骚乱、暴力冲突、军事政变等政治动乱,政治稳定问题开始引起人们的普遍关注,成了政治发展理论研究的一大现实课题。在 20 世纪 60 年代后期至 70 年代中期,学者们认为,政治稳定的重要性已经超过了政治民主的重要性而居优先的地位。至少在这一阶段,政治发展研究最重要的代表人物亨廷顿"已脱离了上一阶段对民主之强调,而着重于秩序"。①

在"比较政治委员会"所出版的系列丛书中,专家们将重点转向研究政治发展的危机和结果。他们试图超越比较研究的"正式和体制偏见",寻求一种理论基础。他们的概念集中于政治发展的三个变量以及与此相关的五项发展危机。三个变量是:分化、平等和能力。分化指的是政治组织、机构和角色的日趋分化和专业化,各自都有自己特别的和限定的功能。平等指的是本国公民权、普遍的法律秩序和成就标准的确立。能力包括政权组织如何应付紧张形势和促进变革。当政权组织通过增加分化、平等和能力而发展时,就可能引发危机。这些危

① 姚建宗:《国外政治发展研究述评》,《政治学研究》1999 年第 4 期。

机被专家们称之为“发展并发症候”(syndrome),它们包括:认同性危机、合法性危机、参与性危机、渗透性危机与分配性危机。认同性危机是由两个方面的原因造成的,一是大众与精英之间在民族情感上的冲突;二是对部族、地区的忠诚与对国家的忠诚之间的冲突。合法性危机是指政府和政治领导权威的合法性受到怀疑。参与性危机是指大众参与政治的愿望同统治精英抵制这种愿望之间的冲突。渗透性危机是指对统治精英施加压力以实行某种制度或结构改革和政治变革。分配性危机是指由资源、意识形态和环境变化所引发的冲突。[①] 他们认为,只有在克服了这些危机之后,才有可能实现政治稳定和政治发展。换言之,发展中国家实现政治稳定这一目标的关键,是妥善地应付和解决上述危机。

对政治稳定素有研究的亨廷顿认为,政治稳定和政治秩序取决于政府对公民政治需要的满足程度。在现代化进程中,经济的迅速发展和社会的急剧变革,提高了人们的政治意识,增加了人们的政治需求,扩大了政治参与。在这种局面下,如果政治制度落后于社会和经济的变革,不能对社会大规模的迅速变迁作出及时的反应并满足公众日益高涨的参与要求,政治的动荡将不可避免。也就是说,社会动员和政治参与扩张的速度偏高,政治组织化和制度化的速度偏低,其结果只能是政治不稳定和无秩序。[②]

政治不稳定在发展中国家的现代化进程中具有某种必然性,但这并不意味着相对的政治稳定无从获得。经验事实表明,通过制度方面的设计和改革等建设性的工作,大的政治动乱并不是不可以避免的。在这一问题上,中外学者结合历史的经验,参照欧美国家的政治结构,对发展中国家如何达到政治稳定这一目标,提出了若干极有价值的理论构想。

首先,提高政治制度化水平是实现政治稳定的根本保障。亨廷顿认为,“任何一种给定政体的稳定都依赖于政治参与程度和政治制度化程度之间的相互关系”。[③] 因此,在现代化进程中,随着大众参与的不断发展,政治的制度化水平也必须随之提高。否则,社会和政治的稳定就会受到威胁。政治制度化是指组织和程序获得价值和稳定的过程,政治制度化的水平,可以通过政治组织和程序的适应性、复杂性、自主性和凝聚性四项标准加以衡量。

其次,强大的政党制度是政治稳定的重要支柱。一个社会的安定,很大程度上取决于政治体系对社会现代化和扩大政治参与的认定。而政党和政党制度正是形成政治参与扩大的主要制度性手段。在社会已高度发展或社会势力已发生分化的情况下,唯有政党组织能够担负建设现代政治制度的重任。一个强大的

① Michael Rush, “Politics and Society”, Prentice-Hall, 1992, p.221.

② 塞缪尔·亨廷顿:《变化社会中的政治秩序》,上海世纪出版集团2008年版,第4页。

③ 塞缪尔·亨廷顿:《变化社会中的政治秩序》,上海世纪出版集团2008年版,第60页。

政党体系,一方面可以通过整个体系扩大参与,控制和转移动乱;另一方面又能够缓和并疏导新兴的社会集团参与政治活动,使之被吸收并同化于政治体系和结构之中,而不致成为破坏性力量。这是实现政治稳定的重要保证。

再次,强大而有权威的政府是实现政治稳定的基本条件。软弱低能而又缺乏权威的政府,很难担负起建立秩序、维持稳定的重任。在某些情况下,这样的政府,本身可能就是政治不安定的根源。在现代化进程中,随着社会的急剧变化,新的问题、矛盾、冲突会接踵而至,这就对政府的能力和权威提出了更高的要求。一个强大而有能力的政府,能够充分地发挥政治体系的功能,合理而有效地解决矛盾、化解冲突、协调和平衡各种不同的利益要求;而一个有权威的政府,有助于增强社会的凝聚力,提高行政效能。

后 记

政治社会学作为新兴交叉性边缘学科，是政治学、社会学等专业的必修课程。国内外也出版了多本政治社会学著作。就国内出版情况而言，教材性质的政治社会学著作居多，而且体例也不尽合理，这体现了政治社会学这一学科的开放性。笔者早年的著作《政治社会学导论》出版后，被一些高校作为研究生教材使用。随着政治社会学研究的日益深入，在教学和科研过程中，在阅读国内外政治社会学研究成果的同时，我们深感需要一门定位准确、论述全面的政治社会学著作，对政治社会学领域的前沿问题进行系统探究。我们的想法得到了高等教育出版社周亚权先生的认可和支持。

在社会科学领域，政治与社会是两个极其重要的概念。同时，二者之间又有着异常密切的联系。离开社会大背景，我们很难真正了解政治表象背后的深刻性与复杂性。本书在广泛吸收和借鉴国内外政治社会学理论研究成果的基础上，从政治与社会的一般关系入手，围绕若干专题进行了较为系统、全面的阐述，揭示了政治运行过程背后的社会、文化因素，较好地处理了政治社会学作为一门交叉、边缘学科在研究对象与学科性质等方面必然会遇到的难题。

本书是对政治社会学已有发展成果的总结和凝练，较好地体现了继承、发展与创新之间的关系。我们在写作过程中，力图以科学、求真、务实的态度，对国内外的研究成果进行消化吸收，使本书的内容在理论体系建构上具有生命力。本书也体现了学科内容整合的趋势，吸收政治学、社会学的相关研究成果，并且体现了政治社会学作为一门交叉学科的独特研究体系。就研究框架的全面性以及渗透在其中的编纂理念而言，既具有学科前沿性，也建构了独特的政治社会学体系。本书在参考大量的海内外有关文献资料的基础上，对这一领域的学术前沿新进展以及这一学科中具有争议的前沿性议题与观点作出了较为全面和系统的介绍，并在综合与比较的基础上，介绍与推出自己在这些方面较为鲜明的看法和结论。

在写作过程中，孔德元负责拟定写作提纲，孔德元教授、孟军博士、韩升博士和高家林副教授四人共同完成全书的编著。研究生邹丽娜对本书的写作也有贡献。

本书的出版，得到了高等教育出版社的大力支持。周亚权先生、葛荃教授、张铭教授对本书的写作多次给予指点，并提出了许多具有建设性的意见，在此谨致深深的谢意。

在本书写作过程中，我们参考了国内外学者的研究成果，都已经在文中标明出处，在此一并致谢。由于学识有限，对于书中存在的疏漏，恳请专家学者批评指正。

孔德元

2010 年 9 月于烟台